学校建筑教育价值研究

武 博 著

北京理工大学出版社
BEIJING INSTITUTE OF TECHNOLOGY PRESS

内 容 提 要

学校建筑是学校教育环境重要的组成部分,在教育变革转型的今天,从教育学的视角对其进行研究有重要的理论价值和现实意义。学校建筑作为教育教学活动的主要场所,其教育价值能否实现直接影响到人才培养的质量。本书通过阐释学校建筑教育价值的内涵、历史变迁、理论依据、呈现方式、现实考察等问题,尝试提出最大限度发挥学校建筑教育价值的建议与对策。对学校建筑教育价值的关注与研究,将让我们回归到学校建筑本身的教育功用和意义,进一步思考学校建筑之于教育的意义,乃至之于人的意义、之于生命的意义、之于发展的意义。

本书对教育学专业研究者和决策者、中小学管理者和骨干教师、教育行政部门人员以及对学校建筑研究感兴趣的读者有一定参考价值。

版权专有　侵权必究

图书在版编目（CIP）数据

学校建筑教育价值研究 / 武博著. --北京：北京理工大学出版社，2022.8
ISBN 978-7-5763-1623-0

Ⅰ. ①学… Ⅱ. ①武… Ⅲ. ①教育建筑-教育价值-研究 Ⅳ. ①G48

中国版本图书馆 CIP 数据核字（2022）第 147837 号

出版发行 / 北京理工大学出版社有限责任公司
社　　址 / 北京市海淀区中关村南大街 5 号
邮　　编 / 100081
电　　话 / (010) 68914775（总编室）
　　　　　(010) 82562903（教材售后服务热线）
　　　　　(010) 68944723（其他图书服务热线）
网　　址 / http://www.bitpress.com.cn
经　　销 / 全国各地新华书店
印　　刷 / 三河市华骏印务包装有限公司
开　　本 / 710 毫米×1000 毫米　1/16
印　　张 / 14.5　　　　　　　　　　　　　　责任编辑 / 徐艳君
字　　数 / 243 千字　　　　　　　　　　　　文案编辑 / 徐艳君
版　　次 / 2022 年 8 月第 1 版　2022 年 8 月第 1 次印刷　责任校对 / 刘亚男
定　　价 / 96.00 元　　　　　　　　　　　　责任印制 / 李志强

图书出现印装质量问题，请拨打售后服务热线，本社负责调换

前　言

　　面对信息技术迅猛发展的新时代，学校教育又一次站在了变革转型的路口，传统的教育观念正在发生颠覆性的变革，以教为核心的教学模式也正在向以学为核心的教学模式转变，以封闭式、机械式、工厂式为主的学校教育环境也逐渐向开放化、情景化、个性化的学校教育环境转变。学校建筑是学校教育环境重要的组成部分，在教育变革转型的今天，从教育学的视角对其进行研究有着重要的理论价值和现实意义。学校建筑是教育理念的一种外在表现，有什么样的教育理念就会有什么样的学校建筑，它会指引建筑主体去思考学校要为这种应然的教育提供何种的学校教育环境。学校建筑是促进和刺激教育教学活动最为直接的要素，关乎教育发展的效率和质量。

　　学校建筑是学校实施教学活动不可缺少的依托和载体，它是为达成教育发展目标而设立的教育活动场所，一般包括学校实体建筑、学校教育设施、学校教育活动空间。学校建筑的意义既来自自身，也来自学校场域内不同个体在不同空间下对知识、学习、成长的认识和理解。学校建筑不仅仅指静态的建筑物，还包括了教育教学活动空间的意义指向。学校建筑教育价值是学校建筑的属性对主体教育需求的满足程度，反映的是学校建筑的价值属性不断趋向主体教育需求，以实现学校建筑对主体发展的促进意义。

　　学校建筑作为教育教学活动的主要场所，其教育价值能否实现直接影响到人才培养的质量，而且作为学校文化、教育思想的重要承载者，它是对教育发展最为直观的显现。随着教育的发展学校建筑也在不断发生变化，学校建筑的历史实际上也是教育的发展史，不断改变的学校建筑形态也是为了满足日益变化的教育教学、师生发展的需求。对学校建筑教育价值的关注与研究，将让我们回归到学校建筑本身的教育功用和意义，进一步思考学校建筑之于教育的意义，乃至之于人的意义、之于生命的意义、之于发展的意义。

  本书是从教育学的视角对学校建筑的教育价值进行研究，运用关系思维，以建筑学与教育学之间的关系为依托诠释学校建筑的教育价值属性，学校建筑教育价值的有效发挥是本书的落脚点。本书紧紧围绕学校建筑教育价值这一核心，对学校建筑教育价值的历史发展、理论依据、应然呈现、现实实现、有效发挥做进一步分析。通过学校建筑的理论研究把握整体，再通过历史回溯，在学校建筑教育价值变迁中找寻出教育价值呈现的轨迹和规律，并对其进行深入的理论探讨。在对学校建筑教育价值理论分析的基础上再回归到实践，对学校建筑教育价值实现的现实境遇进行考察，采用调查研究与实证分析的方法，对教育价值呈现的问题和原因进行分析，最终完成对学校建筑教育价值有效实现的探讨，旨在为学校建筑规划、设计、革新实践提供一定的理论建议。

  在本书的编写与出版过程中，我的导师和学新教授始终给予了关怀关心与支持帮助，并提出了宝贵的意见和建议。和老师严谨的学术态度、精益求精的工作作风将一直是我学习的榜样。北京理工大学出版社的各位老师也为本书的编辑和出版付出了辛苦的劳动和热情的帮助。同时，本书在撰写过程中，大量借鉴了国内外专家学者的研究成果，在此，一并表示深深的谢意。

  由于作者水平有限，书中难免有不妥与认识肤浅之处，敬请广大读者批评指正！

武　博

目 录

绪论 ··· 1
 一、研究缘起 ··· 1
  （一）基于学校建筑不同于一般建筑的特殊性 ··· 2
  （二）基于学校建筑现实设计中的典型问题 ··· 2
  （三）基于对学校建筑教育价值的思索 ··· 3
 二、文献综述 ··· 5
  （一）国内外学校建筑研究概况 ··· 5
  （二）我国学校建筑研究的主要内容 ·· 10
  （三）对已有研究总体评价 ·· 12
 三、研究思路 ·· 14
 四、研究方法 ·· 15
  （一）文献研究法 ·· 15
  （二）历史研究法 ·· 15
  （三）调查法 ·· 16
 五、创新之处 ·· 17
  （一）从教育学的视角为学校建筑研究提供了新视野 ···································· 17
  （二）对学校建筑教育价值进行了理论建构 ·· 18
  （三）为学校建筑教育价值的发挥提供了理论支撑 ······································· 18
第一章　学校建筑教育价值相关概念解析 ·· 19
 一、建筑概述 ·· 19
  （一）建筑的含义 ·· 19

（二）建筑的要素 …………………………………………… 22
　　（三）建筑的一般属性 ……………………………………… 24
二、学校建筑概述 ………………………………………………… 27
　　（一）学校建筑的含义 ……………………………………… 27
　　（二）学校建筑的要素 ……………………………………… 30
　　（三）学校建筑的特殊属性 ………………………………… 33
　　（四）学校建筑的价值 ……………………………………… 36
三、学校建筑教育价值概述 ……………………………………… 39
　　（一）学校建筑教育价值的含义 …………………………… 39
　　（二）关于学校建筑教育价值有效实现的诠释 …………… 40

第二章　学校建筑教育价值的历史变迁 ………………………… 45
一、农业社会学校建筑的特点及教育价值 ……………………… 46
　　（一）农业社会与学校教育 ………………………………… 46
　　（二）农业社会学校建筑的主要特点 ……………………… 49
　　（三）农业社会学校建筑的教育价值 ……………………… 55
二、工业社会学校建筑的特点及教育价值 ……………………… 58
　　（一）工业社会与学校教育 ………………………………… 58
　　（二）工业社会学校建筑的主要特点 ……………………… 61
　　（三）工业社会学校建筑的教育价值 ……………………… 65
三、信息社会学校建筑的特点及教育价值 ……………………… 67
　　（一）信息社会与学校教育 ………………………………… 67
　　（二）信息社会学校建筑的主要特点 ……………………… 71
　　（三）信息社会学校建筑的教育价值 ……………………… 73
四、小结 …………………………………………………………… 75
　　（一）学校建筑教育价值呈现由精神、物用的主导价值向
　　　　　综合性主导价值变迁 ……………………………………… 76
　　（二）学校建筑教育价值判断由单一的目的性标准向合目
　　　　　的性与合规律性的统一变迁 ……………………………… 77
　　（三）学校建筑教育价值取向的决策主体由以权力阶层、
　　　　　利益集团为主向以教育活动个体为核心变迁 …………… 78

第三章　学校建筑教育价值的理论依据 ………………………… 79
一、教育-人-环境关系理论与学校建筑教育价值 ……………… 79

（一）人类生态学视域下的人与环境 ………………………………… 80
　　（二）教育人类学视域下的人与教育 ………………………………… 83
　　（三）教育–环境–人关系的解读对学校建筑教育价值研究
　　　　　的启发意义 ……………………………………………………… 88
二、环境行为学与学校建筑教育价值 ……………………………………… 90
　　（一）建筑环境与行为的交互作用论 ………………………………… 91
　　（二）环境行为学的现实应用研究 …………………………………… 94
　　（三）环境行为学对学校建筑教育价值研究的实践意义 …………… 97

第四章　学校建筑教育价值的呈现方式 ……………………………………… 99
一、学校实体建筑的教育价值 ……………………………………………… 99
　　（一）实用价值 ………………………………………………………… 100
　　（二）审美价值 ………………………………………………………… 102
　　（三）人文价值 ………………………………………………………… 105
二、学校教育设施的教育价值 ……………………………………………… 108
　　（一）教学价值 ………………………………………………………… 108
　　（二）服务价值 ………………………………………………………… 111
　　（三）保障价值 ………………………………………………………… 113
三、学校教育活动空间的教育价值 ………………………………………… 115
　　（一）精神价值 ………………………………………………………… 116
　　（二）功能价值 ………………………………………………………… 119
　　（三）生产价值 ………………………………………………………… 121

第五章　学校建筑教育价值的现实考察 ……………………………………… 124
一、学校建筑教育价值实现的境况 ………………………………………… 125
　　（一）学校实体建筑教育价值的实现状况 …………………………… 125
　　（二）学校教育设施教育价值的实现状况 …………………………… 132
　　（三）学校教育活动空间教育价值的实现状况 ……………………… 140
二、学校建筑教育价值的现实缺位及原因分析 …………………………… 148
　　（一）学校建筑教育价值的现实缺位 ………………………………… 148
　　（二）学校建筑教育价值现实缺位的原因分析 ……………………… 164

第六章　学校建筑教育价值的有效发挥 ……………………………………… 170
一、影响学校建筑教育价值有效发挥的因素 ……………………………… 170
　　（一）建筑师 …………………………………………………………… 170

（二）教育理念……………………………………………………… 172
　　（三）使用主体……………………………………………………… 174
　　（四）教育政策……………………………………………………… 177
　　（五）标准规范……………………………………………………… 179
二、学校建筑教育价值有效发挥的路径选择………………………………… 181
　　（一）更新学校建筑设计理念……………………………………… 181
　　（二）提升学校建筑使用者的参与度……………………………… 184
　　（三）深度挖掘学校建筑的教育属性……………………………… 186
　　（四）增强学校建筑规划的理性认识……………………………… 188
　　（五）构建学校建筑使用后评价机制……………………………… 191

结语……………………………………………………………………………… 195
参考文献………………………………………………………………………… 199
附录一　关于学校建筑教育价值研究的校长访谈提纲……………………… 212
附录二　学校建筑现状调查问卷……………………………………………… 214

表 目 录

表绪论-1 学校建筑现状调查问卷发放情况 …… 17
表1-1 学校建筑教育价值产生的思维 …… 41
表1-2 学校建筑空间的人-境互动思维 …… 43
表5-1 关于学校建筑现状的态度调查 …… 126
表5-2 天津义务教育学校专用教室设施设备情况评估 …… 128
表5-3 关于增加学校设施重要程度的态度调查（1） …… 136
表5-4 关于增加学校设施重要程度的态度调查（2） …… 137
表5-5 学校是否有以下的安全提示和设施 …… 138
表5-6 关于"学校应增加绿色景观"设计理念的态度调研 …… 140
表5-7 关于"学校建筑现状是否满意"的态度得分 …… 149
表5-8 关于学校建筑设计理念态度均值的得分 …… 149
表5-9 不同层级学校学生关于学校建筑现状态度得分比较 …… 150
表5-10 不同性别学生关于学校建筑现状态度得分比较 …… 150
表5-11 关于教学楼外观颜色的态度调查 …… 151
表5-12 关于"增加趣味性建筑物"设计理念的态度调查 …… 152
表5-13 有无吸引力的校园景观对学校人文氛围影响的态度调查 …… 156
表5-14 有无吸引力的校园景观对能否感受到历史文化沉淀影响的态度比较 …… 156
表5-15 不同区域学生是否喜欢在角落树荫处思考的态度调查 …… 157

表 5-16　不同层级的学校是否有能触发学生灵感的地方的态度调查 ………… 158

表 5-17　学校最糟糕场所及原因的内容描述 …………………………………… 161

表 5-18　不同层级学校关于"学科教室布置应特色鲜明"理念
　　　　的态度比较 …………………………………………………………… 162

表 5-19　不同区域学校关于"增加学习空间"设计理念的态度比较 ………… 163

图　目　录

图绪论-1　2004—2014年与教育相关的学校建筑研究论文统计 ……………… 9

图绪论-2　学校建筑教育价值研究思路 …………………………………………… 15

图1-1　学校建筑相关概念区域 …………………………………………………… 30

图1-2　学校建筑价值分类 ………………………………………………………… 38

图2-1　北京国子监平面图 ………………………………………………………… 52

图2-2　古希腊佩尔加蒙体育场平面图 …………………………………………… 54

图2-3　19世纪80年代克利夫兰的Giddings学校 ……………………………… 64

图4-1　天津E小学的深红色建筑外观 …………………………………………… 104

图4-2　天津D小学暖色调的教室 ………………………………………………… 104

图4-3　学校建筑环境行为基本模式 ……………………………………………… 105

图4-4　天津E小学内庭院的棋文化景观 ………………………………………… 106

图4-5　天津E小学的文化窗帘 …………………………………………………… 111

图4-6　佛山同济小学的树木认养牌 ……………………………………………… 111

图4-7　荷兰ISW胡歌兰德小学休息区 …………………………………………… 113

图4-8　日本大阪四天王寺院小学储物柜 ………………………………………… 113

图4-9　天津E小学的坡道 ………………………………………………………… 114

图4-10　天津C中学的文化走廊 …………………………………………………… 118

图4-11　天津A小学机器人工作室通道 …………………………………………… 123

图 5-1	天津市 E 小学的学生阅览室	130
图 5-2	天津市 E 小学的楼层饮水间	130
图 5-3	北京实验二小穿越古今的"对话"	131
图 5-4	天津 A 小学的"人与自然"主题墙	132
图 5-5	天津 F 小学廊道的书架陈列	132
图 5-6	天津 E 小学软包的体育馆	136
图 5-7	北京市某中学"过山车"回廊	136
图 5-8	天津市 D 小学安全主题板报	139
图 5-9	海拉尔某中学交通标识牌	139
图 5-10	青岛淮河路中学屋顶绿化花园	140
图 5-11	上海静安区某中学屋顶绿化	140
图 5-12	天津耀华中学礼堂内景	142
图 5-13	天津 A 小学规划改造的天井	142
图 5-14	学校建筑内各类交往空间	143
图 5-15	天津 A 小学的主题走廊	144
图 5-16	学校多元化的学习空间	148
图 5-17	学校建筑现状态度均值	160
图 6-1	北京第二实验小学"以爱育爱"教育理念的建筑设计	184
图 6-2	学校建筑设计理念重要性程度的分数平均值	191
图 6-3	公共建筑使用后评价阶段流程	193

绪　　论

一、研究缘起

建筑，本就与人息息相关。建筑的产生，源于人类生产生活的需要。原始社会，人的生产生活简单，人对建筑的需求也很简单，只要能够遮蔽风雨、取暖居住、防止其他自然现象或者野兽的攻击即可。这种对栖身场所或者避身空间的寻求，就是建筑产生的缘由。人类早期建筑的形式，大体可分为两类，一类是穴居，在地面上挖洞穴，一类是在树上架设可住人的空间。[①] 如蜂巢形石屋、圆形树枝棚、帐篷等。随着社会生产力的提高、科学技术的发展，人类开始在地面上建筑房子。随着人类生产生活需求的复杂化，建筑类型也呈现多样化，设施也越来越完善。如今的建筑，从类型上看，有满足人们衣食住行的各种住宅、饭店、商场、车站、邮局等，也有满足人们精神文化生活需要的电影院、博物馆、图书馆、剧院、休闲广场等，还有满足教育、医疗、行政、生产的学校、医院、各种办公机构、工厂等。从建筑设施上看，不仅有供电、给水、排水、通风设备，还有网络系统、监控系统等。由此可见，建筑最为根本的目的就是要满足人的活动需要，而首先要考虑的就是它的使用功能，能够提供一个适合其功能的有用空间。那么，学校建筑是否也如此呢？除此之外，学校建筑还有自己的特殊性吗？教育学理论是否对此有所关注？这正是本研究的起点。

---

① 沈福熙. 建筑概论 [M]. 2 版. 北京：中国建筑工业出版社，2012：5.

（一）基于学校建筑不同于一般建筑的特殊性

学校建筑是学校完成教学任务不可缺少的依托和载体，学校建筑除了一般建筑的功能，还有其独特的功能和价值，也就是要满足学生学习、教师教学、师生互动等活动需要，以及提供一个适合教育教学又具有教育意义的建筑空间。"学校是学生生命成长的重要场所，学校建筑承载着重要的育人使命，体现着学校独特的教育理念与育人目标。"① 可见，只有充分体现教育价值的学校建筑才能称得上一座好的学校建筑，因为学生在这样的环境中学习，将深受环境潜移默化的影响，净化身心，勤奋好学，从而促进自我发展。而忽视教育价值的学校建筑，就算投入再多、物质条件再好也不能称得上一座好的学校建筑。因此，作为与教育教学密切联系的学校建筑理应体现出其应有的价值。而如何在学校建筑的设计、建造、改造及重建中有效发挥出教育价值就成为重要的研究课题。

（二）基于学校建筑现实设计中的典型问题

近年来，在教育现代化、学校标准化、特色学校建设等教育政策的影响下，我国学校建设进入发展的快车道，许多学校建筑得以新建、易地重建、重新改造。但在学校建设过程中，学校建筑更多体现的是硬件设施设备条件的提升，对其外在形象、艺术功能、生态环境、学校历史文脉以及空间、功能是否适合教育不一定考虑，而彰显现代教育理念、利于师生使用、满足师生个性化教育教学需求的建筑也并不多见。如江苏某市在中小学现代化建设中，提出教育要以现代化的教育基础设施和办学条件作为平台，明亮挺拔的教学楼、标准化的塑胶跑道、齐全的多媒体教室是其主要的衡量依据。② 甚至有个别学校还将这种现代化、标准化的要求发挥至极致，如浙江省某中学建筑的高度达到17层，某市中学的豪华体育馆仅有一对篮球架，宁波市某学校的游泳馆按奥运会标准建造等。这些建筑虽然达到了高标准、高配置，但是否体现了现代教育理念、是否满足师生个性化教学需求则是存疑的。义务教育学校标准化建设的重点是实现义务教育学校教师、设备、图书、校舍等资源的均衡配置，并在物质条件与师资配备方面做了明确规定，但对校舍和设备如何设计、配置才能体现其教育功能并没有涉及。而且在以生为本理念的践行下仍然存有许多安全、卫

---

① 刘厚萍. 学校空间的育人性及表现 [J]. 上海教育科研, 2019 (6): 81—84.
② 曹平, 马广伟. 把学校推上现代化建设快车道 [N]. 江苏教育报, 2014-12-17 (2).

生、无障碍环境方面的问题。如：上海某小学新校区教室甲醛超标导致学生被送往医院就诊①；江西某学校未批先建置身化工厂旁，刺激性气味熏鼻，学生被责令转移②；另据我国民间公益组织——瓷娃娃罕见病关爱中心发布的《2014年成骨不全症患者接受义务教育情况调查报告》，近30%的成骨不全患者（俗称瓷娃娃病）无法接受普校教育，93.94%成骨不全患者所在的学校没有无障碍设施。而且在特色学校创建中，许多学校都将特色学校等同于学校特色，将学校建筑的标新立异作为特色学校的主要表现。而特色学校是需要通过内涵式自主成长来发展，是在教育性得到充分发展的基础上自然形成的。③ 也就是说，无论是基于何种目的、何种要求的学校建筑营建，都不能忽视全体受教育者的教育需求、发展需求，应充分发挥学校建筑的教育价值，体现现代教育发展的理念。

（三）基于对学校建筑教育价值的思索

目前学校建筑设计中频频出现的科学性、教育性问题，根本原因是对学校建筑教育价值的忽视与不理解。学校建筑在整体建造中应体现其教育价值，如学校建筑的造型、环境设计等；微观方面也应注重教育性的设计，如教室的室内布置、墙壁的色彩、光线的设计等。这些建筑因素时刻影响着教育教学活动的开展、师生情绪情感状态的保持、学生学习兴趣的提高等。这是因为在学校建筑之中发生的教育教学活动，体现的不仅仅是人与人之间的互动，还包括人与抽象事物、人与物、人与环境之间的互动，而互动将对人的心理、认知、行为、情绪产生较大的影响，从而影响教育教学的效果。持有符号互动论观点的布鲁默认为，人们所处的环境是由各种"客体"构成的，所有这些客体都是人们符号互动过程的产物。这里的"客体"一般包括三类，物理客体、社会客体、抽象客体。④ 各种社会人，学生、教师、父母等应属于社会客体，概念、原则、观念等属于抽象客体。建筑及建筑内具体的物体，如课桌、椅子、各种

---

① 佟继萍, 叶松丽. 崇明一小学甲醛、氨超标 全校今起搬回老校区上课 [N]. 新闻晨报, 2015-09-28 (A03).

② 康春华, 黄基连. 江西学校未批先建置身化工厂旁 学生被责令转移 [EB/OL]. (2015-11-13) [2015-11-20]. http://news.sina.com.cn/s/wh/2015-11-13/doc-ifxksqiv8320513.shtml.

③ 李醒东. 对特色学校建设实践的审视 [J]. 教育发展研究, 2009 (18): 74-76.

④ 谢立中. 走向多元话语分析 [M]. 北京: 中国人民大学出版社, 2009: 180.

设施则应属于物理客体。对于每个个体而言，在与这些客体互动作用中将会产生对于个体本身的意义，他们通过这些客体表达自我理解，并持续地体现于情绪与行为之中。单少杰对主体与客体的相互作用有过这样的阐述，他认为主体与客体相互作用会生成一种介于主体与客体之间的东西，称为主-客结构。根据人对世界的两种能动作用方式将其分为实体性中介结构与认知性中介结构。实体性中介结构是指主体在一定观念指导下，运用物质手段及其能量改变客体的物质形态或本然结构的过程。[①] 在主体与作为客体的学校建筑发生能动作用的过程中，学校建筑已不再是纯粹的客体，它是主体一定思想观念、意识在物质性改造活动中的体现，它是通过人的建筑实践产生的，是物体的人化，同时也是主体的物化。学校建筑体现了一定的中介性质，既有主体的因素，也有了客体的因素，具有了属人的特性。也就是说，学校建筑的任何物理设计，最终都将指向人、服务于人。学校建筑的教育价值就在于其最终将体现出学校建筑之于人的意义、之于生命的意义、之于发展的意义。学校建筑所有环境、空间、氛围的设计都旨在为存在于其中的个体提供更为积极的活动、更为丰富的成长资源，真正成为个体身心发展的有机载体。也就是说，学校建筑应体现出教育价值。

学校建筑的教育价值体现在它与教育教学活动主体相互发生作用的过程之中，它除了要满足教育教学活动及其主体的需要，同时也要对主体产生广泛的教育意义，促进学生个体的不断成长与自身发展，潜移默化地感染学生以实现学校的育人功能。作为客体的学校建筑在这里虽然被看作是静止不动的"物"，但是，它的每一处存在和营造的氛围都在潜在地、客观地对主体产生影响。因为，作为主体的人不能脱离于客体而存在，需要源源不断地从客体处获得养分，从而影响个体的身心、认知、思维、行为方式等。因此，学校建筑的教育价值亟须得到关注与研究，只有回归到学校建筑本身的教育功用和意义，才能使学校建筑的设计规划更贴近实际，更能满足学校、个体的需要。

学校建筑，百年大计，一旦落成，就不能随意改造。现在我国学校建设正处于发展的黄金期，学校建筑的兴建、改造、重建则应抓住这个机遇，既要考虑物质设施条件的提升，更要从教育学的视角去审视学校建筑设计、空间利用、改造方式等，使学校建筑发挥出有效的育人价值。

---

① 单少杰. 主客体理论批判 [M]. 北京：中国人民大学出版社，1989：199.

二、文献综述

学校建筑研究是一个多学科的综合研究，涉及建筑学、工程学、艺术学、文化学、教育学、心理学、环境学等多个学科，文献内容较多，在此不能一一总结，将选取与教育相关的学校建筑研究文献作为重点研究对象，从国内外学校建筑研究进展与相关研究两个方面进行梳理。

（一）国内外学校建筑研究概况

1. 国外学校建筑研究概况

国外学校建筑研究起步较早，可追溯至19世纪20年代。学校建筑研究最早的国家当属美国和英国，最为有名的两位学校建筑领域的代表人物是美国的巴纳德（Barnard）和英国的罗伯森（Robson），他们分别于1848年和1874年出版了《学校建筑》专著。两本著作着眼点不同，一本侧重考察教育意义上的学校建筑，一本侧重考察建筑意义上的学校建筑。虽然两本专著研究视角不同，但都对学校建筑研究起到了不可磨灭的贡献。两本学校建筑专著出版发行后，大受欢迎，之后更是不断再版，学校建筑日益受到研究者的关注与研究。依据国外学校建筑研究的不同着重点，我们大概将其划分为三个阶段：学校建筑研究的萌芽期、学校建筑研究的发展期、学校建筑研究的变革期。

首先是学校建筑研究的萌芽期。19世纪20年代后，研究者开始关注学校建筑这一研究领域，并且越来越坚信学校建筑优良对良好教育的形成是至关重要的，许多国家的学校董事会也开始大力关注学校建筑的设计和施工，制定了示范性建筑计划与细则。[①] 巴纳德出版的《学校建筑》就是在为校舍的改善、学校建筑标准的提升进行的努力，他通过将教育学与建筑的关注点整合起来，重新阐释了学校建筑的特殊性，强调学校建筑应该超越一般意义的建筑，表明学校建筑最终体现的应是文化、精神和人文价值，而一般意义的建筑主要关心物理结构、合理的成本、功能的使用。[②] 相对于巴纳德《学校建筑》的教育学视角，罗伯森的

---

① PAULA S F. Children's Spaces [EB/OL]. [2016-02-21]. http://www.faqs.org/childhood/Ch-Co/Children-s-Spaces.html.

② LACKNEY J A. Schools for the Future [M]. //School for the Future. Springer, Wiesbaden, 2015: 27.

《学校建筑》更侧重建设方面的原则与规范,他的研究是基于他本人对多个国家多所学校考察的感受与体验的整理以及理论分析,例如,他在书中强调了建筑的坚固、男女生独立的入口以及提供自然采光、加热、通风和卫生间设施等建设方面的要点。① 随着各国教育的发展,学校建筑研究也迎来了新的机遇。1870 年,英国教育发生重大转折,英国颁布了第一部初等教育法案,正式开始构建英国真正的教育体系,法案规定在教会学校设施不足的学区可建立学校委员会。这大大推动了对学校建筑的研究,促使研究者在新形势下对学校建筑设施、教室设计等方面进行研究。

其次是学校建筑研究的发展期。19 世纪末至 20 世纪初,"学校建筑已发展成为复杂的、可辨别的现代学校设施,也可称之为完美的生产工厂"。② 这时的学校建筑研究开始向纵深发展,研究重心转向学校建筑的构成、标准及功能方面。随着城镇人口数量以及受教育需求的增加,人们越来越多地关注学校基础设施的建设,其中学校建筑就成为改革的重要方面。而如何适应班级授课教学的需求,促使学校建筑在有限空间内培养更多的学生,如何建立起标准化、示范性的学校建筑就成为重要的研究课题。很多著作也都是关于学校建筑标准化、空间实用性、周围环境系统影响的内容研究,以及关于更为安全、更为舒适的学校建筑设计的研究,这些著作侧重于计划和布局建议,并将学校作为一个整体来考虑照明与教室的通风问题。如 Baker 曾在著作中对相关设施配备进行研究,他认为"任何的学校建筑都通过一个简单且相对便宜又便于处理和维护的自动化体系来满足学校的供暖和通风问题是没有任何困难的。"③ 另外,各国还通过各种实验、调查的方式去研究空间、环境对学生的影响,研究开始进入微观领域。如 1908 年,伦敦政府发布了一个关于开放空间教学的实验报告,报告指出户外短时间的学习有助于刺激学生的理性思维能力和自我信赖感,这样的教学设计易鼓励学生自然兴趣的提升。④ 由此可见,研究人员已经关注到学校建筑空间对教育教学的影响。

---

① PAULA S F. Children's Spaces [EB/OL]. [2016-02-21]. http://www.faqs.org/childhood/Ch-Co/Childrens-Spaces.html.

② GYURE D A. The Transformation of the Schoolhouse: American Secondary School Architecture and Educational Reform, 1880-1920 [D]. University of Virginia, 2001.

③ BAKER L. A History of School Design and Its Indoor Environmental Standards, 1900 to Today [J]. National Clearinghouse for Educational Facilities, 2012 (1): 1-30.

④ HARWOOD E. England's Schools: History, architecture and adaptation [M]. London: English Heritage, 2010: 57.

绪 论

最后是学校建筑研究的变革期。20世纪中期，社会发展逐渐进入信息时代，各国普遍开始进行教育改革，设立新的课程体系，实施新的教学方法，并且对开放教育、社区教育、社区学校的概念进行了探讨，也对能够适应信息社会创新教育体系的学校建筑进行了研究。研究人员逐渐认识到学校建筑与学生学习之间的密切联系。其中，有学者就通过实验研究发现学校建筑的新旧与学生学习成绩的变化有显著关系。[1] 也有学者在文献回顾中曾明确提到，"在过去的十年，越来越多的教育工作者开始相信学校建筑很多物理环境的维度都有可能影响学生的行为与态度"。[2] 但同时她也指出，这些情况的出现可能来源于环境心理学的兴起，或者是当时教育运动推动的结果，也有可能是开放教育教室和开放空间学校出现引发的教室空间改变等。[3] 可见，当时的学校建筑样态正发生变化，这个时期学校建筑研究也开始由注重学校的使用功能发展至关注学校空间营造对教育发生作用的研究。

20世纪末，在对学校建筑概念经过一个长时间的反思与研究之后，各国开始了新一轮的学校建设与改造，进一步提升了对学校建筑标准的要求。如英国政府对于现代学校建筑环境的要求标准是要将其作为一种学习的工具，成为一个能够激发孩子们视觉意识、团队合作感觉、懂得鉴赏历史的地方。[4] 学校建筑研究不断深化，工程师、设计师、心理学家和教育家都参与到了研究中来，他们有的研究学校建筑照明、色彩、噪声等物质要素作用，有的研究有利于学习、产生亲社会行为的学校环境，一些研究人员还考察了家具、节能系统、绿化以及提供游戏的室外空间对教育的重要性。[5] 还有研究者对学校如何设计能影响到学生安全、师生关系、学业成绩等重要因素进行研究。进入21世纪，信息技术的迅速发展也让学校建筑面临更多的革新，学校建筑研究也出现了新的方向，如"隐私领域"、社区中心、灵活性和人体工程学的家具、远程学习、移动课堂、新媒体学习终端等，这些新的研究大多是为个体提供更具创新性、个性化、不确定性的学习环境，从而实现学校建筑更深层次地影响个体发展的作用。

---

[1] CHAN T C. The Impact of School Building Age on Pupil Achievement [R]. Greenville County Schools, 1979.

[2] LINDSAY Baker. A History of School Design and Its Indoor Environmental Standards, 1900 to Today [J]. National Institute of Building Sciences, 2012 (1): 1-30.

[3] 同②.

[4] HARWOOD E. England's Schools: History, Architecture and Adaptation [M]. London: English Heritage, 2010: 3.

[5] DUKE D L. Does It Matter Where Our Children Learn? [J]. Academic Achievement, 1998: 1-36.

2. 我国学校建筑研究概况

相对于国外学校建筑研究的时间和深度，我国学校建筑研究起步较晚，目前还未掀起研究的热潮，研究的内容也仅限于表层，尤其是教育学研究人员参与较少，除了东部沿海发达地区关注较多，其他大部分区域还处于国外学校建筑研究的发展期阶段。

我国学校建筑研究最早源于对学校基本建筑设施的建筑方法的研究，侧重对运动场、设备、校舍标准规范的研究。20世纪50年代，学校修建日益走上重要地位，唐英的《学校建筑》（1952）涉及的就是各级各类学校的建设尺寸与规划以及具体各部分的建造标准，并被称为当时中国学校建筑设计的标准规范手册。现在中小学设计所遵循的基本规范是依照我国住房和城乡建设部2010年发布的《中小学设计规范GB50099—2011》，类似的还有《农村中小学校建设标准》（1996、2008）、《城市普通中小学校舍建设标准》（2002）。

学校建筑有了基本的建筑标准，在保障安全的基础上着重考虑学校建筑的使用功能，也促使从事学校建筑研究人员开始增多，但研究大都是基于学校建造的角度，教育界对其教育价值的研究仍然不多。我们可通过定量研究方法对我国学校建筑研究的学术论文进行统计，以便对学校建筑研究整体状况有一个大概了解。我们尝试以学校建筑为主题对在1956—2014年中国知网公开发表的论文进行数量统计，搜索条目共计1 070篇，总量偏少。再将范围调整至1984年到2014年30年期间，可发现论文发表数量逐年增加，由最初每年几篇发展到每年近百篇，能够感受到学术界对学校建筑的关注和研究不断增多。尤其是在2008年激增到120篇，这是由于"5·12"汶川地震灾害之时，大量学校建筑倒塌，引发了人们深刻的思考、激烈的讨论，且国家也高度重视，我国由此开启了学校建筑安全、功能的理论研究。

我国教育界对学校建筑的关注和重视程度远不及其他国家和地区，研究深度及在实践中的探索也相当缺乏。对中国知网2004—2014年学校建筑主题类别下的论文进行分析（见图绪论-1），与教育相关的学校建筑研究论文每年不超过其总数的10%。再对以学校建筑为主题的博硕士论文搜索，共有144篇，其中，博士论文共有17篇，与教育学科密切相关的有4篇。虽然这种搜索并不具有我国全部博士论文的代表性，但从数据中仍然可以说明一些问题，可清楚地看到我国学校建筑在教育学视域内研究的缺乏程度。

绪 论

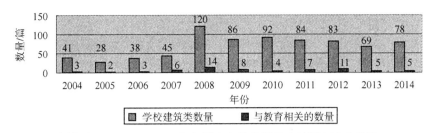

图绪论-1 2004—2014年与教育相关的学校建筑研究论文统计

针对教育界对学校建筑研究的漠视，有学者开始关注这一研究领域并倡导应将学校建筑作为教育研究的新课题。卢真金认为"学校建筑是潜隐的教育信息和观念的本体，对后世的学校教育和师生有潜移默化的影响"。① 进入21世纪，教育迅速发展，许多地区都呈现出了新的教改风貌，在硬件方面也有了突破性的进展，这些都促使研究者在新的教育理念的指导下去思考学校建筑教育空间的变化。陶西平也提出了在教育现代化进程中，亟须诞生新的学校建筑学，他认为现下的学校建筑仍是以适应学生聆听需要的传统教育理念为基本原则。②

由上可见，国外许多国家在学校建筑研究领域中都进入了一个相对比较成熟的阶段，有自己完善的设计、建造、监控、复查制度，以及独立研究机构的持续研究支持，加之相关政府项目的实施与拓展，都促进了研究的不断深化。国外的学校建筑研究早已脱离标准化造型建筑的困境，更为看重师生的学校生活、教育教学活动的开展以及与现代教育理念的契合。而且，随着科学技术的发展、社会的进步，大部分国家已在开始探讨交流未来学校发展的新趋势，关注各种建筑方案在各国的实施情况，以期为本国学校建筑设计、规划提供新的启示和借鉴。而我国目前在学校建筑的研究机构、政府支持、研究深度、思想观念、设计理念都急需一场根本性的变革，才能真正推动学校建筑以及教育变革的整体进展。而对学校建筑教育价值的研究正是学校建筑的本体研究，只有明确它的教育价值，阐明其中的教育意蕴，才能为解决目前我国学校建筑问题提供理论依据。

---

① 卢真金. 教育研究的新课题：学校建筑 [J]. 外国中小学教育，1988（4）：24-27.
② 陶西平. 学校建筑学的新课题 [J]. 北京教育（普教），2006（5）：21.

（二）我国学校建筑研究的主要内容

1. 不同学科视野下的学校建筑研究

学校建筑研究涉及广泛，研究者依据自己不同的学科背景进行研究，研究侧重点不同。有的学者是基于建筑学的理论，从建筑材料的采用、建筑结构的设计、建筑的技术、卫生和安全、建筑的施工、建筑的标准，以及对建筑空间的分割和组合等方面入手，其内容一般无外乎两个方面，从宏观上研究学校建筑设计的标准规范及校园规划等，从微观上对具体建筑部分、室内空间、配套设施等进行研究，如教室的设计、廊道空间的分析、教学楼设计、体育场规划等。还有学者是基于社会学理论，研究集中在对学校空间方面的探讨。如石艳的《我们的"异托邦"：学校空间社会学研究》认为，学校属于社会的一个部分，可以说是一个小型社会，学校教育自然也是社会行为的一个部分，那么学校空间就兼具社会功能的属性。也有学者是从环境心理学的视角研究个体行为与学校建筑的关系。个体在学校建筑内所发生的行为就是个体与所在环境相互作用的结果。

2. 学校建筑设计研究

学校建筑设计是依据学校建筑的目的要求，预先制定的建筑方案、规划、图样等，学校建筑设计活动是学校建筑研究付诸实践的具体表现。由于学校建筑设计最能反映现实问题，也很受研究者青睐。目前我国在学校建筑设计的研究中主要呈现三个方面。一是对学校建筑设计研究视角革新的呼吁，倡导超越从建筑学视角出发的学校建筑设计，鼓励建构心理学、建筑学、艺术系、文化学等学科的理论基础。[①] 二是研究世界各国或地区的学校建筑设计理念，以期为我国学校建筑设计提供新的启示。早期主要是对国外学校建筑设计准则、标准的介绍，现在则主要侧重对新理念的研究。如日本学校建筑体现的是灵活的教室设计、开放的学习空间、温馨的生活场所等新型理念，还有诸如对开放空间学校、可持续学校、优质学校、无围墙学校、无障碍环境、社区学校等新学校建筑设计理念的介绍与研究。三是对我国现代教育理念在学校建筑设计中的实践的研究。我国曾在1996年就提出过"绿色校园"的建设理念，意在改善教学环境。但经过近三十年发展，我国仍限于节水节能节约等研究，对教学软环境建设方面仍很薄弱，尤其是在中小学建筑研究方面更是缺乏。

---

① 邵兴江，赵中建. 革新学校建筑设计：建构新的研究视角 [J]. 全球教育展望, 2012（9）: 37-40.

3. 学校建筑价值研究

学校建筑价值应是学校建筑对主体的有效作用,在现实中常与学校建筑功能混淆,忽视了学校建筑对主体发展的促进意义。目前,学校建筑价值还没有专门化的研究,只是在部分研究中对学校建筑的使用价值、文化价值、艺术价值有所涉及。使用价值更多是关于功能的研究,探讨更多的是如何满足教学场所这一要求,而缺少对教育主体需求的深度关注,例如校园内很少有无障碍设施,这说明使用价值还未引起真正重视,只是简单满足"使用"。历史价值更多的是与文化价值放在一起研究,专门性研究较少。文化价值主要探讨的是对人的文化本性与文化需求的物质意义和精神意义以及对学校、对社会发展的文化意义,如邵兴江的《学校建筑:教育意蕴与文化价值》。另外,还有学者是在文化视角下对校园规划、学校建筑文化进行研究。艺术价值研究是对学校建筑满足人的审美需要的探讨,如学校建筑所应遵循的形式美法则,包含变化与统一、均衡与稳定、比例与尺度、节奏与韵律、虚实与层次等。① 这是目前研究中所探讨的学校建筑艺术价值研究的第一个层次,即学校建筑自身的艺术性研究。一个优秀的学校建筑设计其实也是一件精美的艺术建筑,能给以人美的享受。学校建筑艺术价值第二个层次的研究,不仅有自身的审美特性,还需要艺术与功能完美结合。

4. 学校建筑教育价值研究

关于学校建筑教育价值的研究还未形成专门化、系统化,研究更多的是对教育意蕴的揭示,或者是在研究中对教育功能、作用有所涉及,但研究过于碎片化,有待进一步整理、深化。目前相关研究大致集中在三个方面,即教育意蕴的揭示、教育功能的探讨、适应教育发展的学校建筑空间。

首先是关于教育意蕴的揭示。邵兴江在《学校建筑:教育意蕴与文化价值》中对学校建筑的教育意义进行了探讨,他更强调的是学校建筑物自身所具有的教育意味,侧重于告诉我们什么样的建筑才应是学校建筑,一个真正的学校建筑的应然状态应是如何。他认为教育意蕴一般体现于为青少年儿童提供人身安全的场所,培养学生良好的道德品质,唤醒学生高尚的艺术审美。

其次是关于教育功能方面的探讨,研究较多的是学校建筑的德育、美育、文化传承和教学功能。如彭宗朝就在《中学建筑的教育功能与建设》中提出,教育功能分为美感的认同、文化的熏陶、思想的感悟、人格的升华,② 这是从整体

---

① 沈福熙. 建筑概论 [M]. 2版. 北京:中国建筑工业出版社,2012:78.
② 彭宗朝. 中学建筑的教育功能与建设研究 [D]. 长沙:湖南师范大学,2012.

方面对教育功能进行的研究。还有学者是选择其中某种教育功能进行研究，如贾修建的《学校德育空间研究》是从社会学空间的意义下对学校道德教育进行研究，对学校建筑的道德空间进行分析。① 也有学者是对美育、教学功能进行详细论述的，如蔡秋琴的《岭南高校建筑审美分析及其美育研究》、高洪源的《课程和教学改革与学校建筑风格的发展》，其中高洪源是从课程与教学改革的角度凸显新型学校建筑的理想建筑风格，主要是对教育与学校建筑二者之间的关系进行探讨。

最后是适应教育发展的学校建筑空间研究。这是从学校建筑空间对教育适应性的研究，虽然不是专门对教育价值的研究，但不可避免涉及学校建筑空间的教育性，一定程度上显现出对教育理念、师生观、教学方式、学习方式需要的满足。不同的教育理念所对应的学校建筑应是有所不同的。就以往的研究来看，大部分学者将注意力集中到了素质教育，研究与素质教育相适应的学校建筑空间。如李志民曾在2000年发表过《适应素质教育的新型中小学建筑形态探讨》（上、下），通过对国内外学校建筑发展脉络及其现状进行探讨，研究适应我国素质教育发展的新型中小学学校建筑空间形态特征；② 李署婷的博士论文《适应素质教育的小学校建筑空间及环境模式研究》也是关于此方面的探讨。

综上可知，虽然并没有专门针对学校建筑教育价值的研究，但是相关研究领域已有一定成果，足可见学校建筑教育价值研究的重要意义。因此，在积极吸取相关研究成果的基础上，我们更要结合具体实际，以及国内外研究进展情况，努力为学校建筑研究奠定良好的理论基础。

（三）对已有研究总体评价

综上所述，我们对学校建筑的目前研究状况已有一个大概梳理，可用薄弱、扩展、单一、深化、多样化、实践等几个关键词进行总结。

第一，学校建筑整体研究呈薄弱状态。学校建筑研究成果相对较少，尤其在教育领域涉及更少，大部分论文发表的期刊都限于建筑类研究刊物，这说明学校建筑研究还尚未引起教育界学者的足够重视，而且研究水平和研究能力也与其他国家或地区存在较大差距。国外许多国家不仅是在理论研究上已经进入了新的研

---

① 贾修建. 学校德育空间研究 [D]. 南京：南京师范大学，2014.
② 李志民. 适应素质教育的新型中小学建筑形态探讨（上、下）[J]. 西安建筑科技大学学报，2000，32（3）：234-241.

绪 论

究阶段，在实践中也在不断践行新的教育理念和学校建筑规划，而我国目前学校建筑研究的理论框架还未构建完全，学校建筑设计阶段也仍处于国外学校建筑研究的发展期，这说明我国目前急需在研究意识与研究行动上有一个突破。这就需要一个坚实的理论研究基础，将学校建筑研究中的基本问题研究清楚，对学校建筑的价值、功能、作用的发生与发挥过程有一个清晰的认识，才能为后续的学校建筑研究奠定基础。

第二，研究范围亟须扩展。目前，关于学校建筑研究还处于探索阶段，受限于研究的表层，更多的是对学校建筑的具体设施、设计进行研究，并没有对其进行深入研究，尤其对学校建筑的教育价值、教育性功能、空间分配、时代特征仍然挖掘不多。虽然在以往的研究中对学校建筑的价值、功能、作用有过一些探讨，但在概念的使用中有混淆之处，很多既是功能也是价值。另外，在有关学校建筑价值的研究中，研究比较单一且过于分散。其中，对学校建筑教育价值的认识很多还不到位，并没有相关的文献著作，对教育价值如何实现的探讨也鲜有涉及。

第三，学科视角单一，应采用多学科的理论和方法进行研究。学校建筑研究是一个多学科的交叉研究，不仅有建筑学，还包括教育学、心理学、文化学、艺术学、社会学等学科，充分运用各个学科的理论和方法，有助于我们更为全面地把握学校建筑设计，提升学校建筑设计的境界，更好地促进教育的实施。从已有的研究成果中可以看到，很多学科的学者都对学校建筑有自己的认识与理解，这也为我们带来一定的启示。因此，当从教育学视域去研究学校建筑时，应拓宽研究视野，不能仅立足于教育学学科，还应综合其他学科的研究成果，才能将学校建筑研究得更为透彻。

第四，学校建筑教育价值研究亟须深化。学校建筑既有一般建筑所具有的特点，也有自身的特殊性，这是学校这一特殊场域所带来的不同之处。学校建筑自身的价值包括文化价值、历史价值、艺术价值、教育价值、精神价值等，其中教育价值是学校建筑同其他建筑不同的最根本的价值表现，因此，学校建筑的教育价值研究可以说是学校建筑理论研究最好的切入点，做好学校建筑教育价值的研究，实际上也是在为学校建筑理论研究框架打好第一块砖。而在以往研究中，学校建筑教育价值的专题研究几乎没有，只是在教育底蕴、教育功能、教育作用的研究中有所体现，却未形成专题研究。而它的重要性又急需我们对其展开专门系统化研究，并不断深化。

第五，研究主体与研究方法应力求多样化。在已有的研究成果中，进行研究的大多是建筑学科的研究人员，教育学学科背景的研究者较少，专门化的教育研究机构也只限于中国教育学会中育学校建筑设计研究中心及其学习建筑资料馆，以及 2014 年为推动"绿色校园"发展刚刚成立的学校建筑室内环境研究中心，而学校建筑的使用者，如学生、教师、校长等人员发声机会更是微小。只有各个层面的研究者、使用者参与研究，才能对学校建筑现存问题进行全面把握，才更利于学校建筑更好地设计和规划。除研究主体单一外，研究方法也亟须克服以往单纯的理论研究，应辅以实证研究，才能更充分地论证与研究。

第六，理论需要在实践中不断提升。学校建筑设计需要在实践中不断地进行理论思考，之后再实践再反思，从而提升理论高度。但由于目前学校建筑在教育学视域中的研究滞缓，导致很多新的学校建筑在设计中出现教育性设计缺位的现象，在对教育变革的促进作用中显然也未达到预期的效果。尤其是学校建筑空间的规划与设计，关系着教育和学校的未来发展，更是应引起学者们的广泛关注，而这也正是学校建筑理论研究在实践中升华的重要表现。这就需要加强学校建筑的教育理论关照，提升教育研究人员在学校建筑设计中的参与度，从教育的角度为学校建筑设计提供设计建议。

三、研究思路

本研究是在教育学视域内进行的，学校建筑教育价值的有效发挥是本研究的落脚点。本研究紧紧围绕学校建筑教育价值这一核心，对学校建筑教育价值的历史发展、理论依据、应然呈现、现实实现、有效发挥做进一步分析。本研究先通过学校建筑的理论研究把握整体，再通过历史回溯，在学校建筑教育价值变迁中找寻出教育价值呈现的轨迹和规律，并对其进行深入的理论探讨。在对学校建筑教育价值理论分析的基础上再回归到实践，对学校建筑教育价值实现的现实境遇进行考察，通过调查研究与实证分析取得第一手资料，对教育价值呈现的问题和原因进行探讨，最终完成对学校建筑教育价值有效实现的反思，提升理论研究的高度。因此，本研究遵循提出问题→理论建构→理论运用→应对策略→理论提升的基本思路展开，研究思路见图绪论-2。

绪 论

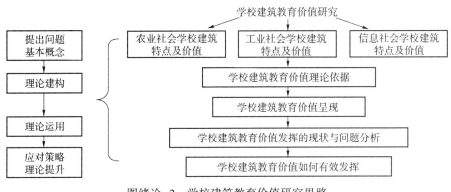

图绪论-2　学校建筑教育价值研究思路

四、研究方法

（一）文献研究法

文献研究，贯穿于整个科学研究的过程，无论是在选题，还是在研究方案，抑或是论文主体撰写的过程中，都离不开文献研究的支持，尤其是在社会科学研究领域，文献的查阅、分析、整理更具有举足轻重的地位。本研究充分运用文献研究法，把握已有的文献资料，找准自己的研究起点，批判地吸收他人的研究成果，为本研究奠定扎实的研究基础。本研究通过中国知网、万方、维普、超星等数据库，谷歌、百度等搜索引擎，以及各省市图书馆、高校图书馆、国家图书馆，查阅与研究主题相关的建筑学、教育学、心理学等学科的研究资料，并着重对学校建筑研究、国内外有代表性的中小学学校建筑资料进行搜集与整理，其中涉及了大量的建筑学、环境心理学的文献资料。

（二）历史研究法

恩格斯说过，"历史从哪里开始，思想进程也从哪里开始。"追寻历史进程，也是在追寻人类认识客观世界的反映过程。历史研究法就是根据历史资料，寻找历史事实，再根据这些资料去完成某一历史事件的描述、分析与研究。本研究通过对农业社会、工业社会、信息社会的学校教育发展情况的呈现，搜寻与之相适

15

应的学校建筑文字、数据及图片资料,找寻出二者之间的关系,分析出学校建筑教育价值的变迁规律与呈现方式。历史研究最为重要的就是对历史资料的掌握,因此,本研究努力对不同历史时期学校建筑的资料进行辨别、鉴定、提炼、总结,以求发现一般性的规律性认识。

(三) 调查法

本研究主要采用调查法中的访谈调查和问卷调查,同时在对样本学校走访的过程中综合使用了观察、拍照、录像、实物资料收集等方式进行调查。

访谈调查主要选取了天津市、海拉尔区共8所义务教育学校进行实地调查,并与其校长进行访谈,访谈内容主要包括学校建筑设计的最初考量、设计思路、教育价值的体现、对学校建筑使用的感受与意见等(访谈提纲见附录二)。本研究中涉及的问卷调查是关于学生在学校建筑内的感受与行为体验设计的,旨在通过个体对学校建筑的直观感受和行为体验来体现学校建筑教育价值的实现程度。

问卷调查共发放全国21所义务教育学校,回收有效问卷1695份,小学调研年级主要限于四、五、六年级,中学年级覆盖一、二、三年级。其中,小学回收问卷615份,中学1080份;男生809人,女生886人。问卷发放区域依据我国经济社会发展区域的划分方式进行选取,我国目前共分为四大经济区域,即东北地区、中部地区、西部地区、东部地区。[①] 其中涉及调查的省(自治区、直辖市)有东北地区的黑龙江,中部地区的湖北、湖南,西部地区的内蒙古、甘肃、广西,东部地区的天津、广东等。20世纪末,中国先后提出了"西部大开发""东北振兴""中部崛起"区域发展战略,最终沿东西方向形成了这四个板块。虽然这种划分现在所具有的意义已趋于淡化,被一些新出台的战略方针所转移,但这四个板块的区域发展水平仍存在明显差距,每一个板块内部发展水平又相对接近,这为我们研究学校建筑的现实状况提供了比较好的基础,有利于对不同区域的学校建筑发展情况进行研究。叶澜曾说过,教育物资往往受制于社会对教育的重视程度、社会生产水平、物质技术和财富的发展水平,同时受制于并体现着一定的教育观念。[②] 因此,从经济发展的角度进行问卷发放区域的选取还是极为合理的。东北部、中部、西部、东部四个区域分发问卷分别为391份、218份、544

---

① 资料来源:国家统计局. 东西中部和东北地区划分方法 [EB/OL]. (2011-06-13) [2015-06-10]. http://www.stats.gov.cn/ztjc/zthd/sjtjr/dejtjkfr/tjkp/201106/t20110613_71947.htm.
② 叶澜. 教育概论 [M]. 北京:人民教育出版社,2006:20.

份、542份,所占百分比分别为23.1%、12.9%、32.1%、32%(见表绪论-1)。

表绪论-1 学校建筑现状调查问卷发放情况

项目	性别		学校层次		区域			
	男	女	初中	小学	东北部	中部	西部	东部
人数/人	809	886	1 080	615	391	218	544	542
百分比/%	47.7	52.3	63.7	36.3	23.1	12.9	32.1	32.0
总计/人	1 695		1 695		1 695			

本研究通过自编问卷《学校建筑现状调查问卷》对样本学校的学生进行调查(问卷见附录一)。本问卷共分为四个部分,分别为人口信息(包括学校层级、年级、性别、班级人数等)、单项选择题、态度选项题以及主观题。其中,态度选项题由两个态度量表组成,主要调查学生对学校建筑现状的认可度与学校设计理念重要性的态度,对学校现状态度的调查从学生的学校建筑环境知觉、环境认知、空间行为三个维度进行设计,对学校设计理念重要性的态度调查从学校建筑的实体、学校设施、空间三个维度进行设计。在选项设计上,Q15答案选项则由李克特量表五个等级的态度选项组成,分别是完全同意、比较同意、一般、不太同意、完全不同意,对应赋值为5、4、3、2、1;Q16答案选项也为五级,1分到5分重要性逐级递增。为保证态度量表的可用性,量表经测试,科隆巴赫a系数值分别为0.942、0.893,表明量表信度很高;量表的KMO值分别为0.964、0.922,表明量表结构效度也很高。因此,本问卷适合作为分析学校建筑现实情况的调查工具。

五、创新之处

(一)从教育学的视角为学校建筑研究提供了新视野

学校建筑是学校教育活动展开的物质载体,是师生教育活动赖以发生、持续的空间,具有教育学的意义和价值。但相关研究大多聚焦于建筑学、艺术学、心理学等领域,集中于学校建筑的标准和规范,教育研究领域囿于学校建筑的物质属性,其教育价值却被忽视,对学校建筑的研究存在着严重的缺位问题。因此,从教育学角度对学校建筑进行研究探讨是具有创新价值和现实意义的。本研究重点探讨学校建筑的教育价值，运用关系思维，以建筑学与教育学之间的关系为依托诠释学校建筑的教育价值属性，从而为学校建筑研究提供了新视野。

（二）对学校建筑教育价值进行了理论建构

以往学校建筑研究大多是从建筑学、艺术学、心理学角度展开的，较少有从教育学角度对其进行系统化研究，因而学校建筑教育价值也还未形成专门化的研究。本研究从建筑、学校建筑的内涵、要素、属性入手，对学校建筑教育价值的概念与内涵进行了深入讨论；对农业社会、工业社会、信息社会学校建筑变迁的历史过程进行了梳理，并对不同时期的学校建筑教育价值进行了考察，找寻出了学校建筑教育价值历史变迁的特点与规律；运用马克思主义价值理论对学校建筑教育价值进行了界定，揭示了学校建筑教育价值的属性。本研究对学校建筑的构成要素入手，对学校建筑的教育价值进行了细致研究，还运用问卷调查、访谈和实地考察等方式对我国学校建筑教育价值的实际状况进行了深入研究。总体而言，本研究对学校建筑教育价值的内涵、历史变迁、理论依据、呈现方式、现实状况等进行了系统探讨，初步建构了一个较为系统的学校建筑教育价值理论。本研究对学校建筑教育价值的历史梳理和规律的揭示、对学校建筑教育价值的系统建构、对学校建筑教育价值的呈现方式的考察等方面的研究都体现出了创新。

（三）为学校建筑教育价值的发挥提供了理论支撑

探讨学校建筑教育价值是为了更好地发挥学校建筑的作用，以使学校为学生提供良好的教育空间。本研究特别对我国学校建筑教育价值的现实状况进行了考察和问题分析，在此基础上有针对性地提出了有效发挥学校建筑教育价值的若干建议，这为学校建筑设计的变革与改进提供了对策，也为学校建筑的兴建、重建和改造提供了理论支撑。

第一章

学校建筑教育价值相关概念解析

概念是思维的抽象,概念是反映对象本质属性的思维形式。对概念的解析就是对不同对象之间界限的认识。厘清学校建筑教育价值相关概念对学校建筑教育价值研究有至关重要的意义,只有在明确相关概念界定的基础上,才能进一步展开对学校建筑教育价值及其有效实现的问题的研究。

一、建筑概述

建筑与人息息相关,人们每天都生活在建筑之中。可是,"什么是建筑"却很少有人能说清楚。为了从整体上更好地把握学校建筑的含义,首先要对建筑有一个全面的认识,而对建筑的认识可从建筑的概念、要素、属性进行探讨。

(一)建筑的含义

建筑是伴随人类各种生活需求产生的,最早是为遮风避雨而建造的房屋住宅。早期建筑形式大体可分为两类,一类是穴居,在地面上挖洞穴,另一类是在树上架设可住人的空间,① 如蜂巢形石屋、圆形树枝棚、帐篷等。随着社会生产力的提高、科学技术的发展,人类开始在地面上建筑房子,并且根据人类生产、生活活动的需要,不断改变建筑的类型与样式,以便为人类提供相适应的空间环境。从汉语词源上看,建,建造,田汝成的《西湖游览志·南山胜迹》曾记载,

---

① 沈福熙. 建筑概论 [M]. 2 版. 北京:中国建筑工业出版社,2012:5.

"净慈禅寺，周显德元年钱王俶建"，指净慈禅寺在周显德元年由钱弘俶所建；筑，造房子，建土木工程，如筑室、筑城、筑路、筑堤。筑字从竹，从木，与古代的建筑材料有关，也有建筑物之含义，杜甫《畏人》诗中，曾有"畏人成小筑，褊性合幽栖"，小筑指小又比较雅致的住宅，多处于偏僻之地。① 建筑在英语中常使用 Architecture 或者 Buildings，Buildings 比较容易理解，Build 本身就是建造的意思，复数名词形式主要是指建筑物。Architecture 一词最早出现于罗马人维特鲁威的《建筑十书》中，但其并未对词语的含义进行说明。Architecture 由 Archi 和 Tecture 合成，i 是连接词，arch 自身就有"拱"的意思，包括拱形物和建筑上的拱门、拱顶，Tecture 来源于希腊语 Techne，意为技术或学问。因此，二者结合意为营造的各种构筑物，名词形式可被理解为建筑物或者建筑学。建筑作为一个词组在现代使用时，就兼有名词动词之意，既包括各种土木工程的营造活动，也包括建筑物和构筑物的统称。

在已有的建筑概念研究中，大多是在建筑词义的基础上进行阐述，但由于学科背景、侧重点不同，概念分析也略有差异，大体上可以分为两类：一类是从建筑存在的实体形式进行界定；另一类是从建筑内在意义的指向上进行阐述。建筑存在的实体形式包括建筑的实体、各种建筑物或构筑物，也包括建筑存在的空间形式。如有建筑学研究者对其进行界定，建筑是指建筑工程的建造活动，又意味着这种活动的成果。建筑物是指供人们生活、学习、工作、居住以及从事生产和各种文化活动的房屋。构筑物是为满足生产生活的某一方面的需要，建造的某些工程设施，如水塔、水池、堤坝、烟囱等。② 也有研究者提出，建筑不过是对空间合理艺术化利用的结果，彭一刚的《建筑空间组合论》就是专门从建筑空间的角度写成的关于建筑构图原理的著作。但是，也有研究者认为，建筑物和构筑物只能算是建筑狭义层面的理解，代表的是人与建筑的关系；广义的建筑应包含所有人类居住的环境，代表的是一个环环相扣而且必须由小到大紧密配合的层次关系的整体。③ 因此，建筑并不是孤立存在的，它与人、环境构成了一个统一联系的整体。在这个整体之中，建筑所构成的大环境还包含了建筑存在的空间形式，包括建筑所围合的内在空间、外在空间以及建筑周围的自然空间。换言之，建筑也是由不同层次的空间环境所组成的一个和谐统一的空间体系。

建筑内在意义的指向是指建筑除了自身存在的具体形式，也有表达和传递的

---

① 夏征农等. 辞海 [M]. 上海：上海辞书出版社，1999：1372+5047.
② 刘培琴. 建筑概论 [M]. 北京：机械工业出版社，2003：2.
③ 刘育东. 建筑的涵意 [M]. 北京：百花文艺出版社，2006：5-7.

意义,不只是使用层面的效用,还有建筑内涵的丰富。我国著名建筑学家梁思成就从这个层面专门撰文进行了探讨,并提出建筑的六种内涵:第一,建筑是人类生产活动的记录;第二,建筑是艺术创造;第三,建筑活动反映当时的社会政治经济制度;第四,建筑具有不同的民族性格或民族特征;第五,建筑是人类一切造型创造中最庞大、最复杂、最耐久的一类;第六,建筑反映的是当时的社会生活状况,尤其是在文化的代表性上。① 在这里,建筑被指向物质技术、历史、文化、艺术等,这也引领着我们从这几个方面深入理解建筑所蕴含的深刻含义。从技术角度来看,"建筑是为满足人类需求而构建特殊空间的经验与方法,至今所有的建筑结构形式都是人类建筑技术演进发展之后的结果。"② 从历史角度来看,"建筑是历史的反映,每一座建筑物都忠实地表现了它的时代与地方"。③ 从文化角度进行理解,"建筑作为人类生活最基本的一种自然物和自然环境,是物质文化的重要组成部分,又有其精神方面的文化内涵"④;从艺术角度对其进行认识,"建筑这门学问,介于自然科学和社会科学之间,当然它还与艺术造型有关,所以建筑学也叫建筑艺术"⑤,最早将建筑划入人类的一门艺术的人是黑格尔,他认为建筑介于自然与心灵造物之间,与自然一道构成了生存的空间。⑥ 建筑内在意义的指向并不是某一种意义的独自体现,而是众多意义的结合体。虽然它呈现出来的形式是一座座具体的建筑物,但它却反映出了无限却又无法言说的思想内容。数千年来古今中外的各类建筑体现的不仅是工程技术的发展史,更是凝结着人类文化与精神创造的智慧结晶,代表着人类应对自然挑战、认识和改造自然世界的活动历程,是人类特有的能动能力的结果。建筑是人类特有的创造物,蕴含着人类的思想、理念、知识、情感等,而这些精神的东西都转化成了物质的东西深深地镌刻在建筑之中,因此,理解建筑,也是对人类内在生命形式的外在表达方式的理解;只有理解了建筑对人的意义,才能理解建筑的内在意蕴。

综上所述,本研究更侧重于建筑广义上的理解,建筑既是指建筑物或构筑物,也是指由建筑群形成的不同空间、环境以及各种附属设施。它是通过人置身于不同的建筑实体和空间中,体验到的对环境、对历史、对文化、对艺术、对技

---

① 梁思成. 大拙至美:梁思成最美的文字建筑[M]. 北京:中国青年出版社,2007:27-29.
② 陈凯峰. 建筑学[M]. 天津:天津大学出版社,2010:78.
③ 同①:37.
④ 韩增禄,何重义. 建筑·文化·人生[M]. 北京:北京大学出版社,1997:7.
⑤ 沈福煦. 建筑历史[M]. 上海:同济大学出版社,2005:4.
⑥ 徐千里. 创造与评价的人文尺度:中国当代建筑文化分析与批判[M]. 北京:中国建筑工业出版社,2000:179.

术、对人生的一种观念和态度。

(二) 建筑的要素

建筑要素，是指建筑的构成因素或因子。目前对建筑要素的探讨有多种方式，不同学者所持观点不同。英国 G. Scott 在他的著作 *The Architecture of Humanism* 中曾提出建筑艺术的三要素，分别为建筑体量、建筑空间、建筑线条；也有学者认为建筑基本构成的三要素为建筑空间、建筑功能、建筑非本能，建筑非本能以其需求欲望的不同而有生理非本能和心理非本能之别。① 目前学界普遍认同的"建筑三要素"为建筑功能、建筑技术、建筑形象。这个观点一般被认为是来源于维特鲁威的《建筑十书》，他在书中提出，建筑应当能够遵循坚固、适用、美观的原则。② 文艺复兴时期由沃顿（Wotton）将其翻译为建筑的三要素。如果进一步分析这三种要素分类，不难看出，每一种都与研究者所侧重的建筑内涵相关，G. Scott 的研究侧重于建筑艺术，因此他的构成要素是关于建筑对"形"的表达方式，也就是建筑的形体要素；第二位研究者是在突出建筑的技术、艺术、文化内涵，他将建筑限定于"绝对的实用空间艺术性"，非本能所体现的正是建筑的文化内涵；而第三种一般意义上的分类更多是对实体建筑所进行的，包括建筑建造的技术、外观造型以及适用程度。因此，根据上文中对建筑概念的界定，可以将建筑要素锁定于所构建的实体建筑与空间之中，保留实体建筑的构成因子，可尝试提出建筑构成的"建筑四要素"，即建筑功能、建筑技术、建筑空间、建筑形象。

1. 建筑功能

功能，即功用与作用，建筑功能就是建筑对人的使用意义，体现的是建筑的实用价值。建筑是为满足人类各类需要而出现的，建筑功能就是人的物质和精神需求在建筑之中的体现，是建筑建造最为根本的构成因子。理解建筑功能，也就是要了解人的各类需要。人的需要是有层次结构的，高级需要的出现依赖于低级需要的满足，高级需要得到满足才能出现更令人满意的主观感受。马斯洛认为人的需要分为五种不同层次，生理需要、安全需要、爱的需要、尊重的需要、自我实现的需要。③ 换言之，建筑功能不仅要满足使用需要，体现它的实用性，还要

---

① 陈凯峰. 建筑学 [M]. 天津：天津大学出版社，2010：95-97.
② 维特鲁威. 建筑十书 [M]. 高履泰，译. 北京：知识产权出版社，2001：16.
③ 马斯洛，等. 人的潜能和价值 [M]. 林方，译. 北京：华夏出版社，1987：4.

提供一个可以实现人们不同层次需要的环境。这五种层次需要不一定要在各个建筑中都去实现，要依据不同建筑的功能要求而定。如生理需要与安全需要是人需要的基本层次，一般建筑都要为人们创设一个比较舒适和安全的环境，这就需要去相应地考虑建筑的朝向、采光、通风、隔热、坚固程度等问题。而在这个基础上所实现的其他需要层次则依据其他建筑目的及使用价值所决定。

2. 建筑技术

从狭义上看，建筑就是指土木工程或建筑工程的营建活动，营建后的成果就是一座座建筑物或者构筑物，也就是说，建筑首先是营造出来的具有某种功能的建筑实物。功能是建筑建造的首要目的，而物质技术条件是建筑实体存在的基础。建筑技术一般是由建筑材料、建筑结构、建筑施工技术、建筑设备等要素构成的。建筑材料是一切建筑的物质基础，如砖、木、石、水泥、钢等都是人们较为熟悉的物质材料；建筑结构承担着支撑整个建筑的结构体系，是建筑物的骨架系统，是建筑施工、建筑安全、建筑使用的基本前提；建筑施工技术贯穿于建筑施工的全过程，是建筑由图纸变为实物的主要执行实施阶段，建筑施工技术包括施工工艺、施工技能、施工方式、工程监理等，建筑施工技术水平直接影响着建筑物完成的质量与使用程度；建筑设备一般是指建筑物内的水、暖、电、燃气、空调、排气、通信、交通等各种维护建筑物运行的设备设施。

3. 建筑空间

从空间的角度去考虑建筑的构成，应该说是众多学者共有的意识。认识建筑，必须要从整体的角度去了解，而那些由各种物质所组成的建筑墙体、柱廊、窗户等，并不能代表建筑的全部，它所围合的内部空间才是建筑内容的核心体现。就像赛维曾说的那样，内部空间是一种任何形式的表现方法都不可能完美表达的空间形式，它只能通过直接的体验才会领会和感受，这种空间应是建筑的"主角"。① 建筑可以被认为是一种空间，但是空间却不一定是建筑。建筑空间是建筑依据人们生产、生活活动的需要所围合、划分出来的各种空间形态，它是由点、线、面所建构的三维系统。建筑空间形态可通过对空间的方位、大小、形状、轮廓、凹凸、色彩等因素来进行感知与体验，整体建筑的呈现就是源于这些因素的凝结与组合。建筑建造技术的发展也可以认为是在寻找建筑空间更加合理利用的方法和途径，以及尽可能地阐释出所要想表达的意义。建筑空间与实体建筑不同，它看不见、摸不着，却可以给体验在其中的人们丰富的感受与认知。实

---

① 布鲁诺·赛维. 建筑空间论 [M]. 张似赞，译. 北京：中国建筑工业出版社，1985：10.

体建筑在经过历史的洗礼后可能会变成断壁残垣，但能被人所感知的建筑空间形态却不会随着时间的流逝而消失，而且还会将建筑形式所承载着的某种情感与意义不断地传递下去，直至具有永恒的价值。

4. 建筑形象

建筑形象是建筑物的整体形态在人头脑中的反映，主要是指人对其外观造型的一种主观感受。它既包括实体建筑的造型美观，也包括它所显现出来的空间布局合理，以及具体的建筑色彩、建筑材料的质感、建筑的立面结构、光影效果等。建筑形象的范畴接近于《建筑十书》中所提到的美观原则。在《建筑十书》中，美观主要是指建筑物的外貌优美悦人，细部比例均衡。换言之，建筑形象的根本问题就在于如何体现令人赏心悦目的建筑造型和美的空间环境。这就需要建筑遵循一切形式美的基本法则，建筑形象不能流于普遍形式，千篇一律，缺少变化与多样，应在统一中寻求变化，在变化中寻求统一，尤其是要遵循主从与重点、对比与微差、均衡与稳定、韵律与节奏、比例与尺度等形式美的基本规律。① 不同历史发展阶段、不同区域、不同文化风俗背景下的建筑形象也会有所不同，且更多地代表了那个时期的特点以及对建筑的不同审美需求。建筑形象的最终目标不仅是追求较高的艺术水准，还要能够传达出建筑内在的意味和理念。

（三）建筑的一般属性

建筑属性，是反映建筑自身的最一般、最本质的特性。通过以上对建筑内涵与建筑构成要素的分析，可对其性质作进一步概括。无论是被认为是一种艺术的建筑，还是被认为是一种技术的建筑，抑或被认为是其他意义形式的建筑，其基本属性是所有建筑同时具有的共性，不会因为建筑的意义发生变化而有所不同。

1. 时空性

建筑的时空性是指建筑所具有的时间和空间属性，是时间与空间的统一，也是实体与空间的统一。建筑具有时间属性，其时间性表现在建筑建造的时间、建筑存在的时间性、建筑使用上的时间概念。建造的时间是指建筑营建好的时间，代表的是那个时代的特点，体现的是历史某个节点的建筑风格。建筑存在的时间性，是指有些建筑非常"长寿"，保存至今。经过时间的洗礼，大多建筑的形象已发生变化甚至残破或完全消失，如著名的世界古代七大奇迹之一的巴比伦王国的空中花园。虽然实体建筑在经过历史的洗礼之后很难保持原状，但这些建筑所

---

① 彭一刚. 建筑空间组合论 [M]. 2版. 北京：中国建筑工业出版社，1998：31-39.

象征的意义却将随着时间的流逝而被人们不断地认识、深化，进而成为一种"永恒"。也就是说，建筑既具有历史的时间，也会具有永恒的时间概念。建筑使用上的时间概念，一是指建筑使用功能一般会随着时间发生变化，可能在过去是居住的建筑，但在今天就变成了可供参观的博物馆，如北京故宫；二是在对建筑具体的使用中，也会涉及时间使用的长短，也影响着建筑空间设计的思路与想法。

建筑的空间属性，主要表现为建筑的空间存在，空间是建筑的"主角"。建筑是形式与内容的统一，也就是实体与空间的统一。老子曾在《道德经》中提及，"凿户牖以为室，当其无，有室之用。"[①] 开凿门窗建造房屋，有了其中空虚的部分，才有了房屋的作用。也就是实体给了建筑的功用，但这个功用却是通过空间才发生作用的。在理解建筑空间属性时，还要注意建筑空间不仅是建筑物内部空间的限定与组合，它还包括建筑实体所围合之后显现出来的外部空间创造，换言之，建筑建造的目的就是在创造一种整体性的空间环境。而且，这种空间环境是具有一定层次性质的，它是由一个个房间到一个个廊道，再到一栋栋单体建筑以及一个个建筑群，形成一个个街道或一个个区域，其中的每一个部分都包含着空间同时又被其他空间所包含，所以，建筑的空间性就是在单个空间与多个空间的各种限定与组合中体现的。

2. 物质性

建筑的物质性，是指建筑的存在形式是物质的，它的建造是以物质材料为基础，通过建筑技术实施而完成。随着科学技术的不断发展，物质材料不断丰富，建筑技术也得到了进一步发展，建筑也随之变得复杂与精致。建筑从原始时代的穴居发展到今天的高楼大厦，无不是物质文明发展与社会生产力提高的推动，也是对人们日益丰富的物质和精神活动需要的满足。如人的基本需要是生理和安全需要，那么建筑首先要满足的就是舒适与坚固。舒适性就是要满足人自身的物质活动需要，只有物质需要得到满足，才会上升到精神层次的需要。如何才能实现舒适，就需要通过运用人体工程学理论，了解不同地域不同年龄不同性别的个体的静态与动态的人体尺度，从而更好地设计人们进行物质活动时所需要的空间大小、建筑结构、家具使用、设施设备设置等，如幼儿园的一些空间设计与使用的家具就要考虑儿童的身高与行为习惯，而不是依据成人的人体尺度。同时，还要考虑光线、声音、空气、色彩等对人感官上的刺激，尽可能保证建筑设计能够给人体带来舒适感。而坚固就是建筑要保证个体的人身安全以及满足防火防盗和遮

---

① 王弼. 老子道德经注 [M]. 北京：中华书局，2011：29.

风避雨的需要，尤其当建筑受到外力或者人为作用时，不能倒塌或者损坏，如遇到大风、大雪、地震、温度异常、地基沉降、雨水、腐蚀等一些严重的破坏性因素时能够保持坚固完整。这就需要在建筑设计中对建筑的荷载量进行测算，根据地区特点和外力因素的实际情况分别计算。因此，建筑的物质性体现的是它的功用性，不同类型建筑建造的标准与侧重点有所不同，但都是源于其使用者的不同使用要求而设计的。如学校建筑的安全是最基本的要求，在发生重大灾害或特殊时期内，学校都是可以作为避难所的。我国在吸取汶川地震的经验和教训之后，为保障广大师生的生命安全，已明确规定各地校舍的建设和抗灾标准应适当高于当地一般建筑的标准。

3. 艺术性

在建筑理论里，人们对建筑的讨论一直纠结于它是属于建筑技术还是建筑艺术，也有人提出，它是建筑技术和建筑艺术结合的产物，以至于目前在国外的许多大学中，建筑学专业在艺术学院或者在工程学院都有设立。虽然建筑物并不能完全算是艺术品，但这并不会影响艺术性作为建筑的重要属性之一。长久以来，建筑都被形容为是"凝固的音乐""凝固的艺术""无言的诗"，它被作为是某个时代艺术的化身，代表着那个时代的审美要求。一个成功的建筑物除了满足服务某种生活的目的，还一定是通过它自身为人们传递了美好以及为自然或者为城市增添了新的景致。换言之，它以独特的实体形式与空间为人们带来了高层次的精神感受，满足了人们的审美需求。黑格尔认为，建筑是一门艺术，却不是严格意义上的建筑。他提出，建筑是一门最不完善的艺术，因为我们不能把精神性的东西表现于适合它的可以目睹的现象，只能局限于从精神出发，替有生命的实际存在准备一种艺术性的外在的围绕物。[①] 也就是说，建筑的存在是物质性的，建筑的建造也是有实用目的的造物活动。作为艺术，建筑只是一种形式，并没有严格的艺术内容，而且还要依附于实体形式之中，但它却通过它的造型、色彩、装饰等造就了一个又一个建筑艺术的"杰作"。

4. 社会文化性

建筑是为满足人类需要而人为建造的建筑物，它是对当时社会发展状况的一种真实写照，随着时代的变迁，遗留下来的许多建筑虽然已没有了当时建筑建造时所具有的功能，但它所承载着的历史文化的底蕴不会消失，反而成为人们去追寻历史足迹的线索，似乎每一栋建筑都在诉说着数百年前甚至是数千年前古老的

---

① 吴焕加. 建筑学的属性 [M]. 上海：同济大学出版社，2013：67.

故事，因此，有人将其形容为"石头的史书"。建筑所承载的精神、历史文化的价值也就呈现出了建筑的又一重要属性，即社会文化性。

理解社会文化属性，一般是沿着时间与空间属性去理解。从时间属性出发，它所体现的是建筑的历史性与现代性。建筑是社会文化重要的物质载体，社会发展的水平、人们的思想意识、文化艺术的成就都在时刻影响着建筑物的建造，不同历史时期的建筑风格也就有所不同。如12—16世纪西方的宗教建筑倾向于高直式的建筑形态，它以柱、窗、屋顶向上延伸为特征，代表着神权的神秘与无限延伸；到了文艺复兴后期，受资本的影响，建筑也被奢华享乐所取代，形成了重视外部华丽、内部装饰烦琐的巴洛克建筑。随着文明的进步，社会又出现了许多新的特征，尤其是具有时代特征的新材料、新技术，又进一步推动了建筑风格、造型的多元化与复杂化，如具有后现代主义特征的法国国立蓬皮杜艺术与文化中心。

从空间属性出发，它所体现的是建筑的地域性和民族性。不同地区的气候温度、地质结构、风俗习惯等不同，建筑建造的物质技术条件不一样，建造的建筑必然具有不同特色，如湘西的吊脚楼、北京的四合院、福建的土楼、东北的火炕等。而且，每个民族也会依据各个民族所具有的技艺建造出具有民族特点的建筑，如蒙古族的蒙古包、傣族的竹楼、苗族的干阑式住宅，以及具有宗教特点的天主教哥特式教堂、伊斯兰教建筑、佛教建筑等，都无不体现着民族性的建筑属性。

二、学校建筑概述

学校建筑是建筑的一个分支，根据建筑的使用功能分类，学校建筑应属于民用建筑类型中的文教性质的建筑。学校建筑有和建筑同样的构成要素与基本属性，但同时也具有不同于其他建筑的特殊性。

（一）学校建筑的含义

学校建筑在汉语语境中，并不是教育的一个专有名词，在国内教育大辞典和百科全书中，并没有学校建筑的解释，它是由西方的 School Buildings 或 School Architecture 直译而来。学校建筑的含义单从字面上理解，并不复杂，主要是适应学校教育实施需要的各种单体建筑物的集合及附属设施，也就是从"物"的角度进行界定。有学者在"物"的基础上,将学校建筑分为广狭二义,狭义的学校建筑是指学校校舍;广义学校建筑是指拥有全部校舍、运动场、校园以及附属设施的学校。也有学者超越了单纯的"物"的含义,将学校建筑视为一种教育场所,认为学校建筑是各校根据本地区实际情况,为达至特定的教育目的而兴建的教育活动场所。①

根据上文中对建筑概念的分析,空间是建筑的主角,空间环境的创造也是学校建筑的主要目的,因此,学校建筑也不能忽视建筑空间与环境方面的意义。目前大部分学者将其作为空间或者环境的物质部分进行研究,如有学者认为学校建筑就是学校空间中相对固定的静止的部分,包括校舍、校地、运动场及较为固定的基本设施。②从环境方面看,教育大辞典就已将学校建筑物划入学校的物质环境范畴。但是,这样笼统的界定容易忽视学校建筑所围合的学校空间与营造的环境氛围。学校建筑所创造的环境包括不同层次学校空间的限定与组合,从学校建筑的室内空间到室外空间,再到学校建筑周围的自然空间,它们一同构成了教育主体共同的教育教学生活环境,潜移默化地影响着教育主体的身心发展。美国杜克教授曾提出,学习发生的地方是物理、社会、文化要素在学习环境中的体现,其中物理要素是指发生在建筑物的环境之中,包括空间的组成、分配和功能。③可见,空间意义的内在指向是学校建筑内涵不可分割的组成部分。

为更好理解学校建筑含义,可对与学校建筑相近的词语进行辨析,如与教育建筑、学校环境、学校空间、学校设施等概念进行对比和分析,以进一步明确其内涵。

教育建筑,与学校建筑意义相似,都是为教育实施服务的,但是范围不同。学校建筑是为不同层级学校教育有目的有组织地实施,而教育建筑则是指任何可能受教育的场所,对象不受限制。这也是教育建筑广义上的含义,狭义的教育建筑在使用上往往可以与学校建筑互换,它是指幼儿园、小学、中学及大学等这几类的学校的校园及校舍建筑。④

学校环境,依据《教育大辞典》的解释,它属于教育环境之一,是学生在学校学习和活动所处的境况。广义指学校影响学生发展的全部因素,包括课堂教

---

① 邵兴江. 学校建筑:教育意蕴与文化价值 [M]. 北京:教育科学出版社,2012:29.
② 苏尚锋. 学校空间论 [M]. 北京:教育科学出版社,2012:84.
③ DUKE D L. Does It Matter Where Our Children Learn? [R/OL]. The National Research Council of the National Academy of Sciences and the National Academy of Engineering, Washington, D. C, 1998:6.
④ 龚兆先,潘安. 教育建筑 [M]. 武汉:武汉理工大学出版社,1999:前言.

学、课外活动以及学校各种设施和校园。狭义指除教学、教育工作以外的一切无意识地影响学生发展的因素，包括物质环境和精神环境。① 学校建筑则是学校环境的重要组成部分，属于学校物质环境，包括各种建筑物的布局、教室、图书馆、运动场的设置和管理等。

学校空间，是指学校的空间性，是学校占有空间、利用空间、使用空间或作为空间所显现出来的或显或隐的物质、文化及社会特征，其中包括物质空间，也包括精神空间，还包括生活空间。② 有学者认为学校空间是一种关照学校总体生活的新视角，有利于真正去思考学校教育的方方面面。虽然学校建筑也必然会涉及学校空间的部分，但二者并不能等同，学校建筑还包括实体建筑内容。

学校设施，在我国《辞海》《教育大百科全书》中并没有找到具体含义，但《国际教育大百科全书》则对 Facilities and Physical Plant（学校设施和设备）作了界定，认为教育上的物质设施（有时指物资设备）由学校占地、建筑、家具等组成，包括用于教学的各类设施和辅用房屋。③ 在这个定义中，学校设施是指教育物质设施，包括所有的实体建筑与设施设备。而本研究的学校建筑不仅指物质设施，还包括了教育活动空间。

综上所述，可以从三个方面对学校建筑进行一个剖析：第一，学校建筑建造的目的是为学校教育活动的实施，是教与学及其他一切教育行为发生的活动场所；第二，学校建筑的构成不仅包括校园全部的实体建筑及各类设施，还包括所有的教育活动空间。其中，学校建筑所营造的空间更为教育主体教育教学活动提供了赖以生存的各种物理要素与社会要素，构成了一个有机联系的学校教育环境系统。第三，学校建筑的意义既来自自身，也来自学校场域内不同个体在不同空间下对知识、对学习、对成长的认识和理解。因此，本研究中的"学校建筑"是指为实现教育目的而兴建的教育活动场所，包括学校全部的实体建筑、教育设施及教育活动空间（见图1-1）。也就是说，学校建筑不仅仅指静态的建筑物，还包括了教育教学活动空间的意义指向。其中，实体建筑是指校园内的各类建筑，包括教室、图书馆、实验室、办公楼、宿舍、食堂、浴室、体育馆、运动场等；教育设施是指用于教育教学活动的各类设施、设备、教学用具，如各种绿化、消防、安全设施、课桌椅、实验仪器、图书资料、电化教学设备、体育器材等。教育活动空间，是教育教学活动赖以发生的前提性因素，是具有教育价值的

---

① 顾明远，等.教育大辞典（下册）[M].上海：上海教育出版社，1998：1826.
② 苏尚锋.学校空间论[M].北京：教育科学出版社，2012：61.
③ 胡森，波斯尔斯韦特.教育大百科全书（第1卷）[M].重庆：西南大学出版社，2006：272.

学校空间，包括教室空间、互动空间、廊道空间、庭院空间、活动空间等。

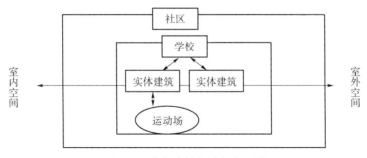

图 1-1　学校建筑相关概念区域

（二）学校建筑的要素

依据本研究对学校建筑含义的分析，学校建筑构成要素可分为三个方面：学校实体建筑、学校教育设施及教育活动空间。对学校建筑构成要素的分析将有利于我们从整体角度把握学校建筑的内涵。

1. 学校实体建筑

学校实体建筑是指人们为满足学校这一特殊场所的需要而用物质材料构筑的学校建筑物。学校实体建筑是实实在在存在的，摸得着、看得见，一般是指人们日常生活中表达的建筑，它给人们带来最为直观的印象就是建筑的物质构成、外观形象与构建的建筑环境。为更好理解学校实体建筑的若干形态，可尝试从学校的层级、实体建筑的功能、教育教学用房组合等方面尝试对其进行分类。按照学校的办学层次与等级，学校建筑可分为幼儿园/托儿所、小学、初级中学、高级中学、职业学校、高等院校等各级各类学校建筑。因为不同年龄阶段的学生对学校建筑的使用需求不同，所建造的学校建筑物就会有所区别，如小学与中学对建筑的层高就会有不同的侧重。按照学校实体建筑的使用功能，学校建筑可分为教育教学类建筑物（如教学楼、实验楼、体育馆、图书馆、多功能报告厅）、办公所用建筑（如行政楼）、生活服务类建筑物（如宿舍楼、食堂）、生产实践活动类建筑物（如花圃、木工厂、生态园）、观赏与纪念类建筑物（如喷泉、雕塑）、其他类型建筑物（如校门、围墙、礼台）。按照教育教学用房组合，学校建筑可分为内廊组合、外廊组合、组团式组合以及新形态组合。这是根据教学楼不同类别用房的组合方式来进行分类的，每一种组合都会带来不同风格的建筑格局。内廊组合是沿走廊的两侧分别设置房间，一般一侧为教室，一侧为办公室或辅助用房，楼梯一般安排在走廊端部；外廊组合是沿走廊的一侧排列各类房间，现为中小学普遍采用的一种格局模式；组团式组合是将不同功能的房间组成一个综合的单元，如同年级的教室、办公室、公共教室、储物室、卫生间等房间组成一个有机联系的独立单元；新形态组合是指根据教育教学新的需要，对各类用房灵活整合融通的新组合，以提供更丰富的教育教学空间，如日本的开放式学校，教室与教室之间是相通的，创造出了许多多功能、多用途的教育教学空间。

2. 学校教育设施

在《国际教育大百科全书》中，学校设施是指教育上的物质设施，若从物的角度而言，实体建筑也是物质形态设施的一种；但在本研究中，学校建筑不仅指实体形态，还包括了抽象的空间形式，因此，将设施设备与实体建筑进行了区分探讨。本研究中的学校教育设施是指满足学校教育教学活动所需要的各类设备设施，可区分为教学设施、服务设施、辅助设施，它们配备的程度将影响教育教学活动的顺利开展。教学设施是指学校教学所需的各类设施、设备、教学用具的统称。中小学教学设施的种类主要有各类教室及室内的教学设施（普通教室教学设施，音体美等专业教室教学设施、自主研发课程的专用教室教学设施，以及阅览室、办公室等教学设施）、教学设备（实验仪器、多媒体设备、网络设备、平板电脑、视听设备等）、教学用具（模型、挂图、印刷品、黑板、粉笔、文具等）。服务设施是指师生在学校生活所需的服务设施设备，包括文体、文化、休憩、卫生、医疗保健、心理咨询、餐饮、交通等其他类型的活动设施。如各类文体活动设施（塑胶跑道、篮球架、排球网、乒乓球台、录播设备、舞台、灯光音响等）、文化设施（主题墙、雕塑、文化广场、建筑小品等）、休憩设施（长椅、石桌、凉亭等）、卫生设施（洁具、前室设置、通风排气管道、拖把池、垃圾箱等）、医疗保健设施（药品柜、消毒设备、医疗设施等）、心理咨询设施（躺椅、沙发、沙画、测试设备等）、餐饮设施（用餐桌椅、饮水装置、洗手盆等）。辅助设施是指学校基本的设施设备，包括安全设施（防火标志、紧急疏散图、护栏）、消防设施（火灾自动报警装置、疏散通道、疏散指示灯、消防通道、灭火器）、绿化设施（绿篱、绿墙、草坪、花坛、花镜、树木、盆景）、交通设施（校园交通道路、交通标识牌等）、基础设备（如水、电、暖、照明、排气、通风、通信、监控、网络）、无障碍设施等。

3. 教育活动空间

学校教育活动空间是实体建筑依据教育主体的教育教学活动需要所围合、划分出来的各种空间形态。学校建筑通过各种各样教育活动空间的营造，呈现出其不同于其他建筑的教育意义，营造的空间则通过有形或者无形的教育方式对学习与生活在其中的教育主体产生潜移默化的影响，从而为个体提供一个良好的教育环境，以满足教育教学日常实施所需要的特殊要求。因此，教育活动空间包括了学校建筑的每一个部分、每一处角落，且都蕴含着其独特的功能与意义。对教育活动空间的分类可尝试从实体建筑的限定与教育教学活动的需要两方面进行。

按照学校实体建筑的限定，可分为室内空间、室外空间、衔接过渡空间。室内空间是指由墙面、屋顶、地面、门、窗户等完全限定的空间，如教室、办公室、图书室、保健室、礼堂等。室外空间是指没有受到墙面、屋顶限定的空间，如体育场、庭院、小广场、街道、亲水平台等，常用的室外空间限定元素有建筑物、植物、水体、标识物、界面、构筑物等。衔接过渡空间是指不同类型空间之间的衔接与过渡，如内外空间的缓冲区域、校园环境与教学空间之间的过渡、教学区域与活动区域之间的过渡、公共空间与私密空间的过渡、核心空间与次要空间的过渡。在这三类空间中，室内空间可能会与过渡空间发生部分重合，如室内廊道空间，按照建筑限定方式，它应属内部空间，但它也是连接教室与其他空间的衔接空间，这需要根据研究的着眼点而对其空间意义进行具体考察。建筑的主要体验是在运动之中进行的，移步换景是建筑空间体验最重要的方式，而移步换景的实现则是通过不同层次、不同类型空间的组合与衔接实现的，它会带给学校建筑超乎一般的活力与生机。

学校教育活动空间是一种抽象意义上的划分，更多的是依据空间内在的意义指向。有研究者曾将学校建筑划分为德的形塑空间、教与学发生的空间、令师生身心舒畅的空间。[①] 沿着此思路，可以对学校教育活动空间做进一步细化，将其划分为德育空间、教学空间、学习空间、人际交往空间、体育活动空间、休憩空间等。但是在这些空间之中，并不只是单纯地具有某种空间特别的意义或者作用，如在教学空间中，并不是只有教或只有学，它仍然存有品德培养、情操陶冶的教育内容，人际交往空间也同样不仅仅是师生、生生交往的空间，它还会涉及学习、活动的教育内容。因此，各种类型的学校空间并不是独立存在的，它是一个相互联系的有机整体，教育教学活动的需要将会融入空间的每一个部分之中。

---

① 邵兴江.学校建筑：教育意蕴与文化价值［M］.北京：教育科学出版社，2012：186-230.

（三）学校建筑的特殊属性

建筑的一般属性是建筑作为"类"存在而具有的普遍性质，是各种类型建筑的共有属性，以区别于"非建筑"事物的属性。学校建筑既具有建筑存在的一般属性，也具有区别于其他建筑的特殊属性，反映的是学校这样一个为达到教育目的而建造建筑的特殊意义。依据学校建筑围合空间的功能与作用，大致归纳出学校建筑的三个特殊属性，即教育属性、生态属性、符号属性。

1. 教育属性

学校建筑建造的目的就是为学校教育服务的，学校教育是专门的机构对受教育者进行的有目的、有计划、有组织的系统教育活动。学校作为实施教育的专门机构，是培养人，传承、延续、发展人类文明的重要场所，学校教育在现代教育体系中占据着至关重要的地位，它对人口素质的提升、社会发展的促进有着突出贡献。基于学校特殊的社会职责与教育角色，学校建筑的建造也必须要与之相符合，教育思想、教育目的、教育理念、教育方法、教学活动等教育元素都将介入学校建筑的构成之中，影响着学校教育效能的发挥，而在对教育施加影响的过程中，学校建筑便表现出了其教育性。建筑常常被形容为"凝固的音乐"，而学校建筑则更像是"凝固的教育"，它建造的是一个人造的教育环境，建筑主体的教育思想与理念也被融入其中。也就是说，学校在建筑之初就已经奠定了学校建筑服务于教育的建造宗旨，并以努力实现教育目的为建造目标。

换言之，学校建筑的教育性具有以下特点，首先，教育性是学校建筑与生俱来的，不会因为学校建筑物质形态的改变而消失，它渗透在学校建筑的每一个地方。随着历史的变迁，凝结在学校建筑中的教育性还会成为那个时代的教育缩影，呈现出当时教育的生活图景。其次，教育性直接决定了学校建筑的使用功能，它是为教育实施而服务的，学校建筑的建造、修建、改建都将随着教育教学活动的需要而发生变化。如信息技术的变革、教学与学习方式的深度变革、教育资源平台的开发与运用，进一步加快了学校各种设施设备的配置，尤其是多媒体、交互白板、实物投影等多种设备的出现，都是对不断变化的教学活动需要的满足，一定程度上强化了学校建筑的实用功能。最后，学校建筑教育性的最终指向超越了学校建筑的物质形态，而指向教育目的的达成。怀特海曾经专门撰文探讨教育的目的，他认为教育目的就是激发和引导学生的自我发展之路。教育所培养的人应是具有广泛的文化修养并在某个特殊方面有专业知识的人才，广泛的文化修养会让他们具有哲学般深邃又具有艺术般优雅,专业知识会成为他们进步的阶梯。① 可见,教育的主要任务就是对人的培养,教育目的是对培养什么样的人的思考。对教育目的的追问,其实也就是对教育是什么的追问,而对教育目的、教育是什么的认识也将彰显于学校建筑的建造以及空间的营造之中。因此,教育性也就被深深地烙印在学校建筑的自身,也成为学校建筑不同于其他建筑的根本区别所在。正如访谈时一位校长所言,学校建筑的特殊性就表现在当所有的教育主体离开学校,并没有在从事教育教学活动之时,学校建筑呈现的仍然是一所学校。

2. 生态属性

生态属性是学校建筑所具有的环境构成属性。学校建筑作为人造物介入某个环境中,包括自然环境与人工环境,并与原有环境形成了教育主体新的生存环境,学校建筑因而具有了一定的生态环境特征。生态环境是生态因子综合在一起,构成影响某种生物(包括人)的个体、种群或者某个群落的环境。② 生态环境是围绕某一主体而言的,不同的主体有不同的生态环境。如学校生态环境就是围绕学校教育主体而言的内外部世界,即以学校教育主体为核心,对主体的成长、身心发展、个性完善、知识积累、潜能挖掘起影响作用的各种条件、力量等刺激因素形成的多维空间。

人类的生态环境大致可分为自然环境、社会环境、文化环境。自然生态环境为人类提供的是适合的空间与资源,满足人类的各种物质需要,符合人的自然属性;社会环境是指从自然环境中独立出来的人类共同活动的历史发展形式③,人类的活动与行为无论就其内容还是方式都是社会的,脱离社会而存在的人是不存在的,符合人的社会属性;文化环境则为人提供的是精神层次需要的满足。人类社会的任何一面都是文化的,既有物质性的东西,也有习惯、习俗等非物质性的东西。人类通过不断地延续、传承、创造文化,用属于自身的文化特质,将不同层面的文化文脉联系起来形成具有自身特色的文化环境。生态环境就是这三种环境的融合交织所构建的相互联系又保持平衡的环境系统。而学校生态环境其实就是人类生态环境的缩小版,只是生态环境系统的中心转变为教育主体,空间转换成了学校建筑的内外世界,但宗旨都是在为人/教育主体创造一个适宜其发展且

---

① 艾尔弗雷德·诺思·怀特海. 教育的目的 [M]. 庄莲平,王立中,译. 上海:文汇出版社,2012:1.
② 吴林富. 教育生态管理 [M]. 天津:天津教育出版社,2006:87-88.
③ 任凯,白燕. 教育生态学 [M]. 沈阳:辽宁教育出版社,1992:12.

舒适的空间环境，同时也不能损害周围的自然环境。

学校建筑是培养、育人的重要场所，它所营造的应是一个适宜教育主体发展、成长的教育生态环境，是一个能够融自然环境、社会环境、文化环境于一体的平衡系统。首先，学校建筑的建造是在尊重自然规律、尊重能源与气候条件，包含自然环境的前提下实施工程，并能合理有效地运用周边自然环境所带来的优势；其次，学校建筑努力为教育主体之间的各种交往活动提供良好条件，保障教育教学活动的实施，促进个体的社会化进程；最后，学校建筑具有传承文化、延续文脉的重要作用。建筑自身就带有历史文化属性，学校建筑更兼具了学校的文化化人的功能，以创造的文化环境来实现教育培养人的目的。总而言之，学校建筑的生态属性就是要协调好教育主体、环境、学校建筑三者之间的关系，使学校成为一个可以自由呼吸教育氧气与吸收教育养分从而让受教育者健康成长的地方。

3. 符号属性

学校建筑的符号属性，是指学校建筑所承载的丰富而具有教育意义的信息内容，具有一定的传递教育教学知识与标识学校的作用。符号是一种具有表意功能的表现形式，它通过自身各种各样的表现形式，如语言、文字、物质形态等，让人们的感官去感觉、去发现、去接收它所要传递和表达某种意象的内容与意义，也就是说，符号是一种传达某些带有情感和含义的承载体。也有很多学者将符号作为人类文明的根基，他们认为符号组成了文化，一个又一个符号承载着文明的前行。卡西尔也曾系统论述过人应当定义为符号的动物，而不是理性的动物。文化是符号的形式，人类活动的本质就是一种"符号"活动。① 学校是文化化人的重要场所，教育过程实质上是一种文化化人的过程，学校建筑也就相应地具备了这种承载学校文化特质的符号属性。学校建筑作为人为创造的物质形态，本身就是一种文化存在，它的建筑实体形式与教育教学活动空间也吸纳着教育主体一定的行为习惯与思想意识，因此，它体现着教育的象征、隐喻、传情达意的符号作用。

学校建筑的符号属性凸显了学校实体形态与空间形式的教育教学意义，通过各种形式符号的表征更加明确学校的特殊作用，对学校各种教育主题与环境氛围的营造有重要的导引功能。西蒙·昂温将建筑视为人与外部环境互动关系的产

---

① 恩斯特·卡西尔. 人论 [M]. 李化梅, 译. 北京：西苑出版社, 2009：36.

物,将建筑诠释为"标识性场所"①,那么,学校建筑就可被视为教育主体与内外环境互动关系的场所,而"标识性"就通过各种符号表征形式来体现学校的教育理念与精神文化。按照符号学的划分,符号一般可分为指示性符号、图像性符号、象征性符号三种,学校建筑的符号表现也可分为这三类。根据建筑自身的属性,学校建筑的符号属性更多地体现在它的实体形态与空间围合之中,通过建筑符号的呈现,强化教育主体的视觉画面,使得一些信息进入主体的思维图像之中,并留有深刻的印象,利于教育主体对学校精神与文化的认可与认同。

许多学校景观建筑的置放,不仅仅是为了美观校园,更多的是以这种物质载体的形式与学生进行情感的交流,激发学生的美感,提升学生的人文素质与精神境界,发挥的正是符号的作用。天津耀华中学的校园内就有人物雕塑十余座,都是为我国做出过较大贡献的两院院士、耀华校友,这些雕塑所要传递的就是感化、激励学生,要以他们为楷模,树立崇高的人生理想,实现自我的人生价值等重要信息,它们已不是简单实体材料,而是一种精神、信念的象征与代表。

无论是学校建筑所具有的建筑的共有属性,还是学校建筑具有的特殊属性,它都存在一个本质属性,即学校建筑本质方面的特征,它对学校建筑的建造与使用起着主要作用。共有属性往往随着学校建筑的特殊属性有所呈现,即围绕学校这一特殊场所情境而共同显现。而在特殊属性中,学校建筑的生态属性与符号属性亦是需要合教育性合目的性的,才能凸显出学校建筑与其他建筑的根本区别。无论哪一种属性的呈现,都是以满足主体的教育需要为核心目的,并为学校教育顺利实施而服务的。可见,学校建筑实际上是被赋予了深刻的教育意义,因此,学校建筑的本质属性应为教育性。

(四) 学校建筑的价值

"价值"一词在日常生活中经常被使用,往往是指某物对人的有用性,满足了人某种特定的需求。在这里,价值是一个反映主体对客体属性的肯定或否定关系的范畴,它是由主体的需要和客体的属性两个方面构成的。② 价值是在主客体发生作用时,在客体属性满足了主体的某种需要时而产生的,是主客体相互作用的结果。正如马克思所说,价值"是为人所利用并表现了物与人之间关系的属

---

① 西蒙·昂温. 解析建筑 [M]. 吴江, 谢建军, 译. 北京: 知识产权出版社, 2002: 1.
② 胡德海. 教育学原理 [M]. 2版. 兰州: 甘肃教育出版社, 2006: 245.

性""表示物的对人有用或使人愉快等等的属性"。① 由此可以看出，价值是被作为主体和客体之间需要与满足的关系范畴而理解的。那么，学校建筑的价值取决于学校建筑作为客体的固有属性是否满足了主体的主观需要。价值的形态是多种多样的，如物质价值与精神价值、工具价值与终极价值、功利价值与审美价值等。学校建筑的价值也有多种类型，按照不同的标准有不同类型的划分，但都是依据客体的不同属性而进行分类的。依据上文中对学校建筑属性的分析，可将学校建筑的价值分为使用价值、社会文化价值、艺术价值、生态价值、符号价值、教育价值等。

  学校建筑的使用价值是指建筑的物质实用性，强调的是建筑的功能作用。学校建筑用它特有的物质形态为教育教学活动的开展提供特定的场所，如建筑内教室的设计、运动场的规划、学生交往空间的设置等，并且其设计符合使用者的身心发展特点与使用的习惯、方式。社会文化价值的产生则是在主体与建筑社会文化属性的相互作用中实现的，学校建筑是从对社会活动的服务以及用自身的历史与文化特质来感染主体的过程中体现其社会文化价值的。艺术价值是通过学校建筑的造型、外观形象、均衡协调的建筑比例而为主体带来的审美意义。生态价值是学校建筑所构建的教育生态环境作用于教育主体产生的作用，生态属性旨在为教育主体创建良好的教育生态圈，以此促进教育主体的发展。符号价值让学校建筑空间、环境成为学校精神、信念、文化和学校生活方式的一种象征，进一步从思维、情感、行为等层面来塑造并形成教育主体的自觉反映，以达到影响、规范主体的教育教学活动。学校建筑教育价值是学校建筑的教育性对主体教育需要的满足，它是指学校建筑、学校建筑现象、学校建筑活动所具有的教育意义，也就是凝结于其中的教育思想、教育理念、教育精神对学校建筑教育价值主体发展所实施的作用，如对人的培育与对人才的培养。

  教育性是学校建筑的本质属性，学校建筑其他属性的呈现也都具有教育性的痕迹，其他属性的作用也都围绕教育性所施展，如物质属性也就是学校建筑的实用性，它的作用就是追随教育属性而呈现的教育功能；符号属性自然体现的是它对教育的象征意义。在学校建筑与教育主体发生相互作用时，虽然学校建筑其他价值形态也会满足主体的某种需要，但主要还是为满足教育主体不同的教育需要，努力为个体的发展而提供与之适合、一致、促进的成长土壤，由此也可以认为是在为教育价值的实现而服务。如学校建筑的艺术价值，它能激发价值主体的

---

① 马克思恩格斯全集（第 26 卷）[M]. 北京：人民出版社，1972：139+326.

美感，满足价值主体对美的向往与追求，但同时也是一种潜移默化的心灵净化与高尚情操的陶冶，最终实现的是对教育主体的道德教育与审美教育，落脚点也回到了教育的最终目的即人的发展之义。换言之，按照客体属性的多样性与主体不同层次需要的要求，不同的属性既可以表现出多种价值，也可以表现同一种价值，学校建筑的诸多属性都体现出了不同的价值，但也都指向了学校建筑的教育价值，如某个单体建筑的审美教育意义，对受教育者起到了审美教育的作用，提升了受教育者的审美水平，便可将其理解为审美教育价值，而它所起到的教育作用也回归到了学校建筑的本质属性对人的作用。

因此，教育价值是学校建筑价值的核心，它与其他价值相互重叠并相互影响，具有显著的标识与引领作用（见图1-2），它凝聚、体现、物化了人、建筑、教育之间的关系，具有强大的教育意义。教育价值体现在学校建筑的每一寸土地、每一个角落、每一株花草树木之中，学校建筑教育价值的最大化实现就是要努力让学校的每一处都能发挥出教育意义。而一旦学校建筑这种强大的教育价值被教育教学活动的主体所认识，便会激发出教育主体新的教育需要，并把新型的学校建筑设计理念作为人们教育活动所追求的价值目标，也促使学校建筑更好地为教育教学服务。

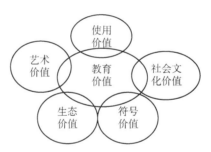

图1-2 学校建筑价值分类

对学校建筑教育价值的进一步理解，就要从其主客体及其关系入手，学校建筑教育价值主体是指参与价值活动具有自觉意识的人，客体是指学校建筑。二者之间的关系是学校建筑的固有属性对教育价值主体的满足，这是一种事实关系，但同时也是一种价值关系，就好像教育主体往往趋向于教育客体最大限度地满足自身需要。这种满足程度反映的必然是一种积极的、向上的、肯定的含义，而学校建筑教育价值就是在其一般事实的基础上，去追求客体自身与教育价值主体之间最佳的价值关系，从而促使学校建筑发挥自身最大的效能来满足主体自身发展的需要。

三、学校建筑教育价值概述

（一）学校建筑教育价值的含义

学校建筑教育价值是教育价值的下位概念，也可以说是教育价值的一种具体表现，是教育价值的具体化。在关于教育价值理解的基础上，可对学校建筑教育价值的内涵作进一步的剖析。

第一，学校建筑教育价值围绕的核心是人，其最终目的是要通过对人教育需求的满足达到对人发展的促进意义。以往在关于教育价值客体的认识中，我们常常将主体所需的教育对象重点放在人的要素、综合要素中，如教育者、学习者、课程形式、教材内容、管理体制等，主要探讨价值主体在与这些客体发生作用时产生的教育价值，虽然这些是教育系统、教育教学活动的重要组成部分，但学校建筑的种种属性也给了它对价值主体需要的满足的可能性。在对20余所学校关于学校建筑的调研中，多数学生在学校最糟糕的场所中都填写了"厕所"，可见学生在学校内需要的不仅仅是知识的灌输，还有对学校相关设施的舒适、卫生等需要。因此，重视学校建筑对人发展的积极意义也是基于学生等价值主体的实际需要。随着社会发展水平的提升，尤其是进入信息社会以来，人的主体意识不断得到激发与发展，人的主观需求层次也不断提高，学校建筑作为主体实施、参与教育活动的主要场所，其教育价值属性也应越来越明晰，关于教育价值的研究也将会越来越受到重视。

第二，教育价值主体的层次性与学校建筑的多重属性决定了学校建筑教育价值呈现的多种可能。按照价值主体的内在与外在需要，学校建筑教育价值也可分为内在教育价值与外在教育价值；按照学校建筑的固有属性，学校建筑教育价值可体现为学校建筑的历史文化价值、使用价值、艺术价值等；按照学校建筑的组成部分，可分为学校实体建筑教育价值、学校设施教育价值、学校空间教育价值。在依据学校建筑属性划分的教育价值分类中可能会存有这样的疑问，在学校建筑属性满足价值主体需要的关系中如何能体现出学校建筑的教育价值？在这里应注意两个问题：一是教育价值主体的需要是关于主体的教育需要，教育价值的实现关乎对不同价值主体的发展意义。其中，这里的主体是指能够对学校建筑规划、设计、改造、使用等方面施加影响和作用的具有主体性的人。但又由于满足的是主体的教育需要，所以并不是所有的主体都能成为学校建筑教育价值的价值主体，如施工人员、设计单位等。因此，在学校建筑教育价值关系中，价值主体指代的是在学校场域内与学校建筑直接发生作用及联系的使用者，如教师、学生、校长、社区人员等。二是学校建筑的本质属性乃是它的教育性，也就是其他属性也都具有教育性特征，都潜在地包含了教育价值属性，如学校建筑的文化属性就潜在地包含了教育的文化传递功能，学校建筑的物质属性就是为教育教学活动开展而服务的。因此，根据价值主体需要的对象与需要水平的不同，学校建筑的多重属性构成了一个复杂的学校建筑教育价值关系系统。

第三，学校建筑教育价值研究的终极意义在于学校建筑教育价值的不断实现。学校建筑教育价值活动是一个从学校建筑教育价值认识到价值创造再到价值实现的过程，由学校建筑潜在的教育价值到学校建筑教育价值呈现的过程。其中，教育价值认识还会包括学校建筑教育价值的判断、选择，甚至评价的过程，而价值创造则是学校建筑教育价值实现的重要途径。可见，学校建筑只有在其教育价值实现中才能体现它真正的价值，学校建筑价值主体也只有在自己认识价值、创造价值，并满足自我需要的过程中才能实现其与学校建筑客体的统一，也就是要努力争取实现最佳的主客体价值关系。只有良好的学校建筑与教育主体的价值关系，才能实现对教育主体最大化的促进作用，也就是学校建筑教育价值的最大化发挥。

因此，笔者认为学校建筑教育价值的概念可这样进行界定：学校建筑教育价值是关于学校建筑教育价值客体与价值主体的关系范畴，它是指学校建筑对主体教育需要的满足程度，反映的是学校建筑的价值属性不断趋向于主体的教育需要，以实现学校建筑对主体发展的促进意义。这种促进意义是学校建筑在教育实践活动与人的交往关系中合乎教育水平提升与主体发展目的所呈现的一种肯定性意义。

（二）关于学校建筑教育价值有效实现的诠释

学校建筑教育价值的有效实现是学校建筑教育价值研究的落脚点，其实现过程是学校建筑的事实属性到价值属性的转换，学校建筑教育价值属性在未满足主体需要前只是潜在状态，只有在满足主体需要之后才会呈现。那么，学校建筑教育价值有效实现的实质就是其教育价值属性对主体需要的有效满足，也就是学校建筑对主体发展的效用意义。因此，为了有效实现学校建筑教育价值，需了解主体需要，在主体与学校建筑相互作用中体现学校建筑教育价值的效能，并随着教育改革对学校建筑属性的深入挖掘，学校建筑教育价值也将不断递增并得以有效实现。

1. 以人的需要为目标的学校建筑教育价值生成

人是社会历史的主体，人的发展推动了社会的发展，社会的发展也促进了人自身的成长，人自身的成长就在于人的各种需要得到不断的满足。个体的发展需要也就是个体要在哪些方面有发展的要求，以及从事某些发展活动的内驱力。一般来说，个体的发展特征包括身体的发展、实践活动的发展、精神活动的发展①，教育活动也就是要在这些方面去开发每一个个体的内在潜能，以实现个体的个性化发展。学校建筑要发挥教育价值的作用，首先就要将每个人的个性化发展作为建筑设计、规划、建造、使用所要努力的方向，以不断满足个体的发展需要。学校是教育人的场所，如果一所学校的建筑失去人性关怀与教育理念，就已经失去了其成为教育环境的本质性意蕴。② 这就要求一方面学校建筑要为个体的各种活动提供可能，根据个体的发展阶段，通过学校建筑形式与内容的丰富，不断提升个体的身体素质、道德品质、认识能力、思维能力、审美能力、实践能力等方面；另一方面，通过学校建筑微观教育环境的构建，不断激发刺激个体新的需要的产生。因为人的需要的发展才是引起人不断发展的自身内在的精神性动力③，只有产生新的教育需要，个体的创造性、主体性能力才会得到进一步的提升。可见，学校个体需要不是一成不变的，个体对学校建筑的要求也随着需要的变化而不断提高或改进，学校建筑对个体的发展意义也将不断丰富。因此，价值主体的需要是学校建筑教育价值产生最根本的动力源泉（见表1-1）。

表1-1 学校建筑教育价值产生的思维

个体教育需要（价值主体）	对学校建筑的要求（价值客体）	对个体的发展意义（教育价值）
身体需要	舒适安全的学校建筑	实用意义
认知需要	教学空间	教与学的意义
道德需要	德育空间	育人作用
审美需要	充满美感的学校建筑外在形式	美感教育

---

① 王孝哲. 论人的发展及其动力 [J]. 安徽大学学报（哲学社会科学版），2008（1）：13-18.
② 汤志民. 学校空间革新思维：人-境互动 [C] //学校建筑研究学会. 二十一世纪的学校建筑与设施. 台北：台湾书店，2000：15-62.
③ 同①.

续表

个体教育需要（价值主体）	对学校建筑的要求（价值客体）	对个体的发展意义（教育价值）
人文需要	人文氛围浓厚的学校建筑环境	精神文化意义
实践需要	实操场所	动手操作能力提升
个性化需要	弹性化灵活性高的教室空间	创新创造力培养

2. 以人-境互动为前提的学校建筑教育价值实现

学校建筑教育价值活动的终极意义在于学校建筑教育价值的最大化实现，它是一个从学校建筑教育价值认识到价值创造再到价值实现的过程，由学校建筑潜在的教育价值到学校建筑教育价值呈现的过程。那么，在学校建筑教育价值不断得以呈现的过程中，有一个基本的实践前提就是人-境之间的双向互动。我们知道，教育价值产生于主客体相互作用的关系之中，反映的是价值客体对价值主体的利害关系或功利关系。那么，在学校建筑中，只有发生了主体与学校建筑的相互作用即人与境之间的互动，学校建筑教育价值才有了实现的可能。

人-境互动强调的是人与环境密不可分的相互关系，著名心理学家 K·Lewin 曾用函数关系来表示，即 $B=f(P \cdot E)$，其中的 B 代表行为，P 代表人，E 代表环境，也就是行为是人及环境的函数，表现出人与其所处的环境，在相互依存中，影响行为的产生与变化。[①] 在这里，人-境互动想要表达的是一种人类的思维方式，以人-境关系的视角来强调人对周围环境的关注与二者之间的互动。学校建筑是有目的有计划系统地对人实施教育的场所，学校建筑所要构建的就是人所受教育的学校环境，如果学校建筑要为教育活动实施提供一定的效用，就需要人与环境之间的积极互动，从而产生良好的学习、交往行为。根据人-境关系的要素，我们可以尝试勾勒出一个简化的学校建筑人-境互动的思维表，可展示不同个体之间与学校建筑各个区域、部分互动的行为需求。由于学校教育教学活动空间是学校建筑的主角，是个体学校生活的展示舞台，所以就以学校建筑空间为例进行说明（见表1-2）。对人-境关系的思考，可以让我们进一步建构相应的建筑空间，以形成良好人-境互动的可能。积极的人-境互动关系是学校建筑教育价值主客体相互作用的基础，也是学校建筑教育价值实现的前提条件。这就要求学校建筑提供的各种物质条件要对人的发展有意义，人-境互动的活动过程才能是有效的。

---

① 常怀生. 环境心理学与室内设计 [M]. 北京：中国建筑工业出版社，2000：9.

表1-2 学校建筑空间的人-境互动思维

人（学校建筑中的个体）	环境（学校建筑空间）	行为（人的活动）
在校师生	生活化、人性化室内室外空间	日常活动（工作学习休息）
教师-学生	专用的教育教学空间	教与学活动
学生-学生	自由交往的共享空间	人际交流互动活动
群体-个体	个性化学习空间	思考、阅读、学习探究活动
教师/学生	可独处的个人空间	内省静思
校内-校外人员	开放融合的校内外空间	资源分享

3. 以教育变革为动力的学校建筑教育价值提升

在文明社会进程中，人类教育经历了三次历史性的变革，第一次变革是农业时代教育从融入生产劳动走向与之分离，产生了学校教育形态；第二次变革是工业时代学校教育从精英教育走向大众教育，产生了全民教育；第三次变革是信息时代学校教育从单一的封闭的课堂迈向开放的跨越时空的信息世界，产生了虚拟教育。[①] 人类教育每一次的变革都会带来教育理念、培养模式的改变，同时也是对学校建筑设计革新的推动。信息社会的学校教育受到信息技术的强烈震动，深刻影响着人们的教育方式、思维方式、活动空间，教育的远程化、信息化、国际化、程序化、适时化成为教育的基本走向，人们逐渐形成了地球村的教育观念，培养的是全面发展的高素质人才。因此，教育也逐渐回归到了人本身，侧重更适合个体的自我发展与终身学习。这就要求学校建筑设计更加多元化，更侧重个体的自主学习与个性化发展，如开放式学校、弹性化空间、多功能空间等。

随着社会文明程度的提升、教育改革的不断深入，教育正逐步接近它的真谛。教育是什么？教育是人的灵魂的教育，而非理智与知识的堆积，它是人的潜力得以最大限度的调动与实现，是人的内部灵性与可能性的充分生成。[②] 学校建筑的目的就是要将人类的精神内涵融会其中，从而引导个体的教育。教育的每一次变革事实上都是在为人类提供更好的教育，使人类享有更有利的发展条件。学校建筑教育价值就在一次次的教育变革中不断得以实现并有所超越，应该说教育变革为学校建筑教育价值提升提供了源源动力。学校建筑教育价值的实现与提升

---

① 张湘洛. 人类教育的三次跨越 [J]. 学术交流，2008（7）：175-178.
② 雅斯贝尔斯. 什么是教育 [M]. 上海：生活·读书·新知三联书店，1991：4.

主要体现在两个方面：一是学校建筑对教育变革的适应与改进。教育变革会为学校教育带来一系列的连锁反应，也许是学生学习方式转变，也许是教学媒介更新，也有可能是个体之间互动的加强，无论哪一种的变化都会对学校建筑有新的要求，也会引发学校建筑形态的多样化。二是学校建筑革新推进教育变革的进程。学校建筑设计理念的前行会为教育变革带来更多的惊喜，会引发教育教学活动质与量的提高，新型学校建筑将会更符合时代发展的特征，也将进一步引领教学创新、带动课程发展、整合学习资源、拓展社区互动等各种教学行为。正如迈克尔·富兰所说，教育系统是一个复杂的系统，它具有开放性、不稳定性、无序的特点。教育系统的变化总是存在蝴蝶效应。[①] 学校建筑中可能一个很小的变化就会改变整个学校教育的发展走向。因此，学校建筑教育价值的不断提升，最终想要努力实现的是最好的教育，对于个体而言，就是追求最好的发展条件。

---

① 迈克尔·富兰. 变革的力量——深度变革 [M]. 北京：教育科学出版社，2004：53.

第二章

学校建筑教育价值的历史变迁

建筑是人类文明的象征，建筑的历史就是人类文明发展的历程。研究学校建筑教育价值的历史变迁，首先就要对人类文明的发展阶段进行划分，才能寻找到人类社会历史进程中不同学校建筑的特点，以及挖掘出当时教育价值的呈现方式。依据不同标准，对人类社会历史的划分也有所不同。贝尔从生产技术和主导产业的视角出发，将社会形态分为前工业社会、工业社会、后工业社会，他认为前工业社会的劳动力主要从事农林渔事业，它的"意图"是"同自然界的斗争"；工业社会是生产商品的社会，它的"意图"是"同经过加工的自然界斗争"，它是以人和机器的关系为核心的社会；后工业社会的"意图"是"人与人之间的竞争"，它是以信息为基础的智能技术与机械技术同时存在的社会。[1]

美国的阿尔文·托夫勒对社会形态的分类虽然与贝尔有所不同，却有异曲同工之妙。他认为人类社会经历了三次浪潮时代，一是农业兴起带来第一次浪潮变化，二是工业文明的兴起，三是超工业社会的来临带来社会变化的新浪潮。[2] 也就是说，贝尔与托夫勒关于社会形态的划分可理解为是一一对应的，只是后工业社会与超工业社会的概念更具抽象意义。就社会目前发展的特点而言，信息技术变革带给人们生活的变化是巨大的，用信息社会的概念对现代社会进行概括也更容易被人们所接受。因此，本研究将尝试遵循农业社会、工业社会、信息社会这样一个时代发展的脉络对学校建筑进行历史考察。

---

[1] 丹尼尔·贝尔. 后工业社会的来临——对社会预测的一项探索 [M]. 高锋，译. 北京：商务印书馆，1984：130-135.

[2] 阿尔文·托夫勒. 第三次浪潮 [M]. 黄明坚，译. 北京：中信出版社，2006：8.

一、农业社会学校建筑的特点及教育价值

(一) 农业社会与学校教育

1. 农业社会的主要特征

如果说原始社会是人类文明的孕育期,农业社会则是人类文明时代的开始,它创造了许多原来自然没有的事物。有学者认为,农业社会是人类社会具有重大历史意义的第二次革命即农业革命的结果,它让人类由食物的采集者变成了生产者。[①] 这意味着人类从采集渔猎为主的攫取经济向通过劳动实现的生产经济转变,采集和渔猎活动孕育了原始的种植业与畜牧业,它们的出现开始改变人与自然的关系。生产力是社会发展的主要动力,经济是与生产力密切相关的。由于农业社会的生产力还极为低下,经济形式依然是以自然分工为基础的自然经济。阿尔文·托夫勒在《第三次浪潮》中,将第一次浪潮即农业社会的时期定为公元前8000年左右,直到1650至1750年间,这一段时期都是农业文明占据统治地位,若从生产关系的角度来看,包括奴隶制社会与封建社会两个时期,不同的国家发展时间先后会有所差别,表现形式也会各有特点,但在长达八九千年的历史进程中,还是体现出了农业社会所具有的共同特点。

第一,自给自足的自然经济形态。自然经济是以自然分工为基础的,以家庭为基本生产单位,以手工为主要生产方式,生产的目的是满足自我生存需要而不是交换需要,人们的经济活动往往受限于土地所有者的庄园、部落、家庭。农业社会形成的是一个个封闭且自成体系的经济生产单位,这种生产方式在当时生产水平低的社会对于人类的繁衍与财富的积累有一定的促进作用。自然经济的根源是生产力低下,生产工具虽然有了铁器、铜器等,但大部分还是依靠人个体的活劳动进行生产。自然经济并没有广泛的分工,在家庭就是依据性别、年龄进行分工,社会主体状态体现的就是自然发生的对人的依赖关系。农民以土地为主要物质生产资料,土地也是统治阶级巩固政权、社会经济文化发展的物质基础。因

---

① 有学者认为人类社会历史发生了四次大革命,造就了三个不同的时代与两次现代化的洗礼。四次大革命分为工具制造革命、农业革命、工业革命、知识革命。详细内容参见:文军,童星. 论人类社会发展与三次社会转型 [J]. 湖南社会科学,2001 (1):31-33.

此，自然经济是自给自足的生产经济，体现的是周而复始、自我封闭的经济体系。

第二，集权专制、等级分明的政治结构。农业社会鲜明的政治特点就是中央集权下的专制统治，等级分明则进一步强化了统治阶级身份地位的合法化。人类社会从原始社会进入奴隶社会，出现了奴隶主贵族、土地贵族的私有制。封建社会中，土地由奴隶社会时期的集体所有逐渐转变为土地私有，而土地是维系国家统治关系的生产资料，只有高度集中的政治权力和对意识形态的强烈控制才能整合这些高度分散的社会生产资料，而帝国、城邦等农业社会中最常见的国家形态就应运而生。在这些国家形态中，宗法制度是君主实施专制统治的工具，是用血缘宗族关系联系起来进行划分等级的政治制度。在西欧，国王之下依次有公、侯、伯、子、男五爵；在我国，人分五等，即天子、诸侯、大夫、士、庶人。不同等级的人群有不同数量的土地、财富和劳役，他们组成一座座以君主为首的金字塔，所有人都要遵从于君主（皇帝），所有社会成员都要服从和服务于君主（皇帝）。

第三，封闭、闭塞的社会文化。由于农业社会典型的集权政治制度，使得等级观念深入人心，不平等演变为普遍化、绝对化，社会成员习惯被统治、被奴役、被剥削、被顺从。而且广大被统治阶层是没有权利接受教育的，教育只属于个别阶层的私人权利。因此，人们的思想观念陈旧、迷信君主、流动性弱，认同出生就已决定社会地位的观念，惧怕革命，并且封建地主阶级为加强集权统治，更在意识形态层面实施控制。在西欧，封建统治阶级主张政教合一，教会借助上帝的名义，使人们服从王权的统治。在我国，有一整套关于封建道德的理论体系，如三纲五常、四维、六纪等。而且中国传统文化中体现人与自然关系的"天人合一"思想，主张尊重自然道德、尊重规律、人道不能违背天道等，其实也是为适应统治需要提出的。农业社会文化在长时期的封闭与压抑之下所产生的东西方文化却是两种对自然的不同态度，西方文化体现的是畏惧和征服，东方文化更多的是畏惧与崇拜。

2. 农业社会学校教育的主要特征

教育是伴随着人类社会的产生而产生的，它产生于人类自身生存发展的需要，只有接受教育，人才有生存生活的能力，才有发展的可能性。在原始社会中，就已有了教育最初的萌芽，如部落长老对儿童的言传身教，教授渔猎、采集方面的经验和技能等。随着人类历史上的第一次社会分工，生产力有了较大提高，私有制与阶级出现，为满足阶级统治的需要，社会一部分人开始脱离生产劳动而专门从事教育和学习活动。农业社会,教育逐渐从生产实践中独立出来,并形成专门的教育机构集中对受教育者进行教育活动。而教育成为专门性活动的标志就是学校的出现,人类最早的学校出现在公元前2500年左右的古埃及,我国最早的学校形态被认为是夏代的庠、序、校。学校的出现,标志着教育在历史的发展上进入了新的阶段。

第一,农业社会的学校教育具有鲜明的阶级性和等级性。受农业社会集权专制的政治结构所影响,教育对象都是享有一定特权的统治阶层,如我国西周的"学在官府",古希腊的斯巴达教育等都是为贵族而设的。我国唐朝根据父兄官阶决定子女进入的学校等级,如国子学对应的是文武三品以上官职的子女。农业社会学校教育实施的目的一般有两个:一是维护统治阶级的政权需要,培养统治阶层的继承人,如在欧洲中世纪早期的僧侣学校和大主教学校就是为培养神职人员和文官而设立的,以巩固教会的权力;二是加强思想上的控制,通过教育对臣民进行"教化",维护原有的等级秩序。

第二,农业社会学校教育的专门化。农业社会学校是有目的、有计划、有组织地实施教育的专门机构,这个专门的教育机构有固定的场所、有教育人员、有教学内容,也有相应的教学方法,只是教学方法比较单一,多崇尚书本,需死记硬背。如我国汉代的官学,主体就是太学,它是中央级最高学府,培养的是巩固政权的管理人才;它的教育人员即教师,称为博士,选任严格;教学内容主要为儒家典籍《诗》《书》《礼》《易》《春秋》;教学管理主要是通过考试来检验成绩。可见,这时的学校教育已初步成形。

第三,农业社会的学校教育与社会生活脱离。自教育与生产劳动脱离之后,学校教育成为阶级统治的工具,具有专门的社会职能,学校既不重视体力劳动也不从事生产教育,学生的主要任务就是"只读圣贤书"。在我国,农业社会倡导的是"劳心者治人,劳力者治于人"的政治伦理与教育价值观,由此"学而优则仕"成为所有学习者努力学习的动力与目标。在教育内容上,受政治影响较大,大多是古典人文科学,教授的是如何做人与治人的知识,生产知识几乎没有。我国西周学校教育内容主要有六艺,即礼、乐、射、御、书、数。在我国农业社会封建制的国家中,学校教育都是以儒家思想为主,培养臣民遵守三纲五常、修身养性、安分守己。欧洲教会学校教育内容有七艺,即文法、修辞、辩证法、算术、几何、天文、音乐,它教授"如何做人",是培养具有服从、贞洁、贫穷品质的民众。

第四,农业社会的学校教育制度不断完善。经过农业社会几千年的发展,学校从最初的萌芽发展到类似于学校的专门教育机构，使得农业社会学校教育制度得以建立。我国农业社会的学校教育制度分为官学与私学。官学始于夏商西周，在西周就有比较完备的制度，分为国学与乡学，但缺少相当于中等教育的学校。进入封建制国家后，学校教育制度得以完善，历经汉唐之盛，衰于清末。与官学相补充的是私学，私学即为民间教育，兴起于春秋战国时期，孔子就是私学的代表人物，宋代之后兴起的书院也是私学的一种。而在雅典，首先发展起来的也是初等教育学校与类似高等教育的学院，属于雅典的"官学"。此后，西欧也逐渐形成了包含初等、中等、高等学校的教育制度。对于初等教育，西欧由早期的教会学校专有发展到城市学校的均有；12世纪左右，欧洲出现了相当于高等教育级别的中世纪大学；15—16世纪，中等教育出现了许多侧重职业性类别的中等程度学校。可见，农业社会学校的类别、规模、数量都有所增加，尤其是许多新型学校的出现，显示出受教育者新的发展需要。

（二）农业社会学校建筑的主要特点

有学者曾对近代教育体制形成之后的学校建筑做过一个阶段的划分，这个划分是根据学校建筑物呈现的形象而言的，分为没有特定形象的学校建筑阶段、具有明显特征的学校建筑阶段、不像"学校"的学校建筑创造阶段。[①] 如果将这里的"学校"理解为现代意义的学校，这三个阶段也适用于农业社会、工业社会、信息社会的学校建筑发展的特点，可进一步理解为学校建筑的三个发展阶段，即没有独立发展的学校建筑阶段、具有明显共性的独立学校建筑阶段、个性化发展的学校建筑阶段。没有独立发展的学校建筑阶段是指农业社会的学校还没有成为一个独立的事物来进行发展，不具备明显的学校形象，学校建筑的设计规划、建筑观念、象征意义受到皇权、宗教的影响，更多的是依附于某种建筑，或是成为某些建筑的组成部分。如西方基督教控制下的教育所开办的学校都是在教区，或者修道院，导致当时的学校建筑依附于修道院、教堂；而中国古代的私学很多都是私人在家宅处办学，导致私学场所与住宅差别甚微。可见，学校建筑还没有独立发展起来，还不具备共性特征。

1. 我国农业社会学校建筑的特点

第一，严格的等级性原则。农业社会学校建筑并不是一个独立的构成部分，它常常是依附于某种建筑或者建筑群，而且由于我国农业社会所特有的政权统治

---

① 张宗尧，李志民. 中小学建筑设计 [M]. 2版. 北京：中国建筑工业出版社，2009：129.

结构与学校教育特点，有关学校的建筑也都带有强烈的等级性，以及对君主、皇权的绝对服从。在《礼记·王制》中曾记载："小学在公宫南之左"；《文献通考·学校考》中又有注为："周立小学于西郊"。也就是说，设在国都的小学有两个地方：一是在王宫附近，是宫廷的皇亲国戚之小学；二是在西郊的学校，是为中下级的官吏子女开设的。官学之中也要严格遵循等级层次入学，对于大学建筑的设计也要严格按照礼制建造。《礼记·王制》中曾记载，天子的大学称为辟雍，诸侯的大学称为泮宫。因为天子所设立的大学必须是四周环水，即雍，而四周环水则为圆形，即璧同辟，中央筑起高地建堂，俯瞰即为一个中间带有圆孔的玉璧，因此称为辟雍。而诸侯不能观四方，所设立的学校要次于皇帝，只能半水环抱即为泮。不同级别的学校要严格遵循等级限制，尤其在方位布局、规划设计、构造样式、色彩差异、装饰图案等方面都要遵守尊卑有别、上下有序的建筑原则。而这一原则在我国学宫的建筑规格设计中也是不能忽视的。学宫，我国古代地方的官办学校，自唐以后，学宫包含孔庙和儒学建筑，也被称为庙学。地方庙学分为府、州、县三级，相应的孔庙规格也以此递减。如天津府学文庙与天津县学文庙东西并置，府学文庙居左为上，大成殿面阔7间，屋顶用黄琉璃瓦；县学文庙大成殿面阔5间，屋顶用青瓦。[①] 从汉代开始，黄色就开始成为我国传统建筑颜色的最尊贵级别，其建筑色彩使用也有明确规定。

第二，礼制影响下的规划布局。建筑是一种重要的文化载体，是思想、观念的外在展现。自秦汉以来，儒家思想对我国建筑的规划布局具有决定性作用，尤其是对培养统治阶级所需人才的学校而言，礼制观念影响更为深远。礼制，来源于《周礼》，孔子极力倡导周公礼法，这里的礼是指分亲疏、别上下、辨尊卑、区贵贱的行为准则与仪式，它是维护皇权至上与封建等级制度的人伦关系的一套道德体系。在《孟子·滕文公上》中，孟子曾提到"夏曰校，殷曰序，周曰庠；学则三代共之，皆所以明人伦也。"他认为设置学校的目的就是明人伦，明白父子、君臣、夫妇、兄弟、朋友之间的伦理道德标准。而这种教育的思想自然也体现在了学校建筑的规划布局之上。以庙学合一的学宫为例，府学与孔庙一般遵循左庙右学、前庙后学之制，古代左为上，意为表达尊孔崇儒的封建思想。对于前庙后学的学宫，一般坐北朝南，沿中轴线自南向北为照壁、棂星门、泮池、大成门、东西廊庑、大成殿、崇圣祠、明伦堂、尊经阁等建筑，大都附有乡贤祠、名宦祠、魁星阁、文昌阁、光霁堂、敬一亭等。其各自主要功能分别为：照壁起屏

---

① 卜穗文. 广州农讲所纪念馆论丛（第三辑）[M]. 广州：广东人民出版社，2008：12.

风的作用,一般刻有"宫墙数仞",有勉励之意;棂星门是学宫大门,牌坊式建筑,学宫的标志;大成殿,奉有孔子像的文庙大殿;明伦堂,学宫的讲堂,名称来源于"明人伦";崇圣祠,祭祀孔子祖先的场所;尊经阁,藏书之所;而且学宫之外还有教授"射箭"的场所,即射圃。[①] 对于左庙右学的学宫建筑,最有代表性的是现存北京的国子监(平面图见图2-1),它是我国古代最高学府。由此可见,礼制影响下的学校建筑严格遵从中轴线,建筑群秉承对称性原则,核心单体建筑按照居中为尊的观念设计,其他单体建筑严格按照儒家的尊卑之序进行布局。而且它通过群体建筑的整体构图方式,突出伦理道德空间的感染力,如进入孔庙,就会有一种对先贤的敬仰和虔诚的内心感受;进入国子监,就会有一种肃静严厉的气氛,会有一种对皇权无限敬畏之感。

第三,"天人合一"的建筑思想。"天人合一"思想是汉代思想体系中的核心部分,重视的是人与自然、个体与群体之间的相适应、协调与统一的关系。儒家的"天人合一"学说中,认为宇宙是由人、天、地三种要素构成的,人不但不能离开自然,还要尽一切可能融入自然,并将自我对宇宙图景的感应或感觉体现在人为的各种事物中,其中建筑就被作为自然的有机组成部分。在建筑建造中,它强调的是建筑与自然的一脉相承,重视人与自然的和谐相处,它是我国农业社会建筑的核心观念,而天人合一思想的表达程度也就成为建筑最高审美的衡量标准之一。在我国农业社会的学校建筑中,这种思想得到淋漓尽致的表达当属书院的建造。书院兴起于唐朝,不同于官学与私学的教育组织机构,其中名气较大且被人们广泛传颂的天下书院有岳麓书院、白鹿洞书院、石鼓书院、嵩阳书院、应天府书院等,前四个书院都是依山而建。古代书院大都依傍名山佳胜,学在山水之间,尽可能展现自然之神韵。以岳麓书院为例,它坐落于岳麓山清风峡入口处,岳麓山属南岳七十二峰最后一峰,山峦舒缓,泉水清幽。明朝有文人车大任曾形容它为"岸柳江烟碧草纷,危峦飞磴俯江渍。星当翼轸层霄出,山自岣嵝一派分。"[②] 岳麓书院据考曾为五进制布局,头门、大门、二门、讲堂、御书楼,斋舍与祭祀场所排列于两旁,也是中轴对称。岳麓书院建筑布局与我国传统建筑建制相似,但在意境营造中却别有一番风味。岳麓书院最为著名的是包含岳麓八景的园林景观[③],以及环绕书院的古树名木,都为读书之人带来了净化心

[①] 司雁人. 学宫时代 [M]. 北京:中国社会科学出版社,2005:3-5.
[②] 江堤. 诗说岳麓书院 [M]. 长沙:湖南大学出版社,2002:182.
[③] 岳麓八景是指前四景柳塘烟晓、桃坞烘霞、风荷晚香、桐荫别径,后四景花墩坐月、碧沼观鱼、竹林冬翠、曲涧鸣泉,具体可参考:江堤,彭爱学. 岳麓书院 [M]. 长沙:湖南文艺出版社,1995.

灵、潜心向学的学习环境，反映了当时文人的思想情趣与深刻的文化内涵。

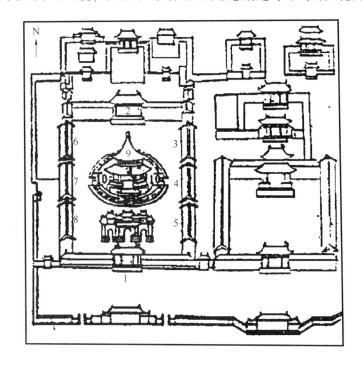

图2-1　北京国子监平面图①

1—太学门；2—彝伦堂；3—率性堂；4—诚心堂；5—崇志堂；6—修道堂；
7—正义堂；8—广业堂；9—辟雍

2. 西方农业社会学校建筑的特点

第一，宗教性、依附性原则。西方农业社会的学校建筑在不同的历史发展阶段有不同特点，比较突出的有三个时期，即古希腊、中世纪、文艺复兴与宗教改革时期。古希腊是西方教育的发源地，古希腊学校的产生与奴隶制形成密切相关，古希腊学校教育的对象是奴隶主贵族阶级的后裔，学校所培养的人也是为满足统治阶级统治与战争的需要。其中，斯巴达学校类型单一，只有军事教育学校，因此学校建筑就要满足各项军事体育训练，其主要场所以公共教育场与军团为主。雅典虽然建立了奴隶主民主政治制度，但在教育上仍然分化严重，女子教育并不受重视。其早期教育场所往往是国家兴办的体育馆，训练常常是裸体锻炼，女性是不允许进入接受教育的。古希腊人认为自己是神的子孙，他们所信奉

---

① 王伯扬. 建筑师（34）[M]. 北京：中国建筑工业出版社，1989：49.

的诸神在奥林匹斯山上的宫殿里,所以古希腊人建造了许多神殿、神庙,还会在各种公共场所如体育场(当时的教育场所)等地建造诸神的雕像。进入中世纪,基督教最为鼎盛的时期,教会掌控所有的教育,学校教育更是充满宗教精神,教会学校也成为当时唯一的学校教育组织机构。但当时的学校在城市不是单独存在的,都是依附于寺院、庙宇、教堂而存在的,因而出现了僧侣学校、天主教学校、教区学校等宗教性质学校。中世纪最为有影响的事件就是大学的兴起,中世纪大学的建筑风格中也处处体现着宗教元素,如一般校舍常有厚重的墙体、数层矩形、窗户排列、角楼、雉堞、老虎窗、哥特式塔尖等,学校的教堂高度在建筑群中最为显眼,意欲显示出宗教精神的主导地位。① 整个布局都延续了中世纪修道院建筑的构造。

第二,理性精神影响下的规划布局。古希腊理性精神的产生源于人们对自然的好奇与对自然本源的追问,哲学家们的不断思考与考察确立了西方思想理性主义的传统。这一传统也影响到建筑的设计思想,建筑师一般通过建筑比例的把握和几何学的运用来实现建筑的整体和谐,建筑规划布局也呈现一定的科学性与合理性。在古希腊时期,由于受到战争侵扰,统治阶级极其看中公民身体素质的养成,斯巴达教育尤为突出。学校往往是"体育场/馆"等地,以便实施相应的竞技内容(如跑、跳、掷、铁饼、标枪、角力等)。而且雅典的体育馆就承担着对公民的高等教育任务,许多体育馆不仅有运动场地、洗浴场、厅堂、休息室、宴会厅,还有文化课教室,可学习文法、修辞等,俨然是一座完整的学校。体育场规划设计严谨而具有层次性,以佩尔加蒙体育场为例(见图2-2),体育场被包围在高墙之中,墙上有供奉神像的壁龛,上层台地设有柱廊中庭,中台层为观赏庭园区,下层为游泳池。② 柏拉图的阿卡德米学园、亚里士多德的吕克昂学园就是在原有的体育馆与竞技场的基础上建设的。学园一般建设在树丛环绕之内,周围环境优美。正如阿奎那形容吕克昂学园所说,"天然环境幽静,还建有祭祀阿波罗神的神庙,树木葱郁,环绕装点着林荫路、喷泉和围廊立柱。"③ 亚里士多德经常讨论问题的林荫路也因此被命名为哲学路。中世纪学校一般是作为修道院或者教堂的一个组成部分,但融学校为一体的修道院功能分区明显,生活设施完善,中庭以及各建筑之间都有庭院、柱廊,还设有医院、集会地、果园、草园等

---

① 王蕴. 欧洲中世纪大学及建筑——近现代大学的起源 [J]. 城市环境设计, 2004 (2):60-61.
② 中国勘察设计协会园林设计分会. 园林绿地总体设计 [M]. 北京:中国建筑工业出版社, 2006:103.
③ 托马斯·阿奎那. 亚里士多德十讲 [M]. 苏隆,译. 北京:中国言实出版社, 2003:24.

许多附属建筑，修道院建筑就是中世纪大学建筑的前身，也正是这种宗教建筑与学校校舍的关系形成了中世纪大学的建筑与环境。中世纪大学早期的校园建筑形态是一个以四方院为基本单位的组织形式，方院是指以四面建筑围合的封闭空间，内设教室、餐厅、集会、讲学大厅、宿舍等，一个方院代表一个学院，学院与学院之间有单独拱门连接，彼此相互隔离，与社会也不往来，这种封闭性体现了当时修道院等建筑的宗教性，体现出了一种神秘化、等级化的教育。

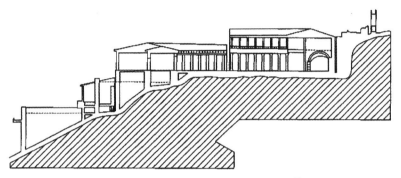

图2-2　古希腊佩尔加蒙体育场平面图①

第三，"天人对立"的建筑思想。天人对立从本质上说是人与自然的对立，不同于东方的天人合一思想，西方更具有征服自然、彰显个人力量的自然观念。这种思想传统来源于基督教，基督教认为是上帝创造了世界万物，人是上帝创造出来管理世界的，所以神的样子就是类似于人的模样。这种人类中心主义在古希腊的思想家那里也有所体现，古希腊普鲁泰戈拉就曾说"人是万物的尺度"，亚里士多德曾说"植物为动物而存在，禽兽为人类而存在"。天人对立的自然观影响了西方之后的思想与文化走向，凸显了对人主体作用的重视。正如费孝通所言，"西方文化里存在着一种偏向，就是人与自然的对立，强调文化是为人和人为的，人是主体，自然是支配的客体"。②而建筑是文化的，是主体思想的体现，学校建筑中也隐含着这种思想的元素与指向。牛津大学坐落于英国的牛津城内，它是一所校园与城市分不太清的大学，雄伟壮丽的学院建筑分散在城市的各个角落，沿承了中世纪的建筑特征，每个学院都有自己的教堂、花园、饭厅，学院建筑前身大都是教堂、城堡等。教堂的建筑风格大致有罗马式建筑、哥特式建筑

---

① 彼得·霍华德，海伦娜·韦伯斯特.百家建筑之旅——牛津[M].黄美智，蔡淑雯，译.上海：百家出版社，2001：276.
② 费孝通.文化中人与自然关系的再认识[J].群言，2002（9）：14-17.

等，建筑元素多为十字形平面、穹顶、钟塔、彩色玻璃、扶壁等，其中哥特式建筑内部空间高旷，外部空间垂直向上，营造出一种通往天国的神圣之路的宗教气氛。牛津大学莫顿学院的塔楼共有八个尖顶和一处镂空的雉堞形栏杆，两侧共有三面方形扶壁，间以大型开口。① 塔尖、扶壁、栏杆都是垂直向上延伸，有一种伸向天空俯瞰自然的即视感。西方建筑多借助于墙和屋顶，造成自主自立的存在，以高傲的姿态俯视自然万物。②

（三）农业社会学校建筑的教育价值

不同时期的建筑技术与不同历史阶段的主体教育需要决定了教育价值的呈现方式。农业社会的政治结构是具有集权专制、等级分明的结构特点，教育需要更多代表的是统治阶层的教育需要，反映的是君主的意志，而学校建筑对人发展的教育意义也是依照统治阶层的统治需要呈现的，培养的人才是为统治阶层的管理需要服务的。因此，在这一限定的历史条件之下，学校教育的功能与目的是以灌输道德伦理和政治统治理念为核心的教育活动，学校建筑教育价值体现更多的是一种教化的意义。学校建筑教育性则体现于符合农业社会特点的伦理道德关系与宗教行为规范的建筑构造与布局之中，侧重的是道德教育性。教化，是对心灵的熏陶、培育，使人的精神品质得以提升。我国农业社会的教化思想，是一种政教伦理措施，将伦理秩序及情感意蕴潜移默化地植入人们的内心，有化民成俗之意。对个体的德性培养而言，教化使个体的内心发生变化，以善和人伦秩序为价值目标塑造出具有高尚道德情操的道德品质。西方农业社会的教化思想，从古希腊对教化的理解是理智和伦理德性的形成过程，发展到中世纪的精神塑造过程，他们认为教化就是人性通过精神的不断转变发展为神性的圆满，经过文艺复兴时期的洗礼，教化的含义从对神性的塑造之意逐渐发展为对崇高人性的塑造之意。③ 教化也成为中国与西方农业社会的主要学校教育活动，学校建筑自然也承载了对受教育者的教化之意蕴。

1. 学校建筑形象的教化意义

从我国农业社会学校建筑的外在形象来看，处处充满着等级与专权，礼制观

---

① 彼得·霍华德，海伦娜·韦伯斯特. 百家建筑之旅——牛津 [M]. 黄美智，蔡淑雯，译. 上海：百家出版社，2001：276.
② 万千. 中国书院建筑与西方中世纪大学之比较 [J]. 建筑与环境，2009（2）：1-3.
③ 詹世友. 道德教化与经济技术时代 [M]. 南昌：江西人民出版社，2002：7-9.

念渗透到建筑建造的方方面面，它所营造的庄严肃穆的空间感让进入官学学习的受教育者不敢有所逾越。诸如学宫、辟雍等学校建筑的性质、规模、形制、数量等皆是受到礼制的明确规定，展现并维护的是相应的伦理秩序。建筑的建造级别、建造所需的物质材料类别、颜色皆受学校教育对象的等级所限，学生在这样的礼制建筑内学习与生活，对儒家所倡导的伦理道德不断地接受与认同，并将其作为基本的伦理道德准则从而规范自身的语言与行为，建构出人之为人的基本生存方式。如在我国农业社会的营建活动中，常用方位来彰显等级制度，东南西北中五个方位中，中即宗为最尊，因此学宫、庙学的布局常常是左右对称、中轴突出、沿纵轴进行布局。

中世纪的宗教学校在对人的精神塑造中，也是要让人产生对上帝的无限尊崇，将上帝作为美德的体现与最高的价值标准。中世纪的基督教伦理思想就是倡导禁欲、贞操、服从等，当自身意志追求较高的善时或者向上帝靠近之时即为善，反之，远离上帝之时即为恶，他们强调只有上帝才能救赎教徒的灵魂。为突显这一宗教精神与宗教伦理道德，修道院都将教堂作为核心组成部分，教堂中也用中轴线来组织一条通向神坛的路，意味拯救之路，以至于后期的中世纪大学也都延续了在学院内设置教堂的传统。

2. 学校建筑环境的教化意义

农业社会的学校都比较重视校址的选择与空间的营造，并且遵循建筑体量、比例、结构的协调均衡原则，使建筑较好地融入周围环境中，并对教育产生一定的影响，西方古希腊时期的校园与我国的书院最早都是借助大自然的景观来营造教育教学的氛围。古希腊时期的学园选址就在风景优美的圣地，圣地是祭奠诸神的地方，在圣坛周边往往会栽种许多代表上帝的树木，这样的林地被称为圣林，圣林营造的是一种神圣的氛围，在圣林中进行讲学、讨论等活动，自然会受到一种情感上的熏陶。我国的书院大多依山傍水，因地制宜，与自然融为一体，以免受世俗打扰，潜心修学。书院十分看重自然环境对人所产生的教育作用，既重自然山水景观，以陶冶心性；又重人文历史环境，以启发思想。① 书院最重要的特点就是自然与人文的巧妙结合，利用天然的自然风光，构筑许多庭园楼阁、亭池景物等，形成众多著名景点景观。多数书院布局相似，主要分为藏书、讲学、祭祀、游息四个功能区，不同功能区通过建筑组合形成有序庭园和天井，一院一

---

① 杨慎初. 中国书院文化与建筑 [M]. 武汉：湖北教育出版社，2002：58.

景。中轴对称的庭院层层递进,形成了排列有序、纵深感庄严和视觉效应悠远的礼制色彩。① 师生在书院内共同生活学习,除了在讲堂学习,还利用闲暇时间共同在庭院休息观赏,交流思想、探讨学术,在青山绿水之间,常常随感而发、赋诗作词、启迪心灵等。

中世纪之后的西方学校建筑环境虽然经历了封闭性逐步向开放性转变的过程,但早期的学校建筑还仍然是以封闭的环境为主,这是为避免外界的干扰,创建一种脱离尘世、安心修身的宁静的学习氛围,以体现宗教学校的神秘性与人才的等级培养。修道院是由建筑围合成封闭性较强的方形,整体布局讲求对称,道路环绕庭院,绿地形状与建筑围合形状相符,在庭院中心处设置宗教景观,在实体建筑上还会种植适宜气候生长的攀援植物,以起到装饰作用,还常常种植成田畦型的花圃等,可见,校园内处处体现着规整与规则,建筑环境之中也渗透着宗教伦理精神,从而实现对学习者的约束与教化。

3. 学校建筑物质符号的教化意义

学校建造是以物质材料为基础,通过建筑技术实施而完成的。建筑虽然是物质实体,却承载了许多物质性与精神性的信息,人与建筑的交流实际上是指人对建筑所表达信息的接收,学校建筑物质构成就是通过自身的多种物质符号向教育主体传递各种文化、历史、精神等信息,从而产生对人的教育意义。由于农业社会的学校建筑特点,学校建筑物质构成所承载的是大量的具有教化意义的建筑信息,通过视觉的刺激来影响教育主体的思想意识与行为方式。如我国的学宫建筑,大成殿作为学宫的核心建筑,就要建立在高高的台基之上,以凸显其与周围建筑物的区别,体现孔子的崇高地位,营造庄严肃穆的祭祀场所。而且,在学宫的木雕、砖雕、石雕、陶塑、灰塑以及壁画的设计创作上,常常用象征的手法表示祈福的主题,精雕的细鹿是为了与"禄"同音,用象来背花盆表示吉祥,因"象"与"祥"同音,蝙蝠同"福",脚踏野兽表示"寿"等,都是将美好的愿望付诸建筑之上。西方教育教学的主要场所也在设计上传达着一定的符号信息,如哥特教堂的拱顶象征着宇宙和上天,玫瑰窗隐喻永远开在上帝身边的玫瑰,垂直向上的尖塔象征天国,教堂内透入的各色光线象征天国迷蒙的圣光,教堂的核心空间则象征着上帝的住所。②

---

① 常俊丽. 中西方大学校园景观研究 [D]. 南京:南京林业大学,2012:61.
② 戴志中,舒波,等. 建筑创作构思解析 [M]. 北京:中国计划出版社,2006:34.

二、工业社会学校建筑的特点及教育价值

（一）工业社会与学校教育

1. 工业社会的主要特征

随着社会生产力的提高、近代自然科学的发展，人类从农业社会进入工业社会。工业社会的雏形产生于18世纪的英国，以瓦特发明出第一台蒸汽机为标志，人类正式进入工业社会，掀起了人类历史发展的第二次浪潮，一直持续到20世纪50至20世纪60年代电子计算机的广泛推广与运用。工业社会是以工业代替农业作为社会的主导产业，工业革命是指以机器代替人工进行的社会大生产，以大规模工厂化生产取代个体工厂生产的一场革命。1770—1870年是工业革命的第一阶段，19世纪70年代以后是以电力广泛使用为标志的第二次工业革命。工业革命完成了人类社会从传统走向现代的进程，极大改善了人类的物质生活条件，积累了大量的社会物质财富。工业革命所带来的不仅仅是生产技术的变革，也是生产关系的变革；不仅突破了人类传统意义的生存空间，在一定程度上也在改变着人们的思维方式和价值标准。

第一，占主导地位的商品经济。商品经济是人类社会又一重要的经济形态，它与自然经济对立而存在，生产的目的不再是为满足自己的需要，而是为了交换使生产要素和消费资料进入流通领域，从而获得一定的价值，它是人类社会发展到一定阶段的产物。商品经济产生的基础源于社会日益扩大的社会分工，经过三次社会大分工，出现了各行各业，产生了各种不同的生产劳动与劳动产品，人们根据需要进行产品的相互交换。商品经济的发展促使商品交换的利润不断增加，资本积累日益丰富，对剩余价值的追求日益强烈，也进一步加快了科学技术的发展，提高了商品的生产效率。社会分工越来越精细，生产关系发生重要变化，职业关系、雇佣关系成为人们社会关系的主要形式，商品经济成为资本主义迅速发展的主要动力。

第二，民众间接参与的政治结构。农业社会政治结构的主要特征就是其森严的等级制度，西方有高高在上、赋予一切的上帝，我国有集权力于一身的君王，统治政策往往是高压、愚民与专制统治。平民只需要无条件地遵守这一套等级规则，而无须发表个人的政治主张及发生具有自我意识的政治参与行为。但在机器

大生产的工业社会中,人们职业选择与迁徙流动的自由度不断提高,每一个个体都成为现代经济社会的成员,社会联系越加紧密,市民的社会化程度越高,政治参与意识就越强烈。广大民众的政治诉求打破了农业社会中僵化、静止的等级划分,民众参与政治生活的基本权利开始得到关注,民主思想在社会政治制度中有所表现。如在行使政治权利的实践中,民众主要通过自己的选举权来选举代表而实现对政治事务的参与,被称为代议民主制。法国政治家、思想家托克维尔曾在《论美国的民主》中,提出民主既是一种政治制度,即人们参与政治决策,政府对民众负责;也是一种社会秩序,即社会的平等化民众在政治权利、财富、教育水平乃至价值标准、行为习惯都有逐渐拉平的现象。① 工业革命的发展推动了民主制度建立、完善的进程。

第三,标准化、专业化的社会精神文化。工业社会是技术变革的大时代,它创造出了全新的"人为"环境,即机械化的新环境。由于生产关系的变化,加大了社会的流动性,使得人们的思想逐步得到解放,思想观念也日益开放。但因为工业社会整体的社会价值取向是趋于对利润最大化的追求,导致工业社会产生激烈的竞争关系,包括资本之间、资本与劳动力之间、劳动力之间的竞争关系。工业社会摆脱了农业社会中对自然与体力的依赖,转向了对科技与机器的高度依赖,使得工业社会的文化与思想都是与机器生产相吻合的,具有高度的标准化与专业化特征,一切事件都要遵循规定的流程与步骤,按部就班地完成。这样的社会体系一方面提高了社会生产率,增加了社会的整体财富,带来了物质生活水平的极大提高,但另一方面也将人异化为了机器生产的工具,人也只是"单向度的人",缺失了人的个性体现。

2. 工业社会学校教育的主要特征

第一,义务教育的普及。在漫长的农业社会中,教育是贵族、统治阶级子女的特权,平民是无法广泛地接受教育、学习知识的。但随着科学技术的发展、工业生产的不断扩大,劳动者不仅要具有一定的体力,还需要能够从事机器生产、了解生产过程、具备一定文化知识的劳动素质,这就需要教育培养出能够满足工业社会发展需求的人才。义务教育普及是工业社会带给教育最大的改变,它为每个人都能接受一定程度教育的权利与义务提供了法律保障,虽然义务教育的普及并不代表着每个人都能享受平等的教育,但至少改变了学校教育以往只为少数人开办的性质,每一个人都能掌握一定的知识和技能。而学校对人才的培养也与社

---

① 柳谦. 反思教育民主 [J]. 教育学报, 2010 (4): 29-36.

会物质生产发生了深刻的联系,它在人力资源方面保证了工业生产的顺利运行,并为社会物质财富的积累创造了巨大的社会价值。

第二,班级授课制的出现。工业社会中大机器的使用导致劳动力分工越来越精细,生产流程更是呈现了机械化、标准化的流水线作业方式,因此急需大批量的具有知识与技能相统一的劳动者,而原有的"以个别施教为主"的教学方式已不能适应工业化生产的需求。班级授课制是夸美纽斯的主要教育思想之一,班级授课制的出现对于提高教学效率、扩大教学规模有重要作用,很好地解决了短时期内技术人才集中培养的问题。班级授课制是将学生按照年龄与学习阶段分成相应的班级,作为教学的基本组织单元,每个班级有一个教室,有专门的教师对全班同学统一授课。它作为学校教育主要的教学组织形式一直沿用至今,虽然对学校教育实现了革命性的变革,但对学生个性发展起到了一定的阻碍作用。

第三,教学内容丰富。教学内容的选择与学校教育目的有直接关系,工业社会学校教育目的是为机器大生产所服务的,要培养具有一定的科学知识与生产技能水平的人才,这就需要学校教育内容与之相符合。农业社会中的学校教育是为统治阶级服务的,是与生产劳动相分离的,教学内容多为古典文科、道德教育类。工业社会促进了学校教育必须与生产劳动紧密联系,并对学校教育提出了加强自然科学学习的要求。经过英国教育家斯宾塞、生物学家赫胥黎等人的宣传和倡导,科学教育思想逐渐被重视,科学进入学校课程,成为学校教育内容的重要组成部分。① 在中小学课程结构中,增设许多与科学、技术密切相关以及实践动手操作的课程,如物理、化学、自然、图画、手工劳动等课程。教学内容的科学化、科学研究范式的盛行,也将学校教育引入了科学化、规范化的道路。

第四,学校教育体系逐步完善。进入工业社会,学校教育制度在原有的基础上得以不断完善,形成了较为完备的学校教育系统,涵盖各个层级,各国初步形成从初等教育到中等教育,再到高等教育的纵向教育层级体系。同时,也突破了农业社会学校教育类型的单一化局面。最为显著的变化是在社会物质生产的推动下,学校教育除了原有的普通教育体系,还出现了职业教育、师范教育等类型。职业教育起源于18世纪西方国家的实科中学,实科中学是应当时工商业发展对中等专业人才的需要而产生的,学习的是自然科学与工业技术的内容,后在各国

---

① 张斌贤. 外国教育史 [M]. 北京:教育科学出版社,2008:317.

政府的积极推动下，开设了各级各类的职业技术学校，以满足工业社会对应用型人才的需要。师范教育机构是伴随初等教育发展对教师的需要而兴起的，夸美纽斯称其为"学校之学校"，最早的机构是由基督教兄弟会创始人创办的教师讲习所，后逐渐发展为专业性质的师范院校。①

（二）工业社会学校建筑的主要特点

工业社会起始于瓦特蒸汽机的发明，工业革命引发了人类社会环境与思想观念的重大变革，这一变化也深刻地体现在承载社会历史发展进程的建筑之中。工业社会与农业社会的建筑相比，存在巨大差异，一是因为科学技术的迅速发展使得建筑的施工技术、建筑结构、建筑材料发生重大变革，二是因为不同的社会文化环境带来不同的建筑设计理念。一般认为，工业社会的建筑特征主要有开放性、简洁性、灵活性和差异性。② 这些建筑特征也同样地体现于工业社会的学校建筑之中，但受学校建筑的特殊性场所限制，以及学校教育的培养目标不同，学校建筑具有其独特的工业社会特征。

但由于工业社会发展变化波动较大，社会结构、经济体制、文化模式都在发生重大改变，而且许多国家进入工业社会时间不同，社会文化、精神、价值的冲突与交融在学校建筑上都会有不同的表现。我国进入工业发展期应在1840年鸦片战争之后，社会性质属于半封建半殖民社会，学校建筑建造相当于在不同时空背景下进行，发展较为复杂，最为明显的特点就是带有中西方文化特质的教会学校，以及在传统学校建筑上进行的沿袭与改造，例如书院向学堂改造，学堂向现代意义的学校改造。因此这些特征并不适用所有国家在工业社会时期所有学校建筑的表现，这里只是就工业社会学校建筑设计与建造的整体性趋向最为显著的方面进行说明与分析。

1. 学校建筑的标准化

按照学校建筑的阶段划分，工业社会是发展到具有明显共性的独立学校建筑阶段，学校建筑已从传统的建筑形式（如宫殿、庙宇、教堂等）分离出来，并具有现代意义上的学校特征，也就是校与校之间为满足教育教学需要所具有的共同属性，使学校建筑明显区别于其他类型的建筑，呈现出一定的规范性与一致性。这种显著特征来源于工业社会的科学化、机械化、工厂化，建造的过程是如

---

① 单中惠. 西方教育问题史 [M]. 北京：人民教育出版社，2011：292.
② 王发堂. 不确定性与当代建筑思潮 [M]. 南京：东南大学出版社，2012：21.

标准化式的流水线生产模式。正如有学者所说,"这些建筑也与汽车、飞机、轮船一样,也是由工厂化、预制化、装配化的方式生产出来,是工业文明的产物。"① 学校建筑标准化一般指两个方面:一是学校建筑方面的相关条例,包括学校建筑设计规范、学校建筑标准等,如英国教育部在1907年批准了有关校舍平面布置、采光和通风等问题的标准要求;二是学校建筑的科学化设计,包括建筑构配件、部件都要按照一定的标准规范,以及相应的设计流程、组织管理的科学化等。因此,在当时学校建筑设计标准的基础之上,受工业社会的标准化、科学管理思想、建筑设计理念所影响,学校建筑的造型、风格、布局都趋于一致,就像是"一批工厂似的未经装饰的平顶鞋盒似的建筑,金属和玻璃外墙的重复使用,缺乏方向感和成熟的景观设计"②。

2. 学校建筑的经济性

工业社会之前的学校建筑具有一定的等级性,建筑材料、结构、装饰都与权力等级相关,层级越高的建筑就越要体现其奢华与部件的繁冗,而不注重空间的实用性与有效性。工业社会的现代主义学校建筑力求高效与有用,尤其是在建筑面积受到一定局限的时候,更要在有限的空间内提高其利用效率,也就是要在有限的教学空间培养更多的学生。1850年位于克利夫兰的阿拉巴马学校,就是一座三层的立方体建筑,每层三间教室,除此之外只有楼梯,其他生活服务类的房间都没有,且由于城市的不断扩张,每间教室要容纳100~200人。③ 虽然后期建筑进行了革命性的变革,但这种经济性的设计理念仍然是现代主义学校建筑主要采用的理念。经济效益的最大化本就是工业大生产追求的主要目标,那么在学校建筑的构思、策划、设计、建造、使用上就一定会注重现代经济的表达,即建造的合理性与经济性。著名建筑师柯布西耶曾不止一次提出,经济规律的强制性支配着我们的行动,而我们的观念只有在合乎这些规律时才是可行的。④

3. 学校建筑的功能化

功能性应该说是能够反映出工业文明精神的主要建筑特点,它将建筑由古典主义带往了现代主义。对建筑功能与形式的探索最初来源于芝加哥学派,其代表

---

① 刘松茯. 外国建筑历史图说 [M]. 北京:中国建筑工业出版社,2008:163.
② C. 威廉姆·布鲁贝克. 学校规划设计 [M]. 邢雷莹,孙玉丹,张玉玲,译. 北京:中国电力出版社,2006:2.
③ 同②:3.
④ 勒·柯布西耶. 走向新建筑 [M]. 杨志德,译. 南京:江苏凤凰科学技术出版社,2014:185.

第二章　学校建筑教育价值的历史变迁

人物沙利文在 19 世纪 70 年代首次提出"形式跟随功能"的口号，成为功能主义思想最简约的表现方式。"形式跟随功能"可从两个方面理解：一是建筑平面形式跟随功能，以功能为依据来组织平面，以便利性或合理性为评判标准；二是体量造型方面具有反装饰化、简洁化与朴素化。① 这样线性的理性化的建筑思维模式也体现在了学校建筑的建造上，主要是在学校建筑的平面形式与功能分区中较为明显。在 20 世纪以前，学校建筑常常是以一个大厅或者礼堂为中央，教室都簇拥在这个礼堂的周围，如 19 世纪 80 年代克利夫兰的 Giddings 学校（见图 2-3）。但这种教室分布方式不仅浪费空间，而且噪声较大，教室之间容易相互干扰，不能满足教育教学功能。从 19 世纪末到 20 世纪中期，学校建筑设计发生革命性的改进，主要改进是在学校中央横轴的两侧各规划出一个大的空间，在这两侧围绕着对称的教室。② 于是，这段时间出现了以这种特点为主的"四合式"、陈列馆式的学校建筑形式，还有周围有教室的中央大厅或者庭院，以及单廊式双排教室等建筑形式。这种平面形式的学校建筑较之前的形式相比，教室更为开阔，空间得以有效利用，隔音效果较好，通风采光也有所改进。如位于美国伊利诺伊州 Winnetka 的 Skokie 学校，就是典型的以大厅、礼堂、体育馆为中轴，教室呈对称分布环绕在两个大庭院的周围，每间教室都带有通向室外的大门和天窗。③ 可见，此时学校建筑设计已经开始重视教学区与活动区的分隔问题，区域布局已经按照教育教学功能进行划分，并已经按照班级划分活动区域，重视教室内外空间的联系。

4. 学校建筑的简洁性

学校建筑为与工业社会的时代精神相契合，建筑也努力朝向工业化的方向发展，努力摆脱传统建筑烦琐桎梏的形式。为适应工业化条件大胆创新新的建筑，首要解决的是实用功能与经济问题，不作附加装饰，力求简洁、朴素。因此，大部分的学校建筑呈现出来的形式也趋于一致，如平屋顶、没有倚柱、光洁的白墙面、简洁的立面、简单的檐部处理、大片的玻璃窗、室内陈设简单、取消没有实用价值的装饰部件等。在工业社会前，建筑装饰较为丰富，多见于雕凿、彩绘、镶嵌等，只为美化与修饰，与结构、功能没有直接关系。工业社会中，学校建筑

---

① 王发堂. 不确定性与当代建筑思潮 [M]. 南京：东南大学出版社，2012：85.
② C. 威廉姆·布鲁贝克. 学校规划设计 [M]. 邢雷莹，孙玉丹，张玉玲，译. 北京：中国电力出版社，2006：4.
③ 同②.

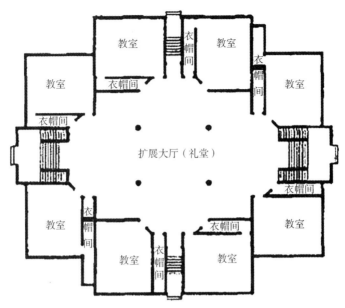

图 2-3　19 世纪 80 年代克利夫兰的 Giddings 学校①

的各个建造方面都要求能够像机器、工具一样实用有效，务必体现出功能原则，所以造就了学校建筑的简洁性。正如欧文琼斯 1856 年在《装饰语法》中所说，"要装饰构造，不要构造装饰"。

简洁实用的设计理念逐渐在学校建筑建造中运用，最具有典型工业社会特点的现代学校建筑当属公立包豪斯学校校舍的设计、建造。包豪斯校舍是由德国著名建筑师格罗皮乌斯于 1925 年在德绍建造而成的，校舍将实用功能与结构、材料、建筑艺术紧密结合了起来，整个建筑平面如三叶风车，打破了传统的对称格局，取消了挑檐、古典立柱、石刻和线脚，采用简洁普通的大屋顶、大片玻璃窗、抹灰墙面。建筑物分为教学楼、学生宿舍、生活用房等类型，所有建筑物都是立方体造型、白色表面、没有任何多余装饰。但内部凸显了极强的使用功能，一间间教室面向走廊，走廊面向阳光用玻璃环绕，建筑外层面不用墙体也是用玻璃，获得了较好的采光效果。②

---

① C. 威廉姆·布鲁贝克. 学校规划设计 [M]. 邢雷莹，孙玉丹，张玉玲，译. 北京：中国电力出版社，2006：4.
② 《科学素质》丛书编委会. 建筑大观 [M]. 北京：科学普及出版社，2012：185-186.

（三）工业社会学校建筑的教育价值

工业社会的学校教育是为机器大生产所服务的，广泛的普及教育也是为能有大量的技术工人而实施的，以进一步满足工业社会对物质财富极大化的追求。而作为实施学校教育主要场所的学校建筑也就成为工业化所需人才培养的重要"工厂"，即"教育的机器"。学校建筑作为"教育的机器"所体现出来的对主体需要的满足则主要是它的功能性，也就是学校建筑的使用价值。但这时的学校建筑大多是单一的形式，缺少情感的表达和对人的关注，使得建筑仅仅停留于"实用"的阶段，只是满足基本的使用与需要，教育价值也就沦为了一般的物用意义。物用意义主要是指建筑物的有用性、实用性，是具有工业化特征的实用主义特点，反映的是工业时代精神的高效、经济、合理等特质。一般认为，物的有用性只是针对参与活动的个体而言，但学校建筑的实用意义却不仅仅体现在作为教育主体的教师与学生身上，还体现于深刻影响教育教学活动的学校与社会之中。从主体与客体发生关系的过程来看，社会与学校的需要在这个过程中起到了极大的影响作用，换言之，工业社会学校建筑建造的目标、具有的功能性特征也是在满足作为教育主体的学校与社会的需要。此时，学校建筑教育价值所体现出的使用价值，其实就是指学校建筑的实用属性介入社会、学校、个体的活动中，在与之发生作用的过程中对这些教育主体教育需要的满足。

1. 学校建筑对学生的物用意义

基于对教育主体的认识，学生应是教育活动中具有自主性和能动性的个体，属于教育主体之一。但在工业社会中，学生是被动接收知识的单纯的受教育者。单向的灌输式教学方式将学生变成了一个不断接收知识的容器，而不是具有自我意识主动发挥能动性的教育主体。受工业社会机器化劳动要求所影响，个体对自我发展的需要与要求也受到一定的约束，发展空间有限。因为工业社会中劳动者已不再是生产过程中的主要能源，而由机器发动机代替了人。[①] 社会生产由对人的依赖转为对物的依赖，而人自身的实现又必须在对物进行技术力量投入时即与物发生作用的过程之中才能获得，但过度的物化极易使人发生异化，物不再是人所使用的手段，而成了"反我"的目的，个体在极度追求"物"的思想观念与价值体系中，往往就忽视了"我"的存在。工业社会中的受教育者往往在这种强大的物化实现中，迷失了自己，也就产生了自我内在发展需要的异化。他们视

---

① 马克思恩格斯全集（第47卷）[M]. 北京：人民出版社，1979：520.

统一标准化的教育为通向"自我价值"实现的捷径,将被动接受、规范成长视为当时社会所应必备的"品质"。可见,"以模具制造、批量生产见长的工业化教育,带来的是人们普遍的失败和哲学人本意义上的倒退。"[①] 此时学校建筑所具有的功能属性似乎已能满足学生接受教育的需要,它所带给学生的就是学生能在其中获得技术与知识,满足其基本学习生活需要。因此,学校建筑的设计、建造是以功能性为核心,一般都是毫无想象力的火柴盒造型,但较为注重不同教学功能的区域划分与通行的便捷,开始关注个体的基本生理需要,如对学校的采光、通风设施的设计。

2. 学校建筑对学校的物用意义

学校是指按照一定社会的需要,有目的、有计划、有组织地对年轻一代进行培养和教育的场所。[②] 而工业社会学校教育人才培养的目标则是要使年轻一代能够为机器化大生产背景下的工作与职业做好准备,组织教育教学的方式也与工业化生产特征相一致,就是统一标准化的教育模式。各个学校都是相同的教育目标、教育内容、教育方法、教育评价,整个教育过程都如工厂的流水线一样,学校的功能也类似于工厂生产产品的意义,那么,学校建筑也就只是具备工厂一样的房屋构造就可以了。可见,工业社会学校对学校建筑的要求就是能满足当时所要进行的标准化教育的需要,尽可能划出教育教学的空间,以容纳更多的学生,适应工业化生产所带来的城市扩张与人口增加。也就是说,学校建筑的有用性主要体现于满足教育教学活动的功能需要,如班级授课制就要求学校建筑要划分出以教室为单元的固定教学空间,体育教学则需要相应的体育场馆进行授课,学生要进行实操训练就需要相应的生产时间或者实习场所等,这些都需要学校建筑按照功能分割学校空间,划分不同的活动区域,以及按照合理化科学性的原则进行建筑布局,而对于其他方面诸如走廊、通道、生活设施、室内装饰、校园环境等方面的需要则不是那么强烈。

3. 学校建筑对社会的物用意义

教育属于社会大系统的一个组成部分,学校教育的发展路向必然受到社会的影响,社会的发展也离不开教育的支持与促进,而学校建筑作为教育教学的主要场所,也要满足社会的需要。那么,这里的实用意义就是指学校建筑对社会的有用性。农业社会学校建筑对社会的物用意义不在于以教学为目的的使用,更多地

---

① 陈建翔,王松涛. 新教育:为学习服务 [M]. 北京:教育科学出版社,2002:24.
② 顾明远. 教育大词典(第1卷)[M]. 上海:上海教育出版社,1990:74.

在于祭祀、礼拜、传递等级观念与伦理秩序，它所体现的并不是教育价值层面的有用性。而工业社会的学校建筑是为了满足社会对大量工业化技术人才的需要，它的物用意义就在于为大批量受教育者集中进行教育教学而提供相应的条件，以此来适应工业社会大规模生产的节奏与步伐。因此，学校建筑承载着工业社会所赋予它的工业精神。一是体现在它的建造上，呈现的是简洁与朴素。简洁与朴素是不想被繁冗复杂的构造与装饰遮盖住学校建筑的实用性，凸显不出作为人才集中培养的功能意义。二是体现在它的空间利用效率中，呈现的是高效与多产。高效与多产重视的是学校建筑的布局与分区能否简单快速地将学生与各个教学场所相联系，并且学校各项设施的配备都是为学生能提高学习效率、更好地接收知识而准备，最终促使学生较好地完成教育评价要求，以尽快参与到社会工作中去，而对学生在学校学习过程中的其他情绪、情感以及学生主体性的发挥并不是那么关注。

三、信息社会学校建筑的特点及教育价值

（一）信息社会与学校教育

1. 信息社会的主要特征

信息社会的开端一般被认为是以计算机的广泛运用为标志，以计算机、微电子、通信技术为主的信息技术革命是信息社会发展的动力源泉。在出现信息技术的早期，人们对这个新社会的到来还比较陌生与新奇，很多学者虽然还不能明确提出信息社会这一概念，但对其已进行过类似的描述。在20世纪60年代丹尼尔·贝尔提出的"后工业社会"概念中，就指出"在那种社会里，以信息为基础的智能技术同机械技术并驾齐驱"[①]，事实上，贝尔"后工业社会"就已经将信息置放在了核心位置上，它发展的过程正是信息产业兴起与传统产业信息化的过程。与"后工业社会"类似，托夫勒的《第三次浪潮》中的"未来社会"也是对信息社会早期的形态与特征进行描述，他认为人类社会将要经历一次重大的社会变革，社会的经济、政治、文化都会发生深刻变化。之后美国学者奈斯比特

---

① 丹尼尔·贝尔. 后工业社会的来临——对社会预测的一项探索 [M]. 高锋，译. 北京：商务印书馆，1984：134.

在贝尔等人思想的基础上,对信息社会的认识越加清晰,他在《大趋势——改变我们生活的十个新走向中》中提出,目前正在发生的十个变化中最具有爆炸性的变化就是从工业社会步入信息社会,在向信息社会的过渡中有五件事情极为关键,分别为信息经济是真实存在的,信息流动时间将缩短,信息技术产生新的活动、新的方法、新的产品,教育脱节,新的信息技术需要高技术与高情感相平衡。① 可见,在信息社会中,信息成为比物质、能源更为重要的战略资源,影响人类社会发展的方方面面。

第一,以知识经济为主导的经济形态。工业社会中,战略资源是资本;信息社会中,战略资源是信息。信息社会中大量生产信息正如在工业社会中大量生产物质产品一样,信息已经成为推动经济发展和社会进步的主要动力源泉。以信息为核心的经济形式不同于传统围绕实体的经济形式,体现的是一种虚拟性的经济存在方式,它所生产的并不是工业社会中真实存在的真实产品,而是由信息转化而来的实体价值。知识经济是信息经济发展的必然趋势和必然结果,它是从信息经济中发展出来的新型概念,呈现的是与农业经济、工业经济完全不同的新型经济形态。与传统的劳动力型、资源型经济相比,知识经济是一种信息化的经济,以高新技术为前提,建立在知识与信息的生产、分配和使用基础上的智能型经济形态。奈斯比特曾强调,信息社会中,价值的增长是依靠知识实现的,知识是一种完全不同类型的劳动。② 知识经济是信息社会经济增长的方式,核心生产要素就是知识、无形资产、人力资本。知识经济形态主要表现为科学技术研发是重要基础,信息和通信技术在其发展过程中占据核心地位,产业结构由制造业为经济重心逐步向服务业转变,人力素质和技能将成为知识经济实现的先决条件。③

第二,由间接民主向参与式民主转变的政治结构。农业社会的政治特征为等级森严的金字塔式权力结构,民众只是单纯的受众;工业社会中开始关注民众的基本政治权利,但参与范围与参与程度仍然是极为有限的,政令或者政策信息传达途径单一,传播速度较慢,民众在一定范围内可作为传播者传递信息;信息社会中,由于信息传递的网络化、便捷性、及时性,导致每一个个体都有可能既是信息的接收者,也是信息的创造者、传递者,这样的社会特征一定程度上也影响了政治结构体系的变革,进一步促进了政治制度向参与式民主的转变,而且政府

---

① 约翰·奈斯比特. 大趋势——改变我们生活的十个新走向 [M]. 梅艳,译. 北京:中国社会科学出版社,1984:18.
② 同①:16.
③ 李国亭. 信息社会——数字化生存的地球村 [M]. 北京:军事科学出版社,2003:120-121.

组织结构也从纵横方向逐渐向网络化、交互化方向发展,政治决策的制定、发布也将在各类信息技术手段的影响下变得更为透明,执行过程也将受到越来越多的社会监督,这为公民参与政治生活提供了新的方式和手段。如公民可通过网络表达自己的政治情感、政治诉求、参与政府重大事项讨论、反映各类问题等。

第三,追求个性自由的精神文化生活。信息技术的迅猛发展,使人们的生活发生了翻天覆地的变化,人们已经习惯每天接收来自世界各地的海量信息,并对其进行分享与传播,人们日常的通信、出行、工作、旅游、生活、购物、住宿、交流也都离不开信息技术所带来的便捷,它已成为人类生活不可缺少的一部分。网络化、数字化、信息化让每一个人都充分地融入了社会生活的各个方面,人类的生活方式、态度与思想观念都发生重大变化。人类不再被动、机械化、规范化的生活,也不再是别人的附庸,更多的是个体的自我发现、个性的张扬,更注重精神、情感的纾解。信息技术变革还带来了文化新的存在方式和传播方式。电子图书馆、网络书刊、电子出版使文化的贮存与交流方式得到更新,再加之科技的发展、新媒体时代的来临,让人们的交往从线下到线上、从限定的空间与时间到任何时间任何地点的无限接触。各种文化、信息、价值标准充斥着每个人的内心,人类的精神生活从未如此丰富,人类自主选择、个性展示的空间也比任何时代都广阔。

2. 信息社会学校教育的主要特征

第一,学校教育的开放性。在工业社会,学校教育限于固定的地点固定的授课模式,信息来源渠道单一,教育资源有限。但信息社会突破了以往学校教育的封闭性,带来了更加开放的教育环境,由被动地接收信息到主动广泛地与社会建立各种联系。学校可通过网络分享世界各地的教育信息与资源,学生可多渠道地进行自主学习,并与不同学校不同地区的学生进行交流和互动。学校与学校之间可以通过互联网技术、通信技术实施远距离教学,其他地区学校的学生可通过多媒体设备接收到课堂讲授的全过程,真正打破教育时空的界限问题,实现区域之间、学校之间的零距离沟通。对于学习者而言,信息社会提供了更好的教育条件与教育机会,所有的信息资源都是开放的,每一个社会成员都有均等的受教育机会。

第二,学校教育的信息化。教育信息化是指在教育教学领域内,通过应用信息技术,广泛利用信息资源,培养信息社会所需要的创新型人才,实现教育现代化的系统工程。[①] 学校教育信息化具体表现在教育主体的教育观念、学校信息化的设施设备、教育方法、教育内容等。教育信息化观念是指教育主体是否能用开

---

① 李克东. 知识经济与教育技术的发展 [J]. 中国电化教育, 2002 (8): 35-36.

放式的信息观来认识教育,并在实施教育的过程中是否以先进的教育理念为指导。学校信息化的设施设备主要是指学校信息化的硬件条件是否具备,如校园网的覆盖程度,计算机、多媒体设备的配备,校校通班班通的实施进度等。信息社会使教与学的方式发生了根本性的变化,教学方法不再是教师向学生的单向传授,而是一种双向传递的形式,更出现了翻转课堂、微课教学等新的教学模式;教育内容也不再是简单地传授学科知识,而是依据学生身心发展特点,开设多种多样发掘学生潜力的课程,关照到学生学习、解决问题、人际关系协调等综合能力的提升,更注重人的发展需要。

第三,学校教育的个性化。在信息社会里,由于各种信息技术的发展为学习者提供了多种多样的学习方式,接受教育不再仅仅局限在课堂、学校,也可以在任何时间任何地点进行学习,因此,学校教育将信息化充分结合到教育教学领域,研发各种在线课程资源,实施慕课、微视频教学,学生可根据自身情况进行个性化自主学习。信息社会的学校教育倡导学生主体作用的凸显,学习者成为教学的中心,教学由以教为中心转变为以学为中心,尽可能体现教育过程的人性化,促进学生的个性化发展。可见,信息社会对学生的培养打破了工业社会规范化、标准化的人才培养目标,培养出来的学生不再是一件件流水线上的工业制品,而是具有自我个性、人格完善、有理想、有追求的社会个体。

第四,学校教育的创造性。信息社会呼唤创造型人才,学校教育也需要创造性。教育的根本价值就在于培养有个性和创造性的人才,使他们成为社会创新的主体。[①] 学校教育的创造性是学校实施创造教育,培养创新、创造型人才的基石。信息社会为人类生活带来了翻天覆地的变化,许多不可能的事情都变为可能,变化、不确定性、模糊性成为信息社会探讨最多的词汇。而这种未知的无限可能性则为学校教育的创造性发挥带来了一定的机遇,学生每天接收到的瞬息万变的信息、知识、头脑风暴等能充分调动他们的好奇心、挑战心,提升他们的创造意识与创造能力。对于学校而言,在信息技术变革的大环境下,也不得不开启自我变革的历程,逐渐从过去单一、简单、枯燥走向多彩、创造性的学校教育,变革的目标则是努力构建一种弘扬学生主体性、发展学生创造性、开发学生潜力、培养学生健全人格的新型教育模式。

---

① 聂衍刚. 论教育的创造性与创造性教育 [J]. 教育研究,1999(9):16-19.

（二）信息社会学校建筑的主要特点

伴随着信息技术革命的开启，人类社会生活发生巨大变革，思想观念不断革新，各种文化思潮相互撞击，新思想、新创意、新技术层出不穷，学校建筑发展也进入了历史性变革的阶段。社会变革让学校建筑从里到外都发生了质的变化，它再也没有像工业社会时期那样具有统一的标准，而是呈现多样化发展态势。可见，学校建筑已进入个性化发展的阶段。信息社会的学校建筑摆脱了农业社会维护专制统治、工业社会服从社会大生产的环境束缚，摒弃了为权力、为机器服务的建造目的，建筑设计也逐渐从工业社会固定、封闭、单维、统一的观念体系中脱离出来，呈现出信息社会灵活、开放、多维、个性的建筑设计理念。它将人重置到了建筑设计的核心，真正从人的发展需要的角度出发，为其提供各种个性化的成长空间，以适应瞬息万变的信息社会的发展需要。

1. 学校建筑的开放性

农业社会的学校教育强调学习者的等级身份，如中国的学在官府；工业社会学校教育强调教育的普及性，但事实上却是要遵循工业化管理的内在等级秩序，如适者生存、末位淘汰。这般环境氛围下影响的学校建筑自然显现的是它的封闭性，中世纪学校与外界的隔离与神秘化，现代学校固定空间与教学方式的"纸盒式"，都易使学习者产生一种压抑与想要逃离的心绪与情感。信息化的发展打开了信息传递的渠道，也打开了学校的大门，教育的变革让学校建筑呈现出对学习者最大包容的心态，尽可能创设出让学习者充分融入学校的空间氛围。学校建筑形态创造性的发生变化，源于人们对现代主义建筑设计的工业化取向的不满与批判，建筑内所弥漫的机械化气息与社会日益重视的人本思想截然相对，现代与后现代学校设计理念必然发生激烈的碰撞，而开放性则是学校建筑进入信息社会最为便捷的路径之一。学校建筑的开放性在形态上主要表现为两方面，内部空间的开放与外部空间的延伸。内部空间主要是利用廊道、增加教室空间的功能性、创设不同主题的空间，通过区、角、凹室等设置来实现布局的灵活性，给予学生更多的学习空间。外部空间的延伸是指建筑周边环境的扩展，学校建筑不再是围墙内的密闭空间，而是逐渐与街道、社区、城市相融合的整体性建筑群，如美国的校中校、社区学校等新型学校的出现，利于学校与社区共同享有公共设施资源，体现的是学校开放的建筑心态。

2. 学校建筑的个性化

随着工业社会的发展达到巅峰的状态，全面工业化所带来的社会问题积重难返，现代建筑对朴素、标准化形式极端追求，因此建筑学界对功能主义、科学主义的现代建筑进行了批判与反思，现代建筑所遵循的一元价值观已远远不能适应信息社会多元价值观的蔓延与感染，信息社会亟须发展更丰富的文化性、更包容的差异性、更多样的审美体验、更个性的建筑品质。20 世纪 60 年代后现代主义建筑思潮的兴起对现代建筑思想与表达方式进行了全面解构，重新审查了"形式跟随功能"的建筑观念，并提出现代建筑的功能主义只是对机器形体的崇拜，人们应该让机器适应人，而不是人适应机器。① 学校建筑也开始跳出工厂化的设计模式，许多具有创造性的新型学校应运而生。新型学校的说法是为了与传统的学校建筑形态进行区分，它其实侧重的是学校建筑的个性化设计。学校建筑的个性化一是体现于学校建筑造型的个性化，建筑实现了技术与艺术的完美统一；二是空间设计的个性化，符合个体的个性需要。1989 年由诺而达、帕尔特内雷设计的法国里昂国际学校城内含小学、初中、高中以及培训中心，学校城沿着罗纳河呈曲线形伸展，造型就像是一个巨大的问号，给人以无限的想象，问号内囊括的是学校的生活中心，生活中心包括一个图书馆、健身中心、若干个餐厅等，以满足学生的各种需要。② 关于建筑内空间设计的个性化，主要是从人性化的角度出发，如设置有公共区域的学习中心，既有群体讨论的空间，也有适合静思的个人空间，更有各种舒适的自主活动空间。

3. 学校建筑的智能化

智能化学校建筑是在信息技术的支持下与建筑技术高度结合的产物，是信息文明传递与发展的重要载体。如果将学校建筑形容为一个人的躯体的话，智能化学校建筑正无限地延伸它的四肢，使之能够触摸能够观赏更远的地方，能步行万里也能周游世界，可以分享接收到更多的信息，它不再是一个固定不动的躯壳，而是一个充满生机的建筑个体。智能化学校建筑是以学校建筑为平台，配置建筑内的自动化系统，包括教学、办公、通信、防火、供电、建筑设备等，并通过计算机网络系统对其进行有效控制，从而为教育主体提供舒适健康的建筑环境，支持学校内的教育教学活动，保证安全、灵活的生活空间。信息社会的学校建筑充分彰显了教育与信息化的深度融合，无论是信息化的基础设施配备，还是在信息资源分享空间的设计上都有较好的努力。最有代表性的是目前智慧校园理念的广泛运用，它所体现的就是信息技术应用在学校内的深度整合、信息终端广泛感知

---

① 詹和平. 后现代主义设计 [M]. 南京：江苏美术出版社，2001：33.
② 诺而达，帕特内雷. 里昂国际学校城 [J]. 世界建筑，1996（1）：54-55.

的智能环境,包括学校内的校园网、无线网、监控网、智慧课堂、个性化的信息服务、可分享的在线教学平台等①,无不展示了信息技术所带来的学校建筑变革。

4. 学校建筑的可持续性

可持续性的建筑理念起源于20世纪70年代,是伴随工业化极大发展之后的环境破坏与能源危机而来的,人们从无节制地对环境的索取到开始重新审视人与自然的关系,越来越重视自然之于人类的重要意义。20世纪80年代,建筑在设计的各个层次上逐步显现出"人与环境"的对话,包括建筑建造中合理地利用资源,注重环保与可再生,对废弃材料的收集与回收等,走生态平衡之路已成为建筑日益看重的设计理念,可持续发展将成为全球的趋势。学校建筑作为教育的主要场所,自身不仅承担着可持续性建筑理念的彰显,还承担着对受教育者进行环境教育的责任。由于其自身的特殊性,学校的可持续性建筑受到各国、各地区的重视与发展。虽然各国学校名称不同,但都反映的是可持续性发展理念,如澳洲的 Sustainable Schools,瑞典、日本、大陆的 Green Schools,英国的 Eco-School,美国的 Health School 等。

(三)信息社会学校建筑的教育价值

信息社会中,各国在科学技术上的较量已趋于常态化,国家对高科技人才的需求日益强烈,人力资源开始成为世界各国综合实力竞争的主要因素,教育被国家摆在了优先发展的战略地位,人才培养的重要性不言而喻。教育随着社会的发展、环境的变化也呈现出了一定的变革。信息技术的发展,也为学习社会化的实现带来了可能,也加速了终身学习的进程。国际21世纪教育委员会的报告《学习:内在的财富》中提出,每个人都要学会学习,围绕四种基本学习进行学习安排,即学会求知(Learning to Know)、学会做事(Learning to Do)、学会共处(Learning to Live together)和学会做人(Learning to Be),而这种学习能力的培养也应贯穿在学校教育的主要内容之中。可见,信息社会不仅带来了信息技术的突破,还带来了教育理念的深刻变革。而学校建筑在技术与理念发生重大变化的环境下,也发生了创造性的改变,学校建筑的教育价值也重新回到了人类学的视野之内。学校建筑的设计与规划更具人性化,更以人的需要为立足点。信息社会学校建筑的教育价值体现出了学校建筑对于人、对于教育、对于社会发展的积极性作用,核心意蕴则是对学校教育中的个体所提供的能促进其全面发展的场所、空

---

① 蒋家傅,冯伯虎. 现代教育技术 [M]. 北京:科学出版社,2013:24.

间、环境的积极作用,也就是学校建筑所呈现的教育意义。

1. 学校建筑对教育主体个性成长的教育意义

学校教育在走过无数的探索与试验的道路之后,对教育的真谛有了越来越多的认识,逐渐意识到学生与教师一样都是教育活动的主体,并且在信息技术引领的教育改革中关注到学生主体性的发展,改变了原来一直存在的教师单一主体论。在社会转型与教育改革的影响下,学校建筑也在悄然地发生变化。学校建筑的教育价值从过去大批量地培养相同规格的人的物用意义转向促进教育主体个性成长的教育意义。学校建筑所追求的不再是规范与统一,而是差异与个性。差异体现的是学校与学校之间的不同,每个学校都有自己独特的文化与精神,也是唯一的自我存在,学校建筑则是对学校特质的集中反映,如人文特质、艺术特征、历史特质等;个性体现的是为满足学生个性化需求所提供的各类设施与环境营造。学校建筑对学校这种独特文化氛围的营造有重要作用,其根本目的是为教育主体营造适合自己个性成长的环境。当学校建筑内允许个性化场所、个性化事物出现的时候,如教室不同色彩的墙壁、大厅休息空间随处取阅的书刊、配有诗歌文字的指示牌、可移动的高低凳等,也就意味着学校教育对创新与发展的认可,更是对具有不同需要个体的尊重与接纳。因为,信息社会是一个不断超越思想体系,孕育着超越经济与技术的发展阶段,它的基础就在于人的自由个性与异质文化的共生所带来的对多样化社会的追求。

2. 学校建筑对教育教学变革的教育意义

教育与信息的融合突破了以往教育教学的形式,极大地改变了传统的教育体系,引发了世界范围内的教育变革。教育革新是在传统教育体系的基础上,结合新的信息与传播技术,将信息化的人才培养观念贯穿于教育教学的全过程,对教育体系进行全方位的改造与重构,从而提高教育质量与效益。这就意味着为适应新的教育教学形态,学校建筑要做出一定的改变。它不一定是要重建、新建,可以在新的教育教学理念的指导下进行相应的改建、扩建,但要符合教育教学的要求与个体成长的需要。如在设计中将过去长外廊连接普通教室的封闭空间转变为多功能开放空间或者增加公共空间的区域,学校由满足以"教"为主的空间转向以"学"为主的空间,学校空间环境尽可能地实现生活化与人情化等。① 具有新特征的学校建筑形式既是对教育教学改革需要的回应,也是对新型教育理念的践行,更是在教育环境上保障学生的良好成长。如日本东京帝京大学附属小学包

---

① 张宗尧,李志民. 中小学建筑设计 [M]. 2版. 北京:中国建筑工业出版社,2009:131.

含一整排12个相邻教室，建筑师将其处理成连栋房屋的样式，教室的入口被巨大的滑动门包围，为内部活动提供了私密性，同时又让独立的学习空间向更大的公共空间开放，下课后学生们便可以聚集在一起讨论，共享空间也被搬到了常规走廊，设置了宽敞轻松的图书阅览室。

3. 学校建筑对信息化教育环境形成的教育意义

从社会的大环境看，信息技术正以惊人的速度渗透到社会的各个领域，不同场所、机构都配置了信息化的设施设备，既有社会公共领域的基础建设，也有家庭无线网络环境的设施支撑；人们常常接触的既有学习、工作所需的信息平台，也有个人日常生活使用的各项终端，信息化融入了人们生活的每一处，改变了人们接收信息与传递信息的渠道。学校教育在大环境的影响下，也不得不加快与信息化的融合速度，学校建筑则为形成这种信息化教育环境提供了可能。信息化教育环境不仅是社会环境的一个缩影，也是为信息社会信息人才的培养营造教育的氛围，而学校建筑的物质构成与空间创设则对这种氛围的形成有重要影响作用。信息社会的学校建筑往往通过新材料、新技术在物质构成中体现出对信息文明的隐喻与象征，将开放性、多元性、复杂性等信息社会的精神特征体现于学校场所之中，潜移默化地对个体产生影响，并在个体经常接触到或随处可发现的地方设置信息的分享平台，如图书馆、公共资源中心、信息展示屏等处，或者通过报警装置、防火警报器、多媒体教学设备等来对教育主体进行感官刺激与体验，进一步提升教育主体的信息素养与技术能力。在处处充满信息时代魅力的学校建筑中实施教育，会让教育离现实的生活、未来的社会越来越近，毕竟教育培养的应是既能够满足现实社会的需要，也要能够创造未来的人才。

四、小结

有学者认为，教育价值是教育作为人类专门实践活动在人与社会发展过程中所具有的有用性，反映的是教育对人和社会发展需要的满足。因此，也就决定了教育与价值的内在统一，教育的价值内涵也就随着人类社会的变迁与教育的发展而变迁。[①] 教育价值是关于教育价值主体和教育价值客体关系的范畴，只有在二

---

① 宋兵波. 学校改革的逻辑——现代教育改革的社会认识机制问题研究[M]. 北京：中央编译出版社，2013：92-93.

者的相互作用中，教育价值才能得以实现。学校建筑作为教育价值的客体，其教育价值也需要在满足教育价值主体的关系中才能实现。而在人类社会发展的历史长河中，作为教育价值主体的人或社会或教育都在处于不断变迁的历程中，政治、经济、文化环境都历经了根本性的变革，而作为教育承载体的学校建筑及其教育价值也必然发生变化。鉴于历史发展的周期及复杂性，我们尝试从学校建筑教育价值的呈现、判断、决策主体来对其进行总结性的评述，以期从中可以获得学校建筑教育价值变迁的规律与走向。

（一）学校建筑教育价值呈现由精神、物用的主导价值向综合性主导价值变迁

教育的主导价值与非主导价值是教育价值若干呈现分类方式中的一种，它是指在某一历史时期内，一个社会所追求的在社会发展中占主导地位的教育价值。[①] 因为学校建筑教育价值涉及不同的社会发展阶段，故沿用这一概念以便更好地对其变迁的历程进行集中论述。教育的主导价值一般是由当时社会占主导地位的教育价值主体所决定的，它依据社会发展的需要对教育的主导价值进行选择，并通过教育价值主体自身的权力或者规定来控制教育价值的发展走向，不同社会有不同发展需要，教育价值的层次也会发生变化，呈现方式也会改变。学校建筑的教育价值也包含许多的价值呈现，但在不同历史时期，根据社会追求的主导价值不同，学校建筑教育价值也会有其主导的方面。

农业社会的奴隶主、封建君主掌握着国家的发展脉络，统治着广大民众，他们所需要的是被统治阶级的完全服从，学校教育因而也沦为了维护统治阶级与宗教礼制规范的工具与手段。那么，学校建筑也必须在建造规制上遵循等级与礼制规范，尽可能地承载社会教育价值主体所需要它呈现的教化意义，也就是农业社会教育的精神价值的体现。工业革命结束了封建社会落后的生产模式，开启了工业社会的机器大生产，改变了世界的面貌。社会的各个方面都在努力踏上工业化的轨道，学校作为培养工业社会所需人才的集中地，也极尽可能地发挥出它的物用效益，即学校工厂化。而学校建筑本身就是以物质形态呈现的教育场所，又是在经济价值至上的工业社会，学校建筑教育价值的主导方面必然是它的物用意义，也就是工业社会教育的物质价值的体现。农业社会与工业社会的学校建筑教育价值都是基于教育的社会价值被片面放大，使得学校建筑的教育价值发生异

---

① 娄立志. 社会转型与教育代价 [M]. 北京：中国社会科学出版社，2012：79.

化，违背了学校建筑对于人、对于学校所具有的真正的教育意义。

进入信息社会，学校建筑教育价值在经历了教育精神、物用的主导价值的发展之后，迎来了综合性主导价值的转向，这源于教育价值主体及其需要的层次发生了变化，教育价值主体的需要不再是服从与工业生产，而是信息文明带来的社会发展与对人本意识的深度觉醒与呼唤。学校建筑教育的综合性价值，囊括了对社会对教育对个人的各方面教育价值，包括实用性的、精神性的、历史文化性的、艺术性的、育人性的，等等，努力满足各类学校建筑教育价值主体的不同需要。

（二）学校建筑教育价值判断由单一的目的性标准向合目的性与合规律性的统一变迁

学校建筑教育价值是依据学校建筑教育主导价值是否符合合理性标准进行判断的，而价值判断的目的就是呈现学校建筑教育价值取向的选择过程。进行价值衡量的合理性标准则是学校建筑教育价值的合目的性与合规律性，其中，合目的性是指学校建筑教育价值主体根据自身的目的与需要建造学校建筑；合规律性则是指学校建筑教育价值主体在学校建筑活动中，把握与遵循客观事物或对象所具有的客观规律，并将原有的学校建筑教育价值发挥到理想的客观现实状态。合目的性与合规律性最早是由康德提出的，他认为大自然的历史是由上帝创造的，自由的历史是由人类创作的，合目的性与合规律性就成为人类历史发展的双重属性。[①] 马克思从实践的角度提出，合目的性与合规律性是统一的，是自由自觉的活动，是人区别于动物的类特性。[②] 学校建筑具有"人为"与"为人"的典型意义，一方面是学校建筑的设计、规划、建造都是人的主观意志决定的，即人的创造活动；另一方面则是对教育价值主体的关照，那就要符合社会、学校、个人的客观实际与发展要求，即自然的创造活动。因此，对学校建筑教育价值的判断实际上是对学校建筑在实践中合目的性与合规律性的审视。

基于这种教育价值的判断依据，可以发现，学校建筑教育价值在历史变迁的过程中所呈现的是一种片面的主导价值，它将教育作为教化与生产的手段，而没有站在教育与人的需要的角度上。农业社会与工业社会中，具有决策作用的教育

---

① 康德. 历史理性批判文集 [M]. 北京：商务印书馆，1990：68.
② 马克思恩格斯全集（第42卷）[M]. 北京：人民出版社，1979：97.

价值主体在选择教育的主导价值时,往往呈现的是国家意志与经济目的,认为政治与经济是作为价值判断合理性的唯一目的。当然,这是与当时历史的境遇密切相关的。信息社会中,学校建筑教育价值的判断则摆脱了单一判断标准的束缚,走向合目的性与合规律性的统一,尽可能符合教育价值主体的需要与教育价值客体的规律性要求,努力发挥出学校建筑教育价值的有效性。

(三) 学校建筑教育价值取向的决策主体由以权力阶层、利益集团为主向以教育活动个体为核心变迁

教育价值主体可以是个体,也可以是社会或集团。有学者曾对作为社会群体活动的教育活动主体按照层次进行过分类,包括人类群体主体、国家或民族群体主体、集团或组织、个体主体。① 学校建筑属于社会群体活动的物质要素,是重要的教育价值客体,它的主体自然与社会群体活动的主体密切相关,学校建筑的教育价值主体也是由不同层次的主体构成,但在不同的历史时期所发挥的影响有所不同。权力阶层、利益集团、教育活动个体三个词组可作为学校建筑教育价值主体历史变迁的表达方式,虽然概念有些模糊,但象征着某一类的教育价值主体类型。可以看出,这三种教育价值主体类型并不在一个层次上,而且还具有存在的共时性,看上去似乎并不涉及转换的问题。但事实上,它们不是层次的调整,也不是一方出现另一方消失的变动,只是在历史变迁的过程中,实现了侧重点的转变,并且越来越接近教育的真谛。

教育的真谛就在于对人的培养,对人内在发展的促进,而学校建筑教育价值的最终落脚点在于满足人的发展需要。然而纵观历史,学校建筑教育价值要么是以政治为中心,要么是以经济为中心,对个体的需要置若罔闻,虽然文艺复兴时期掀起了对人的关注与主体意识的唤醒,但都没能抵制住工业社会所带来的浪潮。工业社会所带来的不仅仅是物欲横流,还有人性的沦落与个体发展的异化,导致的则是教育的无所适从与学校建筑的标准统一,学校建筑所能发挥的教育价值也只是工厂一般的物用意义。信息社会,学校教育对个体的关注与培养超越以往任何一个社会形态,学校建筑也开始以教育活动个体作为教育价值实现的决策主体,而各个层次的教育价值主体也都在试图影响教育价值客体的新变革,依据教育价值主体需要的多样化,作为价值客体的学校建筑也在积极地进行改变以便更好地满足主体的需要。

---

① 陈理宣. 教育价值论 [M]. 成都:四川大学出版社,2003:18.

第三章

学校建筑教育价值的理论依据

　　学校建筑教育价值研究的落脚点在于如何使学校建筑教育价值得到有效发挥，更好地满足主体的需要。然而学校建筑教育价值的有效发挥并不是随意猜想的问题，而是学校建筑教育价值本身就具有的理论依据，它不仅仅具有建筑学、教育学、心理学、文化学、社会学等学科的理论基础，更重要的是其中所反映出的建筑环境-行为、教育-人-环境等理论的关系学说，这些理论依据指导学校建筑教育价值在学校建造实践活动中的具体运用，使教育价值在学校建筑中不仅有所体现并能得到有效实现。

一、教育-人-环境关系理论与学校建筑教育价值

　　学校建筑属于民用建筑中的教育建筑类型，具有特殊场所功能的指向意义。学校建筑是实施学校教育、系统培养"人"的指定空间，具有强大的教育功能。而且由建筑所围合的这一固定教育空间，提供的不仅仅是物质构成的物理环境，还是能够影响个体心理活动与行为的环境，可作为教育环境的一种。因此，无论是研究学校建筑的功能、学校建筑的价值，还是学校建筑教育价值的有效实现，都离不开人、教育、环境三者的联系与作用，只有对人与环境、人与教育、教育与环境的相互关系与相关理论研究进行充分的认识，才能更好地把握学校建筑教育价值的呈现与发挥。

(一) 人类生态学视域下的人与环境

1. 人与建筑环境

一旦提起人与环境的关系，就会让人不由自主地想起环境学、人类学、生态学、社会学等各门学科中关于环境的论述，人与环境是不可分割的一个整体，人类的生存发展都与环境息息相关，但由于各门学科的侧重点不同，不能一一论述，而且为了能更好地捕捉到人与环境在整个生态系统中发挥的影响以及彼此的关系，主要从人类生态学的角度去考察。生态学是 1869 年由德国动物学家恩斯特·海因里希·海克尔（Ernst Heinrich Haeckel）首次提出，并将其定义为研究动物与有机物及无机环境相互联系的科学。在研究初期，人们将动物、植物、微生物作为主要研究对象，研究它们个体、群体的生态规律。1935 年由英国生态学家坦斯利创立了生态系统的概念，把生物与环境作为了一个不可分割的整体进行研究。20 世纪 70 年代，人类开始摆脱以往生态系统旁观者的角色，将自己也纳入了生态系统的研究之中，研究人在整个生态系统中的地位和作用，也标志着以人类为主体的人类生态学的诞生。

人类生态学是以人类与环境相互作用的网络系统为研究对象，研究主要揭示的是人与自然环境、社会环境的关系，人类文化、文明与环境的关系以及可持续发展等理论内容。人与环境关系的探讨是一个经久不衰的研究课题，环境创造了人类，人类依存适应于环境，并发挥能动性改造环境。自有人类历史以来，人类就在如何处理与环境之间的依赖与利用关系寻找平衡点。农业社会受生产力水平低下的影响，人类无法与大自然抗衡，以一种崇尚神灵的信仰来遵从自然，对于无法解释的客观事物只能认为是上天的安排。随着科学技术的迅速发展、生产力水平的大幅度提高，人类开始挑战自然、征服自然，导致环境受到严重破坏，人类面临生存危机的严峻考验。人类逐渐认识到应遵从环境的规律，保护人类赖以生存的家园，合理开发使用自然资源，运用科学技术和人类的智慧合理适当地改造环境，创设出更适合于人类生存和发展的环境条件。人类与环境相互依存，相互影响。正如丘吉尔所说，"我们塑造了环境，环境又塑造了我们"。[1]

人与环境的关系始终是一种对立又统一的矛盾关系。人一方面根据自己的需要不断向环境索取一定的物质与能量，而环境不会因为人的需要而改变自身发展

---

[1] UPITIS R. School Architecture and Complexity [J]. Complicity-An International Journal of Complexity and Education, 2004, 1 (1): 19-38.

的客观规律,环境内部有自己的适应调节功能,会依据受到的外部影响而发生变化,如目前全世界都在面临的全球变暖问题,就是生态平衡在受到破坏时所进行的内部调节。人与环境的对立关系也就源于此,人类要生存与发展,就需要利用环境的一切资源,但随着人类欲望的不断增强,对环境资源就会过度开发,而环境资源的有限及对人类需要的无法承载,不仅不能满足人的发展,还会危及人类自身的生存。然而,人类又是环境系统的一部分,人生于环境,长于环境,人类从过去的被动适应到有意识地想要改造环境,都是在体现人与环境的统一关系。随着时代的发展,环境形态与人的变化,人类与环境的这种辩证统一的关系都将始终存在,有环境有限满足的一面,也有统一和谐的一面,二者也会相互影响相互渗透,但二者之间的矛盾关系不会改变。

环境,意为周围的地方、情况或影响。生态学中的环境是指生物机体空间的外界自然条件的总和。对于人类而言,人类环境是指人类赖以生存、从事生产和生活的外界条件。人类环境包括人类生命维持系统中外界环境的全部因素,也就是包括自然环境和社会环境两部分。① 自然环境是指地球表层的大气圈、岩石圈、水圈和生物圈相互渗透、相互作用的独特的物质体系,包括大气、水、土壤、矿物、动植物、地貌及地理位置等,如森林环境、海洋环境。② 社会环境是指由人与人之间关系形成的环境,它包括各类制度、经济模式、文化传承、人口素质、思想观念、生活方式等。环境科学、环境问题、环境保护中提到的环境往往是指人类赖以生存的自然环境。由于环境是一个极其复杂的体系,至今都还没有一个统一的分类方法,一般都是依据环境的主体、范围、要素等对其进行相应的划分。人类环境研究的主体是人类,那么环境就是包围人类周围一切事物的总和。还有学者从环境构成性质将环境分为自然环境、社会环境、生物环境、人工环境等类别。③ 人工环境是指在自然环境基础上由人所创造的人为环境,如公园、社区、城市环境。

而学校建筑环境此时就属于人工环境的一部分,建筑环境是人类为生存、为发展而在与自然界长期斗争的结果下创造的人类社会生活的载体,它是人类社会行为功能的体现。如果从建筑空间构成的角度看,可将其分为宏观、中观、微观环境。宏观环境是指社区以上,一个街道、一座城市甚至扩展到无限的自然空间;中观环境是指一个单体建筑或者一个区域范围内的建筑空间,包括实体建

---

① 周鸿. 生态学的归宿——人类生态学 [M]. 合肥:安徽科学技术出版社,1989:8.
② 鲁齐,傅伯杰. 人与环境 [M]. 北京:中国科学技术出版社,1993:4.
③ 刘盛璜. 人体工程学与室内设计 [M]. 2版. 北京:中国建筑工业出版社,2004:44.

筑、交通系统、绿化设施、公共资源、个体等；微观环境是指室内环境，包括各类家具、设备、装饰与装修。可见，学校建筑教育价值研究中的学校建筑包含的不仅仅是学校的建筑群体，还包括它所在的周边环境、社区、街道、校园，以及学校建筑内部各类小环境。

2. 人类文化与环境

人类生态学不仅是研究人与环境辩证统一关系的科学，也是研究人类文化与环境关系的学科。① 环境对人产生一定的生态作用，人对环境有一定的生态效应。环境的生态作用是指环境对人类生存、发展有重要的影响，生态效应是人类对环境的适应与改造作用，人类的生态效应往往被认为有生物生态效应与社会生态效应。

人类与生物都属于自然界的一部分，自然环境是人与各种生物存在的基础，影响着生物的结构、功能和分布，人与生物一样，也对自然环境有一定的适应与防御能力。人类生态学认为，人对环境的这种适应属于人受到环境的生态作用之后对产生的一系列生物生态效应的生态适应。由于构成环境的土壤条件、气候条件、生物条件、地理条件等生态因素的多样性与复杂性，人类在不同环境影响下产生了不同的人种，并在体质形态、生理心理、行为等方面都有显著的特征。在不同地理纬度、海拔、经度、离海洋远近的人群中可以看见人类的生物生态效应，也就是人类为了生存对环境的自然适应，如世界各地的不同人种就是根据当地地理环境的差异而产生的人的生态适应的差异。

但是人类不仅仅受自然环境的制约，它还深受社会环境的影响，这是与人的社会属性分不开的。社会属性构成人与人之间的各种社会关系，正如马克思所说，人的本质在其现实性上是一切社会关系的总和。② 因此，人类社会具有独特的社会环境。那么，人在社会中生活，社会的文化、思想观念、意识形态、社会条件必然会影响人类的社会化程度，对人的身心发展有导向作用。人类环境学认为人类对环境的社会生态效应即人类的文化，人类主要依靠文化来适应和改造环境。③ 英国著名文化人类学家马凌诺斯基认为："文化是指那一群传统的器物、货品、技术、思想、习惯及价值而言的，这个概念实则包容并调节着一切社会科学"。④ 其中，文化包括了物质财富与精神财富，而文化的产生则是人类利用自

---

① 周鸿. 人类生态学 [M]. 北京：高等教育出版社，2001：4.
② 马克思恩格斯选集（第1卷）[M]. 北京：人民出版社，1995：60.
③ 同①.
④ 马凌诺斯基. 文化论 [M]. 费孝通，译. 北京：华夏出版社，2002：2.

然环境、改造自然环境的结果，它是在人类对环境认识不断提升与改造过程中发展和创造的。

人对人与环境的关系的认识是一个不断发展的过程，是人类认识环境、认识自我发展过程的产物，这种认识水平也体现在人类环境、社会文化的缔造中，在不同时期的背景下都会带来不同的文化形态与对人的影响，如一个群体的思想意识、思维习惯、行为方式等都会受到影响。从人与自然耦合的历史来看，人类走过了敬畏、征服、和谐共生的自然观变迁历程，人类文明也相应地经历了原始神秘文明、工业文明、生态文明的发展历程，未来的社会发展也将进入人与环境可持续发展的阶段。人类文化伴随着社会的进步呈现着不同的文化阶段，一方面，这是人类为适应环境所产生的文化，另一方面，也是人类对不能满足自身发展的环境的改造。因此，当环境发生变化时，人类文化会出现新的特征；当人类文化进入新的阶段，环境也会受到一定程度上的改造。人类文化正是在人与环境的对立与统一中产生和发展的。

建筑是一种技术，也是一种艺术，但更是一种文化现象，建筑活动作为人类整体文化活动的一部分，承载着不同时期的社会文化。建筑文化的产生和发展也是人对建筑环境认识、利用、改造的结果，人们通过不同的社会实践活动创造物质与精神文化成果来实现对建筑环境的社会生态适应。优秀的具有现代意义的建筑文化呈现也将对人的成长产生积极的促进作用，从而促使人更好地发挥改造环境的能动性，使环境趋于人类发展的优势方向。文化是人类适应并改造环境的手段，人类通过文化适应环境，文化改变人类，人类用文化改造环境。因此，人类与环境是协同发展的，在人类社会不断前行的进程中，环境也在不断变化，由最初的自然环境发展到人工环境又发展到各类环境共同存在的复合环境，这就需要人类不断地产生对环境的社会生态适应，文化也就得以传承与更新。

（二）教育人类学视域下的人与教育

1. 人的本质与教育

教育人类学是教育学与人类学的新兴交叉学科，它是以人类为中心，用一种全新的视角来探讨教育与人类发展的关系，努力弥补人类学与教育学视域内对教育与人认识的片面，从二者关系的层面进行一个深入的分析与理解，更好地阐释人的本质与教育的真谛及如何将二者体现于具体的教育教学实践中。

早在俄国教育家乌申斯基的著作《人是教育的对象》中认为，教育是一种特殊的实践活动，它的对象是人。乌申斯基主张创立一门以人为中心的教育学，开启了教育人类学研究的先河。被誉为"人类学之父"的康德从《纯粹理性批判》开始，就一直围绕着人的问题、人的学问展开哲学领域的研究。他在哲学领域提出了四个问题，我能知道什么、我应当做什么、我能希望什么、人是什么，形而上学回答第一个问题、伦理学回答第二个问题、宗教回答第三个问题、人类学回答第四个问题。但从根本上说，都可以归结为人类学，前三个问题都与第四个问题相关。[①] 可见，人类学所有要解决的问题都属于"人是什么"这一最终问题，那么，要想解决人与教育的关系问题，就不能绕开人的本质问题。

在中外思想上，最早关于人本质的争论源于人性之善与恶。中国古代孟子主张性善论，他认为人之天性有四个善端，恻隐之心、羞恶之心、辞让之心、是非之心，这四个善端也就是仁、义、礼、智的根源。荀子的主张则恰好与孟子相反，他认为孟子不懂得性伪之分，"性"为"天之就"，是尚未被了解的自然之物，"伪"是"人为"，是需经过后天努力的。荀子认为善是礼义，是一种道德规范，不是人生下来就可以得知的，是需要"化性起伪"，通过道德改造才能实现的。古代西方哲人关于人性善恶的争论更集中于本能与理性，他们对于人本质不同的见解来源于两条不同的哲学路线。德谟克利特和伊壁鸠鲁从唯物主义的自然观和认识论来探讨人的本质问题，他们认为人的本性是趋乐避苦，应以感觉为标准来判断一切的善。柏拉图制造了"理念的王国"，认为理念产生了万物，人是由肉体和灵魂构成，灵魂分为情欲、意志、理性，三者中理性最高，情欲层次最低。柏拉图认为理性是人的本质，只有通过理性克服感性欲望，才能达到至善（最高层的理念）。中世纪基督教哲学的代表人物是奥古斯丁与阿奎那，他们把什么是幸福与人的德性作为探讨的中心。根据《圣经》，人类受情欲之困，陷入原罪而不得救，只有信仰上帝，净化灵魂，不断赎罪，实现禁欲，才能追求到天国的幸福。这种对幸福的追求才是人的本性，它是超越感性的幸福而达到理性幸福的最大化，就是对上帝的信仰。

从近代开始，对人的本质研究就从抽象的人性论向更深层次的认识论转向，从道德中的善恶区分转向如何认识把握人的本质以及如何形成、发展人的本质。近代哲学在认识论中有两种明显的派别，即经验论与唯理论，这两种认识方式也被运用到了关于人本质研究的探讨中。经验论强调经验是人一切知识或观念的来源，片面强调感性认识的作用。休谟曾在《人性论》中提到，关于人的科学是其他科学的唯一牢固的基础，而我们对这个科学本身所能给予的唯一牢固的基

---

① 康德. 逻辑学讲义 [M]. 许景行, 译. 北京: 商务印书馆, 1991: 15.

础，又必须建立在经验和观察之上。① 唯理论者否认一切知识都来源于感觉和经验，认为人的认识来源于理性。笛卡尔是理性主义的代表人物，他认为理性是人人具有的东西，也是人的本性所在。他所涉及的理性，是人在征服自然、改造自然中体现出来的科学的理性。② 后面的思想家就集中于人与人、人与社会的关系来谈。霍布斯认为人是自然的产物，利己是人的本性，人与人之间的关系就像是狼与狼之间的关系。这是一种具有鲜明利己主义的资产阶级人性论，既体现了反封建、反宗教的进步性，又体现了资产阶级的阶级性。他从人的人性本恶、人性自私的角度提出了人权理论。康德调和了经验主义与理性主义理论，提出经验对知识的产生是必要的，但不是唯一的要素。把经验转换为知识，就需要理性，而理性是与生俱来的。他认为，人，实则一切有理性者，所以存在，是由于自身是个目的，并不是只供这个或那个意志任意利用的工具；因此……总要把人认为目的。③ 可见，人本身就是目的，人被赋予了超越于一切社会的价值之上的最高价值。黑格尔摒弃了天赋人权说，提倡资产阶级的人道主义，主张"自由与博爱"。他认为人与动物的区别在于人具有思维，具有"自我意识"。费尔巴哈强调以人为本，提出爱是人的本质，在爱的世界中可以实现利己与利他的一致。费尔巴哈反对灵魂与肉体的分离，也不认同人是精神的产物。他看见了人的自然属性，却将意识作为区分人与动物的根本。这些对人本质研究的认识论与方法论都为马克思关于人的本质研究提供了理论基础。

关于"人的本质"的认识，有学者曾尝试对其进行了三次认识成果的总结：一是以自然界为参照，人在自己与自然界的关系中显现出人所独有的理性思维本质；二是以神性作为参照，人终于明白神性的彼岸性，从而最终回归到人自身的现实性；三是以他人和社会作为参照，在自然本质之上确立了社会本质的地位，这是马克思主义哲学获得的成就。④ 马克思关于人本质研究的出发点是黑格尔、费尔巴哈抽象的脱离于世界之外的人回归到现实的有生命个体的人，人的一般本质就是从现实的个人抽象出来。现实的个人一定是有生命活动的个人，生命活动的性质决定了人的本质。种与种之间的区别就如人与动物的区别在于二者根本属性的区别，也就是二者生命活动性质的区别。而人的类特性就是自觉自由的生命活动，也就是劳动。劳动是生产物质资料的基础，生产又不仅仅是同自然世界发

---

① 休谟. 人性论（上册）[M]. 北京：商务印书馆，1980：8.
② 胡贤鑫. 人性及其根据 [M]. 武汉：湖北人民出版社，2000：231.
③ 康德. 道德形上学探本 [M]. 唐钺重，译. 北京：商务印书馆，1957：42.
④ 魏则胜. 人的本质概念：历史使命的终结 [J]. 江汉论坛，2006（12）：33-38.

生关系，更重要的是还与社会联系，产生各种各样的社会关系。而有生命的个体一定是一种有生命的自然存在物，就会自然地有了人与自然的关系。因此，自然属性与社会属性是人的根本属性，社会属性是人的本质属性，人的本质则是一切社会关系的总和。

教育人类学在关于人的本质研究中汲取充分的养料，主张人的本质的丰富性，它认为人之所以成为人主要在于群体性与社会性，人之所以成为一个完整的人，则还需要包括其他要素，具体表现为八个方面，即人具有社会性本质、人具有生物性本质、人具有思维和语言能力的本质、人具有发展的本质、人具有自我的本质、人具有探究创造的本质、人具有追求意义的本质、人具有自由的本质。[①] 由于人的未特定化、人的可塑性，教育才能去发展人的各种潜能，只有人不断发展，才能应对日益复杂的环境，进行有意义的创造，满足人的各种需要。教育人类学认为，教育在人类进化与发展过程中的作用是无法取代的，人的可塑性的特征影响着人的可教育性，决定着人所具有的发展的能力与方向。虽然人的可塑性为人受教育的最大化提供了可能，但它也存在着一定的局限性。教育人类学认为，人的可教育性受人的生活环境所影响，也就是环境的限制，如教育文化氛围的缺乏、教育经济条件的不足、国家政治、制度等方面的负面影响，等等。

2. 教育的本质与人

教育人类学认为人要获得存在的价值，必须通过教育，而教育要体现其意义，也必须通过人的发展来实现。教育人类学就是研究在人存在意义上的教育表现与教育如何促进人的实现。[②] 教育加速了人社会化的进程，教育是人存在发展的重要影响因素。古往今来，众多学者都对教育的表现与对人的促进作用进行过探讨。如夸美纽斯提出人生下来就有受教育的必要，人只有通过教育才能形成人；洛克也认为是教育让人与人之间产生差别，他将人形容为一张白纸，后天的经验在上面印上印记，十之八九是教育的作用；也有学者过分夸大了教育的作用，提出教育万能论的观点，爱尔维修是其主要代表，他认为人类智慧天赋平等，教育可使人强大和幸福，教育是万能的，没有什么通过教育不能做到，教育可以创造一切；[③] 康德也认为，人之所以为人，乃是教育之功，人必须要发展其向善的倾向，教育是主要途径。从这些大家的论述中，可以看到教育之于人的必要性，人之于教育的需要性。夸美纽斯早就将人定义为"可教育的动物"，也就

---

① 冯增俊. 教育人类学 [M]. 南京：江苏教育出版社，2001：115-117.
② 同①：142.
③ 单中惠. 西方教育思想史 [M]. 太原：山西人民出版社，1996：227.

是人是可以教育又是需要教育的动物。教育人类学认为，人是一种具有缺陷的生物，它不具备像生物那样的外在保护功能，就只能在自己创造的人工环境、在某种文化中才能有生活能力。① 文化是对人自身缺陷的一种弥补，也可以认为人是一种文化的动物。卡西尔在《人论》中就提出，人是能利用符号去创造文化的动物。教育在人与文化之间所起到的作用既是一种对文化的传承与再生，也是一种教育的文化化。一方面，教育通过文化化人的中介作用，为人的发展提供了方向，并最终促使人实现自我；另一方面，教育对文化又是在不断地选择传承及更新，保留优秀的文化并创造新的文化，以此来适应并促进人的发展。而人所生活的人工环境就是充满社会文化意味的教育环境，学校教育就是一种定型的文化化形态。

既然教育对人如此重要，那么教育到底是什么，教育要发展人的什么方面，将人培养成什么样的人？人的本质决定了教育的本质，对人本质的认识直接影响教育目的的确立与教育活动的实施。如柏拉图认为人在本质上是理性的，理念是事物的本质，犹如人的灵魂，因而他认为教育就是唤醒人们生来就有的理念，这样才能去追求最高的善；又如自然科学的兴起，让人们加深了对人本质的认识，唯理论认为人的本质在于他的理性能力与主体性，理性知识才具有普遍性，教育就是要将人训练成为理性之人。而马克思认为人的本质是一切社会生产关系的总和，它是一种社会实践的存在，人的本质规定了人全面发展的特定内涵。教育是一种有意识促进人的发展的社会活动，是人类特有的一种活动，也是教育的质的规定性。人的本质的丰富性决定教育对人的本质的不断接近，以便满足人发展的各类需要，人的全面发展是人作为一个完整的人所占有的自己的全面本质，那么，教育就是要帮助人不断地接近自己的全面本质，教育对人的培养也是基于人的发展要求，培养作为人所要具备的主体意识、改造世界的能力、创造性、对自由的追求等，以使教育实现真善美的完美统一。

在教育人类学中，学校教育是其始终关注的核心。教育人类学认为学校教育是文化传递的工具，它以社会文化为参照模板，为学生适应社会环境提供相应的生态效应。在关于学校生态学的研究中，学校教育不是孤立存在的，它不仅有自身内部的生态环境，还有各种外在的生态背景，无时无刻不与学校发生着这样或者那样的联系。学校教育受到不同环境的生态因子的影响，出现不同的学校文化，也影响学校对教育模式的选择，关系到对人的具体培养。虽然学校的社会环

---

① O. F. 博尔诺夫. 教育人类学 [M]. 李其龙，译. 上海：华东师范大学出版社，1999：36.

境如文化环境、科技环境、经济环境、政治环境等影响了人在这样一个生态圈内受教育的动机、需求和水平，但也不能忽视学校的物质环境所具有的教育意义，而现实是人们总是将物质环境简单地等同于学校校舍、设备、设施配备的标准与范围，忽略了这一生态环境范围内所能提供的价值。

（三）教育-环境-人关系的解读对学校建筑教育价值研究的启发意义

对学校建筑教育价值的研究其实是对学校环境、教育环境的价值的一种新的审视，学校教育对人的培养有不可替代的作用，学校建筑及环境所呈现的教育意义对人的发展也有重要的影响。通过对教育-人-环境关系理论的透视，可以为研究学校建筑教育价值提供新的研究思路与思考方式，不断提升对教育-人-环境三者关系的认识，寻找三者协调发展的路径，也为构建学校建筑教育价值理论体系、了解学校建筑教育价值发挥的规律、分析学校建筑-人-学校教育之间的关系提供一个可能的认知图式，从认识论的层面为学校建筑教育价值研究带来一定的启发意义。

人类的生存和发展离不开环境，环境影响人的任何活动，教育是人类特有的一种社会活动，环境与教育之间也必然会产生各种各样的关系。人类是环境系统的一部分，二者相互依存、相互影响，教育活动属于人的活动，也就必然要在环境之中发生，并受制于环境的影响。一方面，良好的环境对教育活动的实施必然产生积极的正向作用，恶劣的环境对教育活动的开展会产生一定的阻碍作用，而实施、参与教育活动的个体是人，环境本身也是一种教育因素，只有环境对人产生影响之后才能落实到具体的教育活动中，因此这个作用的发挥路径应是环境-人-教育。环境对成长着的人是一种无意识产生的塑造作用，相对于意向性的教育而言，它是一种潜移默化的塑造力量，这种力量就是通过之前由成员所形成的环境氛围而对新进来的成员加以影响的作用。这里的教育更侧重的是教育教学活动的开展，环境对人的影响形成了人的内在认识，使得实施、参与教育活动的个体已经受到环境所带来的教育性意义，就会在一定程度上影响教育教学的效果，这个路径更强调的是环境对教育实施前的影响。

另一方面，良好教育活动的实施也会产生强大的教育作用，在一定程度上影响周围环境的状况。但事实上对环境的改造作用只有人的主观能动性才能实现，也就是教育只能通过对人的发展作用才能落实到对环境的改造中去，因此，这个作用的路径应是教育-人-环境。这里强调的是个体主观能动性的发挥，只有教育才能让人成为人，就是通过教育使人凸显出其自身的主体性地位，让人可以更好地认识世界与改造世界。环境是影响人的一切外部世界因素,而人的成长也会在一定程度上实现对环境的改造,让环境成为更适合促进人发展的环境,这个可以看作环境受到教育实施后的影响。教育与环境都是影响人身心发展的重要因素,人如果想要达到最好的教育状态,就需要最好的环境与之匹配,也就是人对良好教育环境的需要。

教育环境是一般环境的一部分,有其自身的特殊性并兼具一般环境的共性,是指影响个体生存发展的一切外在环境的总和。教育环境一般分为宏观环境和微观环境,宏观环境是指直接或间接影响个体成长和发展的一切外在条件,包括促进教育活动的各种条件或创设的各种情景,① 如影响教育的自然环境、社会环境、职业环境、人际环境;微观环境是指特意为培育人而人工创设的小型生态环境,包括教育主体自身活动的各种要素条件,可分为家庭教育环境、学校教育环境、社区教育环境等。学校教育环境属于教育环境的一种,但并不单指一种自然环境或者社会环境,它是人工创设、为人提供一切影响因素的生态环境,也属于一种特殊的社会环境。学校教育环境不仅受学校周围自然环境与校园环境的影响,还受学校自身生态系统的影响,它是社会环境的一部分,但又是高于社会的有意识的人工环境。而且,学校教育环境不只是物质设施的结合体,还是富含众多人与人之间关系的心理环境。因此,学校教育环境可分为物质环境与精神环境两个方面。学校物质环境是指个体在学校内实施各类活动的客观环境,也可理解为学校建筑环境,包括学校建筑周围环境、地理位置、学校校园、实体建筑、学校设施设备等;学校精神环境指个体之间在学校范围内相互作用所产生的心理氛围,一般包括人际关系、信息环境、校风班风、文化氛围、学校精神、课堂教学气氛等。理想状态是学校教育环境与个体的身心发展需要相适应,但当学校教育环境不能满足之时,就要对其进行调整。

我国自古就重视良好教育环境对人的积极作用。子曰:"里仁为美。择不处仁,焉得知?"孔子认为居住在有仁德之风的地方才是美好的。选择住处,不居住在有仁德之风的地方,怎么能说是明智呢?与之意思相近的还有孟母三迁的故事,孟母为给儿子选择一个适合成长的住所,三次搬家,择邻而居。所以性相近、习相远的原因就在于个人的学习环境不同。可见,环境对于人的影响之大。而教育对人生存发展的作用也是无法取代的,人的环境与人的教育都是以人为核心,但是教育的发生也无法离开环境的影响,甚至可以说环境就好像教育与人的

---

① 谢丽娟. 试论课堂教学环境的内涵、结构及建设策略 [J]. 当代教育与文化,2009 (6):90-93.

中介，教育必须通过环境才能实施教育活动，人通过环境才会收到教育的信息。正如杜威曾经说过，学校是一种特殊环境，我们从来不是直接地进行教育，而是间接地通过环境进行教育。学校应努力提供一个简化、净化、平衡化的环境，并对青少年的能力给予特殊关注。① 虽然这里的教育被限定在了学校教育的范围，但它对广义的教育仍然具有普遍性，这也产生出了教育与环境发生关系的第三条路径，即教育-环境-人。

从上面的论述中，可以看到教育与环境的两条关系路径，分别是教育实施前与教育实施后，对环境所产生的影响。第三条路径则体现出的是教育实施过程之中与环境发生的作用，环境在这个作用过程中，承担了教育的中介，直接影响的是教育实施的效果，也就是对人的发展需要的满足程度。在这里需要再强调一个老生常谈的问题，虽然教育与环境是对人的身心发展有决定性作用的因素，但是还有一个因素不能忽视，遗传是人的身心发展的物质前提和必要条件。教育与环境因素中任何一个单独因素都不能决定人的身心发展，正如马克思曾经所批判环境决定论那样，有一种唯物主义学说，认为人是环境和教育的产物，因而认为改变了的人是另一种环境和改变了的教育的产物，这种学说忘记了，环境正是由人类来改变的，而教育者本人一定是受教育的。②

二、环境行为学与学校建筑教育价值

环境行为学研究是对人与环境关系的深度解释，具体到建筑环境对人的生理与心理的刺激与影响。人的环境行为是通过人与环境交互作用所引起人体效应，用以外在形式表现出来的行为。③ 建筑环境行为则是对环境行为范围的缩小，是发生在人与建筑环境之间的人对建筑的感受与体验。早期关于环境行为的研究局限于心理学的范畴之内，后来受西方国家城市环境恶化的影响，环境与行为之间的关系受到关注，并逐渐发展成多学科领域交叉的新型学科，如环境心理学、建筑心理学、人体工程学、环境行为学等，都是针对环境与行为关系研究的新型学科。在研究中，很多学者将环境等同于建筑，环境心理学与建筑心理学也有许多相似之处，但鉴于学校建筑的界定并不等同于学校环境，因此关于环境与行为的

---

① 约翰·杜威. 民主主义与教育 [M]. 王承绪, 译. 北京: 人民教育出版社, 2001: 28-29.
② 马克思恩格斯选集（第1卷）[M]. 北京: 人民教育出版社, 1972: 17.
③ 王鑫, 杨西文, 杨卫波. 人体工程学 [M]. 北京: 中国青年出版社, 2012: 144.

理论探讨重点则在于建筑环境与行为的关系范畴之中。人体工程学主要是研究人、人造物和环境之间关系的学科，研究的是人–机–环境系统中人与各组成部分的交互作用（效率、健康、安全、舒适等作用）。环境行为学从概念上说，侧重讨论人工环境，尤其是建筑环境与行为的关系。①

（一）建筑环境与行为的交互作用论

对建筑环境与行为关系的理论研究可追溯到19世纪，1886年德国美术家H. Wolffin著有《建筑心理学序论》，在书中他曾用"移情论"的美术观点讨论了建筑物和工艺品的设计问题。20世纪50年代至20世纪60年代，环境（建筑）心理学在北美、欧洲及世界其他地区相继传播与发展起来。1997年在东京召开的"面向21世纪的环境–行为研究国际会议"共有16个国家与会，其中，参与举办的组织有日本"人–环境研究学会"、美国"环境设计研究协会"、欧洲"人–环境研究国际学会"、澳大利亚与南太平洋地区"人与自然环境研究"等，环境–行为研究所获得的热度与关注度可见一斑。②但在中国，这一领域研究起步较晚，直到20世纪80年代初才将理论与方法引进国内，并逐步应用于我国建筑的规划与设计。

对于建筑环境–行为研究的内容，最吸引人们的聚光点可能就在于建筑环境与行为二者是如何发生作用的、哪些因素的存在使二者发生关系并体现于人的环境行为中以及建筑环境影响后的环境行为是何种表现，而这些要点的探讨与研究也正是评价建筑、设计建筑所要遵循的依据之一。

在探讨建筑环境与行为发生作用的路径之前，可尝试从生活中去寻找建筑环境行为的发生。在日常生活中，人们常常会感受到建筑环境所带来的情感体验，如在步行街行走的速度往往比在正常的道路上行走要缓慢，去电影院看电影往往会不自觉地评价影院的空间是否舒适，自主学习时往往选择自己喜欢的自习室或者座位，出差时往往入住自己认为较为整洁的宾馆。相似的是，这些建筑环境如果为你带来的是较为良好的情感体验，都将会促使你继续发生这样的选择行为，而这些行为反应事实上就是对良好建筑环境的人体反应。由此可以看出，环境行为发生的前提性要素就是人与环境的交互作用，某种环境要素提供了知觉刺激，导致人们的心理与生理产生某种感受，如是否满足了人们某种主观需要。这样的

---

① 张玉明. 环境行为与人体工程学［M］. 北京：中国电力出版社，2011：1+89.
② 胡正凡，林玉莲. 环境心理学［M］. 3版. 北京：中国建筑工业出版社，2012：1-2.

感受影响了人与环境继续发生作用的可能，或是增加或是减弱。之后发生个体的系列行为选择，又构成了影响自我的一个新的环境要素。如个体自主学习对位置的选择，也许是所处位置的光线，也许是所处空间的宽敞，对个体产生了某种环境刺激，但这些刺激使个体自主学习的心理需要得到满足，也就产生了个体对这个位置的持续选择行为。由于这种行为选择的持续，又可能继续导致另一个交互作用的发生，如个体增加了对学习的愉悦感或者提高了个体的学习效率等，这个过程就可以看作是环境对行为产生的持续影响过程。这个过程从一方面看是建筑环境对人产生的影响，但另一方面也存在人对建筑环境的改造与某些环境要素的重构，也就是人与建筑环境实际上是一个交互的作用过程，人在接收到环境刺激之后，会促使人类相应地做出适应、改造或创造新的建筑环境的行为。关于用来解释环境与行为交互作用及其机制的常用理论是库尔特·勒温的场论，他认为个体的行为取决于人和他的环境的作用，并用一个函数来表示这个过程，即：$B = F(P \cdot E)$，其中 P(Person)为"人"，E(Environment)为"环境"，B(Behavior)为"行为"。①

对上述人与建筑环境交互作用的过程作进一步分析，可得出三个具体的作用环节，即人对环境的感知觉，对环境的认知、对环境的态度以及人的空间行为表现。从中可以看出建筑环境与行为发生交互作用的大概路径，但具体影响其交互作用机制的因素又是哪些呢？这需要从每一个环节的环境刺激与人体效应寻找答案。感知觉是人通过各种感觉器官感官客观事物，对其个别属性进行反映的过程。环境对感官的刺激主要是通过人的视觉、听觉、触觉、嗅觉、温冷觉来体现的。知觉的产生建立在各种感觉的基础之上，并与感觉同时发生，但它是大脑对各种感觉到的信息进行相互关联的整合，呈现的是对事物的整体认识。个人的知识、经验、兴趣、语言或者环境的暗示都会影响个体的知觉判断，使个体的心理活动处于一定的准备状态而具有某种倾向性。② 对环境的认知与对环境的态度两个环节都可认为是人的认知在发生作用，认知是个体对客观事物的认识程度，是通过感知、表象、记忆、思维等去汲取知识的过程。个体在对事物感知觉后，就会产生一定的理性认识，对环境进行一个总体的判断与评价，从而决定对环境的态度，进而影响环境行为的发生。

以上是人受到环境刺激之后的人体反应，继续对影响人体效应的环境刺激物进行分析就可对整个作用过程有所理解。根据各个环节对人体的刺激，可看出环

---

① 毛晋平. 教学心理学研究的进展 [M]. 长沙：湖南师范大学出版社，2004：288.
② 张玉明. 环境行为与人体工程学 [M]. 北京：中国电力出版社，2011：8.

境刺激的来源或者影响环境刺激发生的因素主要有两个方面,即客观事物的刺激与个体本身。感知觉与认知的过程就是人对客观事物刺激产生反应的过程。感知觉产生来源于构成环境各个要素的作用,如对于视觉,室内的采光、建筑物的颜色、特别的平面构成、对象凸显的注意点等都会引起视觉感觉的相应反应。根据对视觉的深入研究,视网膜由中央凹、黄斑和周围视觉组成,它们各自具有不同的视觉功能。当人观察对象时,中央凹一般采用扫视和注视,如果对某一点的注视时间较长,就说明某点引起了个体的兴趣,反之亦然;黄斑是随同中央凹进行扫描并帮助其获得清晰影像;周围视觉则是对观察对象周围环境的扫描,更侧重于周围对象的运动;可利用视觉的这种特点营造不同场所的视觉效果。对于其他的感知觉来源,都各自具有自己的功能。听觉是对声音刺激的感觉,触觉是对触摸客观事物质感与肌理的感觉,如走在水泥马路与石子小径的感觉是明显不同的,其他的感知觉刺激更多的是混合在一起,使得个体在环境之中存在不同的感觉体验。除了外在的感知觉刺激,个体本身也是影响环境与行为交互作用极为重要的因素。每一个个体都具有自己独特的特点,在年龄、性别、经验、知识、阅历、兴趣、审美等特质的影响下,每个人所体现出来的认知程度也是不一样的。在皮亚杰的结构主义心理学理论中,他把以往的经验与知识称为图式,人们往往用固有的图式去解释新的事物,并将新接收的信息同化到固有的图式中,称为新的图式。可见,认知的心理活动是极其复杂的,不同个体对于环境的态度与行为选择会有所差别也就不奇怪了。

在人对环境进行评价与判断之后,人就会做出相应的行为选择。而行为与空间有着十分密切的关系,空间是由建筑根据不同功能要求而围合划分出来的,不同的功能空间会带来不同的空间行为,如教堂空间会带来宗教行为、学校空间会带来学习行为、健身房会带来运动行为等,这种功能空间也可称为建筑环境。既然提到功能空间,就不能避开人的需要问题。在上文中,曾提到影响环境刺激发生的两个方面,其中一个就是人自身的问题,需要则是其较为重要的因素。自古代以来,各种功能空间出现的可能都取决于人类的需要,既有精神的也有物质的需要。当原始人类想要遮蔽风雨躲藏野兽时,就出现了可以居住的场所;当人类信仰神灵、崇敬上帝之时,就出现了可以崇圣的神庙与教堂之所;当现代人类有了更高层次的精神文化需要时,就出现了书店、剧院、画廊、泥塑工作室等各种高雅之处。可见,建筑对人类的有用性就在于它对人类需要的满足。

关于人类需要的理论,最为著名的就是马斯洛的人类需要层次理论学说。他认为人类有五个层次的需要，生理需要、安全需要、爱与归属的需要、自尊需要、自我实现的需要，这些需要层次构成了人们的动机。而具有了某种倾向性的心理动机，也就有了发生行为的可能，也就是不同层次需要的满足程度影响着行为的选择。那么，什么是行为？行为一般是指带有目的性行动的连续集合[①]。如为满足个体的受教育需要，个体选择进入学校发生教育行为，之后连续发生的上课、自习、文体活动、清洁、休憩、阅读等系列行动就可称为行为，每一个教育行为还可以继续细分为阅读行为、自主学习行为等。在对空间行为的研究中，行为自身所具有的特性不可忽视，如人的行为习惯常常是右侧通行、左侧转弯等。依据人的空间行为的表现方式，可以具体应用到建筑的设计与环境的规划中去。

（二）环境行为学的现实应用研究

环境行为理论研究的兴起与关注，是来自人们对现实生活中建筑与环境的不满。伴随物质生活条件的改善，许多新建筑拔地而起，但受于工业化时期思想的影响，导致新建筑过于关注功能，关注建筑所带来的可利用率，忽视了使用者的心理和行为需要。并且政府在实施新建设的过程中，对老建筑的随意拆除，造成了街道、社区、城市的混乱，破坏了建筑周围环境的文脉，城市建设也缺少规划，在这样的环境中生活给人们的身心带来了许多消极影响。于是，基于现实的原因引发了众多学科学者的深切关注，这也意味着环境行为学研究注定是与实践中的运用密不可分的。环境行为学在实践中的运用主要是考察建筑学中建筑设计、建造、检验的过程，将其充分与环境-行为理论相结合，以提高建筑环境整体质量的提升。在实际建设中，环境-行为的关系是作为一个整体来进行具体运用的，环境-行为理论的研究视角、采用的方法、相关内容以及对建筑建造后的使用评价研究都可以为建筑设计、环境营造、体现场所精神等提供理论依据。

虽然在建筑学中，建筑建造以功能为基础，空间划分是其核心要义，但这仅是对作为物的建筑而言的；从人存在的意义来讲，人为建筑又增添了许多新的内容。而且随着人的需要的多样化与需要层次的不断提升，人开始对建筑的品质、富含的蕴意、传递的信息、周围的环境等有更高的要求，如一个空间可能不再像传统空间那样只具有一个功能，同一空间可能会拥有不同的功能，而对于不同的个体，因需要不同，同一空间也会有不同的意义。如在学校庭院的阴凉角落设置石桌板凳，既是纳凉的地方，又是小组讨论的好去处；配套完整的信息中心，既可以是课堂教学

---

① 常怀生. 环境心理学与室内设计 [M]. 北京：中国建筑工业出版社，2000：87.

空间，也可以是学生自主学习空间。环境-行为理论弥补了建筑学理论从人的行为出发的视角，更注重全面的理解建筑及其构建的建筑环境。它并不是就建筑而研究建筑，它也会为建筑位于其中的环境提供设计思路，如新建筑与老建筑之间的协调、文脉的延续、周围环境的作用等，也会依据人对环境的偏好、选择与态度来对其进行营造与改进。有研究者从建筑历史与建筑周围环境的角度考察了建筑维护与偏爱的关系，当在建筑维护令人满意的条件下，人们对老建筑的偏爱超过了当代建筑，建筑周围的自然环境能增强人们对建筑的喜爱程度。建筑历史、建筑及周围自然环境的维护对人们的偏爱具有实质性影响。①

可见，环境-行为理论运用的立足点都是在具体的环境之中，具有较强的实践性与现实性，都是以建筑问题为研究取向，而且对各个学科及交叉学科的内容也是积极地汲取，充分结合，如生物学、社会学、艺术学等，交叉学科有文化人类学、人文地理学等。文化人类学以人类的文化为主要研究对象，其中也包括对建筑、绿化、街道、社区的研究；人文地理学则是研究人与地理环境的相互关系，不同地理环境影响下的建筑也是有很大区别的。

那么，在建筑设计与规划的实践中，如何对环境-行为进行具体考察和研究呢？可从环境行为学中寻找具体的方法，一般包括文献法、问卷法、观察法、隐蔽测量法、语义区分法、认知地图法等。其中，文献法不做具体解释。问卷法是调查被试者对环境和建筑的反应；观察法是对人的行为进行有规律的观察和记录，以便查找出人们的行为规律；隐蔽测量法主要是考察文献、档案记录、物理痕迹测量；语义区分的是被试者对形容建筑环境所用的形容词；认知地图法是让个体通过在白纸上画出他们所处环境的草图，并标识出一些建筑的具体位置，从而来描述他们对环境的感知。还有一种较为重要的研究方法就是环境评价法，这在后文中将详细叙述。②

对环境-行为相关研究内容的探讨，就不能绕开建筑的设计与规划过程，建筑的设计和规划是对建筑建造及建筑物之间与周边环境的蓝图设想与描述，那么，在这个过程中，两个人群行为的影响因素不能忽视，一是使用者群体的环境行为，二是设计者群体的环境行为。使用者群体的环境行为与它们的不同需要有关，不同需要来源于每个个体的年龄、生活方式、工资收入、教育背景、职业的不同，所以他们对环境的要求也会有所不同。其中，不同年龄的个体所具有的人

---

① 胡正凡，林玉莲. 环境心理学 [M]. 3版. 北京：中国建筑工业出版社，2012：368.
② 李志民，王琰. 建筑空间环境与行为 [M]. 武汉：华中科技大学出版社，2009：4-5.

体尺度也是不同的，这就需要通过人体工程学依据使用者的情况进行设计。又如生活方式研究的是使用者群体如何进行社会生活的，它包括使用者的物质生活、精神生活或者闲暇生活，就好像在高校附近一定可以找到一些书店，因为教师、学生会有看书、买书的习惯；在大型的居民社区也一定会设置中心广场，并包含相应的健身设施，因为可以满足居民平时的休闲娱乐活动。通过对使用者群体生活方式、生活水平、个性倾向等方面的调查研究，可以进一步确定所要为使用者提供环境的样式。设计者群体的环境行为主要受每个人的经历、知识、理解等方面所限，每个人表现与表达的方法不同，导致不同的人的设计也一定会不同。影响设计者发挥最重要的是其设计的立场，是否能在个体所追求的建筑表现与使用者需要之间找到一个完美的平衡，设计师在设计建筑时很多时候是在表现自己的想法，他们将建筑视为一件件珍贵的展示品，这时候往往容易忽视使用者的需要，也就会常常出现建筑在完成之后，有某些空间并不适合使用者的运用，也就是建筑未能发挥出它全部的价值。

在上文环境-行为的研究方法中，有一项为环境评价法。环境评价是人类通过一种思维方式去思考与描述建筑环境及影响行为的因素。日常生活中，人们常常对各式建筑发表评判，运用较多的词汇有漂亮、很丑、花瓶、奢华、简单、有创意等，但这都属于人类主观的感想，并不是采用科学评价方法所得出的结果，对指导建筑设计、改善环境的意义甚微。国外在20世纪50年代至20世纪60年代就开始重视环境评价，大多是对建筑使用之后的评价，20世纪70年代至20世纪80年代评价对象有所增加，评价方法也逐步改进，评价范围也从建筑尺度、空间大小、布局等基本内容扩展到周围环境、历史背景、个体情况等，并研发制定出了一整套包括技术、功能、行为的评价测量体系。建筑使用后评价标准的科学化、评价过程的标准化都为修改完善建筑设计规范、提升建筑质量、提高使用者满意度等提供了一定的理论依据。

建筑使用后评价（Post-Occupancy Evaluation，POE）是近年来在环境评价中采用最多的评价方式，它是针对使用者对所处建筑环境的一种科学、系统的信息反馈过程，是通过对使用者的使用调查而进行的评估方式。它主要是对建成后的空间环境性能进行测量，检验空间环境的使用是否与预期设想一致，考察的参数包括功能、物理性能、生理性能、环境效益、社会效益、使用者心理感受等。[1]功能一般包括建筑的布局、空间分布、功能分区、入口与人流线、特定空间的专

---

[1] 李志民，王琰. 建筑空间环境与行为 [M]. 武汉：华中科技大学出版社，2009：168.

门化程度、建筑改建等；物理性能体现为物质环境构成，光、热、声、空气、结构、外墙、室内装饰、顶棚、内墙、照明、电气或者其他新型建筑构成；生理性能是从人体测量或者人体工程学的角度出发，检验是否符合个体的生理特点；环境效益是指建筑投入前后，环境质量是否有所提高，如对绿化覆盖、景观设计、噪声、生态平衡的影响；社会效益是指建筑建成后为社会所带来的影响，如人口素质、公共资源、精神文化等；使用者的心理感受主要是使用者对建筑的体验与心理活动，包括建筑物之间的距离、分布，建筑使用的便捷性、舒适性、私密性、支配性、社交性等，以及对建筑意象、象征、场所精神的理解与感染程度。可见，建筑使用后评价侧重环境-行为理论的具体运用，多用于寻找和解决实际中出现的问题，通过持续地对使用者进行追踪调查，可以更好确定使用过程中出现的问题以及使用者的实际需要，为今后的建筑设计提供参考性意见。

（三）环境行为学对学校建筑教育价值研究的实践意义

学校建筑教育价值研究的落脚点在于教育价值的实现问题，也就是为学校内学习生活的个体提供一个和谐的教育环境，最大限度地发挥学校建筑的潜在价值。以往研究中对教育价值的实现探讨较少，缺乏实践层面的指导。而环境行为学中的研究思路与方法可为学校建筑教育价值的研究提供一定的实践意义。

1. 立足个体行为反应，从学校建筑环境中找寻切入点

环境行为学来源于人的现实生活，而人在一定环境下的行为效应也影响了环境的创设与改造。环境行为学紧紧围绕环境与行为的关系，在环境-行为交互作用中寻找人的心理、行为的发生规律与作用机制，从而尽可能地为其提供一个适宜发展的环境或空间。环境行为学为学校建筑教育价值的研究奠定了一定的研究基础。学校建筑作为教育的专门性场所，为教育的实施提供一定的物质环境，它对教育主体的作用在一定程度上影响教育的效果，而人的教育需要中本身就存在对环境条件的要求，学校建筑也会与个体之间产生能量或信息交换，所以在对个体实施教育的过程中难免会发生相应的人体反应。因此，研究学校建筑教育价值问题，首先要立足个体在学校建筑环境中的行为反应，从学校建筑现状及存在的问题入手，了解现实生活中教育价值呈现的形态与实现的有效程度，分析其存在的问题及原因，正确认识学校建筑教育价值发挥与人的发展之间的关系，才能为学校教育环境在促进人的发展中找到较为有效的切入点。

2. 依据多学科交叉性质，多角度研究学校建筑

环境行为学兴起之初就受到多个学科的关注与研究，汇聚了心理学、社会学、地理学、人类学、建筑学等学科的研究成果，具有多个学科交叉的性质，涉及多种多样的研究课题，并且研究课题都以实际问题为研究取向，使得该学科的发展也越具生命力。学校建筑教育价值研究可视作是在教育主体与学校建筑环境之间发生关系的范围内，也是建立在对人与环境这个大范畴认知的基础上，它所涉及的研究就不能仅局限于教育学与建筑学，也应广泛参考各个学科的研究特点与研究内容，以便为我们更为全面地理解学校建筑教育价值问题而提供相应的理论支撑。学校建筑教育价值问题的核心是人的问题、人的需要、人的发展问题，这就必然会涉及人类学、教育人类学的研究内容，它为我们提供教育与人类关系的研究视角；学校建筑为其提供环境的物质因素，自然就不能忽视建筑设计、学校规划、校园的园林设计、建筑艺术等研究内容；学校建筑所带来的不仅仅是实体的建筑元素，还有人与环境关系下产生的学校生态环境，既有人的生态效应影响，也有社会的生态效应影响，这就需要汲取心理学、社会学、教育学的相关内容；而不同地区、不同环境下的学校建筑也会有不同的表现方式，这又会涉及人文地理学的研究内容。

3. 把握建筑环境-行为关系，为具体研究提供方法指导

环境行为学通过对建筑环境与行为之间关系的研究，为建筑设计、城市规划提供建议方针，以便更好地改善人类生存的环境。建筑环境与行为之间的关系理论是建筑设计方案构思的基础，设计师在考虑建筑空间与环境的设计时，要充分考量人在所处某个空间或环境时可能的心理状态与行为方式；而在建筑使用之后，也需要环境行为学提供考量的评价方式来形成对此类建筑设计的基本印象以及为改建或新建提供参考依据；如此具体的操作方式为学校建筑教育价值的现实表现研究提供了理论依据。如环境-行为关系理论中的唤醒理论，它是通过最适宜的环境刺激达到最优的唤醒水平，从而提高人们的学习、工作的效率；行为场景理论是通过对具有专门服务功能的场所进行非个体行为的研究，由此可对学校这一特殊场所进行相应的行为场景研究；另外，还有对空间感、领域感、私密性的研究，体现的是环境对人的作用。又如对建筑使用后的评价可用于把握学校建筑教育价值整体发挥状况的了解，可对学校建筑设计的结构、围合的空间、装饰、内外环境进行系统的评估，使学校建筑更好地符合使用者的需要和习惯，通过评估可发现建筑存在的一些问题，对提升建筑或环境质量有很重要的现实意义。

第四章

学校建筑教育价值的呈现方式

学校建筑教育价值的呈现是对学校建筑教育价值关系的凸显,学校建筑教育价值关系反映的是学校建筑教育价值主体的需要与学校建筑属性对其价值主体自身的满足关系,也就是学校建筑对于主体的意义关系。研究学校建筑教育价值实现的条件,主要是参照两个方面:一是主体的教育需要,二是学校建筑的客体属性。其价值活动过程则是主体根据自身的教育需要对学校建筑教育价值的认识、创造、实现的过程,其中具有前提意义的就是学校建筑自身是否具有能够满足人教育需要的特定结构、属性或者功能,一旦学校建筑具有这样的属性且被主体所认识,并在主客体相互作用中满足了主体的教育需要,价值关系就得以生成。因此,对学校建筑教育价值呈现方式的探讨,主要是依据以上两方面,不过我们选择从作为价值客体的学校建筑入手,因为学校建筑教育价值主体的层次性与多样化会给研究的展开带来更多的不确定性与复杂性。又由于学校建筑是实实在在存在的"物",因此可尝试对其构成部分的价值呈现进行分别研究,以便我们更为细致地分析主体在与学校建筑每个部分相互作用中所产生的各种对主体有促进意义的教育价值。

一、学校实体建筑的教育价值

著名建筑设计师勒·柯布西耶曾说"住宅是人居住的机器"[1],强调了建筑

---

[1] 勒·柯布西耶. 走向新建筑 [M]. 杨至德,译. 南京:江苏凤凰科学技术出版社,2014:90.

对人的有用性，他认为建筑是一种人造的机器，用来容纳人与人的活动。因此，建筑既有内部的容纳空间，又有外在的实体形式。而实体形式是由各种各样的物质所构成的，即建筑的墙体、立柱、楼板、顶棚、地面、屋顶、结构等，人们通过感觉去感知这些物质要素，并通过个体的思维、行为对其进行复写与反映。学校实体建筑的这些物质要素是建筑之所以成为学校建筑的基本条件，它所提供的是个体成长所需的各类物质条件。学校实体建筑的教育价值就在于学校实体建筑要素对个体诸如生存、审美、人文基本需要的满足，反映的是学校实体建筑的物质构成、外在形式、建筑环境等实体建筑要素与教育主体之间的教育价值关系。学校实体建筑要素对教育主体的积极作用，将有利于个体在学校教育过程中获得身心发展、美感陶冶、人文素养养成等教育意义的实现。

（一）实用价值

在环境心理学中，人的行为的发生往往是出于某种刺激所做出的反应，这种刺激一般来源于两个方面：一是人自身产生的，二是外部环境的刺激。人自身产生的刺激源就是指人的动机与需要。人的需要是人对客观事物需求的表现，带有人的自觉性与能动性，人一旦意识到自身的某种缺失就会产生对其进行弥补的追求与行动，马斯洛将这种行为的内在驱动力称为缺失性动机。而当人的认识活动与实践活动的目的指向建筑时，就意味着建筑能够满足人自身的某种缺失，正如人类早期建造房子就是为了抵御寒冷、风雨和野兽，从而弥补人在自然环境中生存的弱势。因此，建筑首要满足的就是人的实用需要。建筑物质要素无论如何组合，无论构成何种形态的建筑，都应先从对人的实用性入手。学校实体建筑对人的实用性主要体现在它的便于使用、活动顺畅、安全、舒适等方面，其中，人的生理与安全方面的需要是实用性能的首要要求。因此，实用价值是指学校建筑的物质构成要素对教育主体实用需要的满足程度。学校实体建筑的实用价值将有利于教育主体获得最为适合其学习的生存方式，实现教育主体与学校建筑最好的共存状态。随着科学技术的不断发展，社会文明的持续进步，教育也在相应地提高对教育主体生存的关心程度与层次，学校实体建筑作为满足教育主体身心需要的重要载体，更要及时关注与体现对教育主体的新的需要。

1. 满足教育主体的生理需要

人的生理需要包括水、空气、食物、睡眠等，这些基本需要如果得不到满足，人们便不会再有其他需要。在学校实体建筑设计中，首要考虑的就是满足个体基本生理需要。人的生理需要具有较强的生物学意义，它是保持个体生命力延续所必需的。个体在学校建筑内学习、生活,只有具有较强的生机与活力,才能保证教学效果的最佳实现。这就意味着学校实体建筑物质构成的各要素应以人的感觉、人的效能、人的健康、人的舒适作为衡量依据,以通过为个体提供适合的身体与精神状态来提升个体在学校教育教学活动的参与程度。由此,学校建筑更应体现出对个体生理需要的满足,对个体教育需要的关注等。

在中小学建筑中,未成年的青少年受身体正在发育的影响,与一般成年人对建筑的要求有所不同,在楼梯、走廊、墙体、运动场地、道路、校园景观、教室高度、桌椅材质与高度、功能区划分等方面的设计都应有显著的区别。如在对走廊设计时,为适应学生的活动规律,应主要考虑学生活动的集中性与通行的便捷性,对走廊宽度应做适当加宽处理;在学校顶棚材料的选择中,为避免声音影响到学生,应主要思考隔音的问题,通过隔音顶棚或者隔音墙来处理;实验室的工作平台可能会受到某些实验的腐蚀,所以在材料选择中应尽可能选择便于清洁及抗腐蚀性的材料;在设计学生日常活动的比例时,为让学生感觉不到压抑与不协调,则以学生的年龄段为前提,以此来确定合适的顶棚高度、家具、卫生间设施、教室区域、运动设施的尺度等。但是诸如办公区这样为成年人使用的公共区域则应符合成年人的尺度,而为学生提供服务的区域应适当调整尺度,如图书室、心理咨询室、医务室等学生直接接触到的区域都应以学生的使用要求来设计。与过去的学校相比,现在的学校在场地规定、用房布置、室内环境、通行、疏散等都有明确规范,标准也有所提高,可见,学校实体建筑的生存价值正在得以凸显。

2. 满足教育主体的安全需要

安全需要是指保证教育主体人身安全空间的需要,安全空间满足的是个体独处或个体之间各类交往的需要。安全需要直接关系着个体在某种空间存在的状态,如空间的过度封闭或过度开放,可能会造成个体情绪上的紧张或产生不安全感等。因此,安全空间一方面是指建筑设计的安全性,另一方面是指心理层面的个体的领域感与私密性空间距离等。

在中小学设计规范中,安全设计包括教学活动的安全保障、自然与人为灾害侵袭下的防御备灾条件、救援疏散时师生的避难条件。[①] 当发生意外灾害时,学校可作为受灾人员疏散的场地和建筑。因此,学校建筑满足个体基本的人身安全需要是其建造的第一要义,也是学校教育教学活动开展的前提。并且学校建筑不

---

① 中华人民共和国住房和城乡建设部. 中小学校设计规范:GB 50099—2011 [S]. 北京:中国建筑工业出版社,2011:3-4.

应仅符合一般建筑的安全标准，还应达到避难场地的高标准要求。这就需要学校建筑在设计规划、材料选择、建造质量上都是高标准的。在设计规划中，学校实体建筑应体现的是对其外围护、学校出入口、学生进校的顺序、室内交通、场地通道（如低年级教室是否有可直达室外场地的通道）、发生突发事件的疏散通道、防火装置、防烟分区、必要的通风、安全饮用水、防滑地板、阻止学生接近电加热设备等方面的高度强化的设计考量；在学校建筑的材料选择中，也尽可能选用安全、环保、节能、坚固、耐用性质的材料，限制使用易燃的装修材料，尽可能减少能源消耗，多采用自然采光、低辐射材料，处理好固体垃圾等；在建造质量上，应坚持质量第一的原则，坚决杜绝豆腐渣工程，做好施工过程的监管与施工完成的严格收验，从根本上保障学校建筑的安全性。

学校实体建筑的物质构成旨在满足人的基本实用需要，为人的各种活动提供一个舒适的建筑环境，无论是它的技术构成还是它的材料选择，都以增加使用者的舒适度为前提。只有立足于"为人"的出发点，它的使用意义才能凸显出来。当然，只要学校建筑得以建造完成，它就已经具备一定的使用性，但是否具有较高的教育意义则另当别论。我国20世纪70年代至20世纪80年代的中小学，大多是从经济、效率的角度出发建造的单内廊式双侧布置教室的学校建筑，从使用的角度是达到了最大化利用空间的效果，但从采光、私密性等方面显然是没有达到使用者所需的最佳舒适度。如果个体在学校建筑内并没有获得良好的人体体验，就会影响其学习、生活的心理情感，进而影响到教育实施的效果。进一步而言，学校实体建筑的实用价值体现的应是一种对人的健康、舒适、安全、效能提供保障的实用意义。

（二）审美价值

学校实体建筑的审美价值是指学校建筑的外在形式对于提高教育主体审美素养的积极意义。现实中任何事物都有内容和形式两个方面，都是内容与形式的统一体，建筑也不例外。建筑内容是指构成建筑的一切要素，即建筑的各种内在矛盾以及由这些矛盾所决定的建筑的特性、成分、运动的总和。建筑的形式，就是建筑内容诸要素矛盾运动的方式，一种是它们的结构和组织方式，即解决这些矛盾所采用的手段、方式和方法；另一种是这些结构和组织方式的外在表现，体现为可见可感的建筑物空间与实体的形象、样式和氛围。前者可称为内在形式，后者为外在形式。[①] 内在形式与内容的结合更为紧密些，外在形式则可保持相对的

---

① 萧默. 萧默建筑艺术论集 [M]. 北京：机械工业出版社，2003：179.

独立性。[①] 因此，建筑可通过不同的外在形式去表达相似的建筑内容，也可以通过相似的外在形式去表达不同的建筑内容。如费城艺术博物馆就是一栋古希腊神庙式建筑，被称为"美国的帕特农"。费城艺术博物馆与帕特农神庙二者虽然在外在形式上有了共同点，但所表达的建筑内容则完全不同。外在形式往往是指浮现于事物表面可见可感的外在形象，它更易于被个体所感知所认识。当个体驻足欣赏一个建筑的时候，建筑的外在形象则是个体形成的对建筑的第一印象，这符合人的审美体验与认知规律。可见，善于发现和利用对学校建筑内容表达有促进意义的各种学校建筑外在形式将对人的审美体验有重要影响，对人的审美素养提升有重要作用。

1. 激发教育主体的审美情愫

学校建筑的外在形式是指学校建筑的形象、造型，由各种物质部件所构成，显现出的各式各样的材质、形体和色彩。从建筑学的角度看，建筑外在形式是点、线、面、体及色彩的和谐组合，不同的构成元素与组合会产生不同的视觉效果，也会引发主体不同的情感。如建筑中的面表现各部分的大小和形状，圆形和似圆的面示人以柔和静态，方形和近似方的面显示方正安稳；色彩中的红橙黄给人以兴奋、热烈之感，蓝绿给人以庄严、肃静之意，灰色、银色给人以柔和、温雅之态；组合中对称的建筑外形与布局容易使人感到整齐、稳重但缺少活力。[②] 如果学校建筑的外在形式能够利用好以上规律，就能较好地把握学校建筑的外在形象、造型，以符合个体不同阶段的审美需要，在一定程度上激发出个体的审美情愫。在各级各类学校建筑中，可以看见不同类型、不同风格的学校建筑形式呈现，主要就是基于对不同年龄层次学生的心理发展阶段的考虑。如就读小学的儿童思维方式正由具体形象思维向抽象思维发展，三年级后开始具有一定的创造性，那么，小学建筑外在形式就可偏向活泼，最好以某种有趣的元素或者特别的造型呈现，色彩可偏向于暖色调，如图4-1[③]中天津E小学建筑采用的深红色外观以及图4-2[④]中D小学教室采用暖色调。而中学建筑颜色则不同于小学，它更应偏向于温雅、稳重的色调，恰好与躁动的青春期相吻合，其造型虽不是具体的某种形象，却可以通过有意味的外在形式表现出来，使个体可以通过联想、思考去体会其中想要表达的内涵与蕴意。因此，学校如果能将自身的特色、办学理念、优良的传统隐含到学校建筑的外在形式中，就会引发个体更多共同的审美情

---

① 萧默. 萧默建筑艺术论集 [M]. 北京：机械工业出版社，2003：181.
② 吴焕加. 建筑学的属性 [M]. 上海：同济大学出版社，2013：89-91.
③ 图片来源：作者实地拍摄。
④ 图片来源：作者实地拍摄。

感，对于成长于学校中的个体就会具有某种特殊的审美意义。

图 4-1　天津 E 小学的深红色建筑外观　　图 4-2　天津 D 小学暖色调的教室

2. 提升教育主体的审美素养

学校建筑外在形式不是唯一影响个体审美情愫产生的形式，但是它却潜在地让个体产生了美的感受与体验，对教育主体审美素养的提升有一定促进作用。这些带有一定质感的外观与各种组合让个体产生了多种多样的情感，可能是愉悦的感觉，也可能是厌恶的感觉。而这种愉悦感其实就是来源于人对美的向往。自古以来，人对美的追求就从未停止过，它能为人带来较高的欣赏价值与心理享受。俄国作家契科夫曾在作品中表达过，人的一切都应该是美丽的：面貌、衣裳、心灵、思想。我们的学校教育培养出来的人也应是具有一切美的人，具有丰富灵魂、美好心灵的人。而学校建筑作为培养人、为人的成长服务的学校教育场所，也要发挥自身形式美的特质，为人的美的需要所服务。学校建筑可利用自身的各种物质元素，创造性地表达教育内容，激发个体的审美情愫，进而影响到个体的情感、意志、精神、认知等。正如黑格尔认为美的实质就是理念的感性显现，理念是绝对精神的理念，是最高的真实，美只是真实的一种表现方式，而感性显现就是理念一定要表现或客观化为感性事物的外形，直接呈现于意识，成为能诉诸人的感官和心灵的艺术形象。也就是说，美需要理性意识与感性形式较好地融会与统一。① 可见，学校建筑的外在形式不用如一件件艺术品般闪耀，也不一定像歌剧院、博物馆等公共建筑般个性张扬，只需要切实地将理性的教育内容与合适的形式巧妙地结合，就会对长期生活于其中的个体产生最为直观的审美影响，从而不断提升个体的审美素养。对美的感受与体验是提升个体审美素养、陶冶性情、丰富心灵的必经路径，它不是个体经过几种艺术活动、参加几次比赛所能具

---

① 黑格尔. 美学（第一卷）[M]. 朱光潜，译. 北京：商务印书馆，1981.

有的，它需要在个体成长环境的周围渗透这种美的因子，营造美的氛围，才能在潜移默化中完成个体对美的认识。

可见，学校建筑的审美价值并不是指学校建筑的高、大、怪、奢，它拥有自己的审美标准。学校建筑外在形式可多样化，但不能脱离学校教育内容；可个性化，但不能以追求"怪"为美；可标准化，但不能崇尚奢华。它应更多地为个体提供一种美的感受，促使个体产生某种对学校的愉悦感，以帮助个体更好地在学校这一较为封闭场所中享受学习生活。

（三）人文价值

学校实体建筑的人文价值是指学校实体建筑提供的建筑环境对教育主体成长的人文意义。学校实体建筑包含学校内各种教育教学、办公、生活服务、生产实践活动、观赏、纪念性、实体性质的建筑物，它们的共同存在营造了学校现有的建筑环境。只有具有积极的人文建筑环境，才能自觉突显学校教育的育人指向，使教育主体在强大的人文氛围中受到熏陶与浸染。尤其是具有自身文化特色的学校建筑环境，将为教育主体带来精神上的指引与自我内心的成长。建筑环境是人类为满足丰富多彩的生活需要而将自然环境与人工环境融为一体的新的生存环境，每一栋建筑或者每一群建筑物都将形成人的新的生活方式。环境的刺激会引起人的心理反应，而人体效应会以外在的行为表现出来，即环境行为。[①] 行为的产生就是为了满足一定的目的与需要，而人的行为反应也将进一步促使人去适应、改造、创造新的环境（见图4-3）。通过观察人的环境行为，我们会发现不同场所人们固有的特性，也就是建筑环境应根据不同场所的人固有的行为特性，营造出符合人的行为规律的环境氛围。学校实体建筑环境有不同于一般人工建筑环境的特点，具有较高的环境标准。学校是社会实施教育的主要场所，是传递文化、塑造灵魂、增长知识的成长之地，它的环境应是能够为激发个体学习潜能、满足个体成长需要的场所。因此，学校实体建筑所营造的环境应是符合学校教育主体教学、学习行为的教育环境。

图4-3　学校建筑环境行为基本模式

---

① 李文彬，朱守林. 建筑室内与家具设计人体工程学［M］. 3版. 北京：中国林业出版社，2012：53.

1. 促进学校自身特色文化的形成

学校实体建筑所营造的氛围代表的是学校的整体氛围，它是校园内的山体、水体、植物、建筑小品、建筑物等共同组成的教育环境，不仅仅是物质层面的构成，还是学校内涵的综合表现，是各种知识信息与思想文化沟通的场所。学校实体建筑的内外环境设计不再是简单的物质堆积，而是学校建筑与文化的综合产物。从更深层次的意义出发，学校建筑环境的创设最终是服务于人的活动，人的活动才让学校建筑有灵魂，人与学校建筑环境的和谐互动才能实现良好的学校生活与自身文化的形成。学校本身也是一个文化场所，担负着文化传递与文化创新发展的责任。学校文化则是一种潜在的文化场，它可以促进学校组织成员们无意识地共同分享深层次的基本理念和信念，它更像是学校成员集体具有的一种心理现象。而学校文化是学校物质文化与学校精神文化的总和，学校建筑则是学校文化的物质形态，是一种直观的外在表现形式①，是对学校历史、背景和生活的一种反映，它对教育主体有潜移默化的教育作用。因此，学校可通过对学校建筑的建设与改进，提升学校建筑的文化影响力，突显自身的教育理念，营造具有自我特色的文化氛围，强化学校教育主体共同的心理基础，并随着教育主体需要的变化而不断进行文化的更新。如天津 E 小学结合自身实际设计了"乐在棋中，学在其中"的内庭院方案，利用教学楼围绕的内部庭院，在地面划设棋盘，并放置形似棋子的石凳，整幅画面就似还未完成的棋局，而学生置身棋中，也会感受到无限乐趣（见图 4-4②）。正如有人说，建筑是凝固的语言，它的每一个构件、每一处雕刻或者每一个装饰都可以表达建筑的意味，都能给人带去大量的信息。而学校建筑所要做的就是努力让每一面墙都说话，都去叙述教育的故事。

图 4-4　天津 E 小学内庭院的棋文化景观

---

① 张征斌. 试论学校文化建设 [J]. 湖北教育，2004（6）：33-34.
② 图片来源：作者实地拍摄.

2. 创设适宜教育主体成长的人文校园

学校建筑环境是自然环境、社会环境、文化环境融合交织所构建的相互联系又保持平衡的环境系统，也是人类生态环境的缩小版。它的宗旨是在为学校教育主体创造一个适宜其发展且舒适的空间环境，使建筑环境与自然环境相契合，景色优美、交通便捷，尤其是要具有浓厚的人文意蕴，这是读书养性、陶冶气质的理想环境。我国古代书院大都拥有环境育人的意识，选址一般都在山林圣地，远离尘嚣，学子求学其中，有助于其修身养性、潜心读书。《巴陵金鹗书院记》中就记载，"士子足不出户庭，而山高水清，举目与会，含纳万象，游心千仞，灵淑之气，必有所钟"。[①] 书院在对自身良好内部环境的创造中也是不遗余力，依据自然的天然优势创设出新的风景名胜，如湖南衡阳的"石鼓江山"、祁阳的"书院歌声"、沅陵的"虎溪云树"等。[②] 可见，书院通过实体建筑与环境的巧妙结合而实现育人的教育旨趣，更重要的是形成一种意境，在潜移默化中完成对个体的教育。

现代学校虽不用隐藏于山林之中，但也不能忽视学校对自然环境的选择，以及自身人文环境的建设。校园只有具有浓厚的人文氛围，才能启迪人的生命、孕育人的精神，满足个体尊重、爱与归属的精神需要，以促使个体获得内心的成长。那么，人文校园又是什么样的校园？首先，人文校园应该是能为我们带来视觉盛宴、环境优美的花园；其次，人文校园应是为莘莘学子带来知识洗礼、丰富才智的学园；最后，人文校园是作为师生共同生活的精神家园，为师生带来爱的源泉与心灵的归宿。学校建筑环境所应有的人文意蕴也是一所好学校应坚持秉承的，因为一所好的学校，必须能焕发师生美好的想象与自由的创造，唤起师生对于美的向往和创造的热情，从而唤醒、激励师生个性的共同生长。[③] 学校利用物理环境的创设，营造出教育环境所需的人文氛围，个体在充满文化的环境中学习、生活，必然会引起一定的心理反应，就会自觉激发出个体兴趣、思维、创造性等潜在能量，产生新的学习欲望与需要，继而影响到个体教育行为的发生与改变，这种环境行为的改变正是对个体新的教育需要的满足。而良好的环境行为的产生，会持续带来人与环境良好的互动，从而实现人与学校建筑环境互动的良性循环。一方面，学校建筑环境中的人文性内化于个体，使个体获得人文精神上的丰裕；另一方面，个体进一步教育的需要也将呈现于与环境的互动之中，促使环

---

① 唐亚阳，吴增礼. 中国书院德育研究 [M]. 北京：人民出版社，2014：121.
② 同①：122.
③ 刘铁芳. 何谓学校——从学园到家园 [J]. 教育研究与实验，2014（5）：1-9.

境发生改变。而这两个方面最终都要满足个体的成长需要，促使人终成为人的教育目标的达成。

二、学校教育设施的教育价值

学校教育设施是满足学校教育教学活动所需的各类设备设施，可大致分为教学设施、服务设施、辅助设施，它们是学校建筑的重要组成部分。学校教育设施的教育价值就在于教学设施、服务设施、辅助设施对于教育主体教与学、服务、保障性需要的满足，体现的是学校教育设施的教学价值、服务价值、保障价值。

（一）教学价值

学校教育设施的教学价值是学校教学设施对学校教育教学活动实施的促进作用。教学设施是指学校教学所需的各类教室设施、教学设备、教学用具。教学设施是承担学校主要教育教学任务的物质载体，是进行知识教学、科技教育、人文活动的重要教学中介。它对学校教育教学需求、学习者学习需要的满足有积极意义。

1. 满足学校教育教学需要

学校教育发展以教与学为核心，学校建筑是教与学发生的主要场所。其中，教学设施的配置是为更好地满足教与学的需要，以提高教与学的效率与效益。随着学校教育的深入发展与变革，教学设施的种类与层次也得以不断丰富与提升，它的丰富与提升在一定程度上反映了教育者对教学方式不断改进的适应能力，它的变革历史也更像是学校教学发展的历史缩影，这在教室形态、教室功能、教学设备、教学用具的演进中可以发现。教室形态由古代学校中的"体育馆""花园""树下"等户外教室发展到近代学校中的班级授课制下的专用教室，再发展到20世纪的"标准化教室"以及面向未来的"创新教室";[①] 教室功能由过去单一功能的普通教室逐渐发展成为各类专用、校本课程教室等具有多功能的新教室；教学设备由语言、书本扩展到电教媒体、交互白板、网络媒体等新兴设备；教学用具由过去的实物呈现到声音、画面、动态的立体化呈现，如电子书包、电子教材。这些发展变化后的教学设施是对不同历史时期的教学、学习、人的发展

---

① 邵兴江. 教室的进化 [J]. 上海教育, 2013 (10A): 76-77.

的需要进行相应的满足，以符合不同阶段社会政治、经济、文化发展所需人才的规格与质量要求。正如目前随着我国推进义务教育均衡发展的进程，各地区通过标准化学校建设、改进薄弱学校，着力缩小城乡之间、区域之间的图书、设备的差距，就是为了符合现代社会对教育公平的呼唤、对人发展的关注等，在教育微观层面中，其中之一的表现就有教学设施标准正在向均衡化、优质化的配置目标发展。

可见，教学设施的不断变革是对学校教育教学需要的适应与提升。现代学校教学设施的配备与使用程度是与学校整体教育教学规划、学校教育理念、课程设置、教学方法选择密切相关的，学校培养目标的实现、课堂教学模式的变革也将受其影响。教学设施的配置与更新则是取决于学校教师与学生的教学与学习需要。一方面，在满足师生教学、学习需要的前提下，教学设施为其提供服务，保障教学过程的实施；另一方面，当师生教学需要发生变化时，教学设施也要进行相应的完善与更换，否则将阻碍教学的变革与发展。有人说过，一部望远镜的发展史就是一部天文学的历史，一部教学媒介的发展史就是一部教学方式的发展史，这是符合马克思历史唯物主义观点的，① 因而教学设施的发展史就要以教学方式与学习方式的时代变化为准则。

2. 满足学习者的学习需要

从表面上看，教学设施受到社会生产力水平的提升与科学技术进步的影响而获得了物质形态的极大丰富，其结果似乎是更好地适应了现代教育教学的需要。然而，在教学设施的迅速变革中，我们却容易忽略人的主体性问题，教学设施之所以有质的变化其实是因为具有主体性的人发挥了作用，是因为人内在的精神、理念以及学习需要外化于对教学设施的要求之中。只有对教学设施的有效运用，才能促进个体获得更为自由的学习可能，而不是对设施的技术或者某种新型形态的追求。在马克思主义理论中，物的价值体现于对人的人格、尊严、价值、自由、全面发展的促进上，物的王国的壮大只有促进人的自由王国的进步，才能获得历史的肯定。② 也就是说，教学设施的终极意义并不在于"能为教学提供什么"，而应在于"能为学习提供什么"，是否满足了学习者的学习需要。如在一节"角的度量"的课堂教学中，授课教师竟因停电而无法将

---

① 张齐华. 课堂的苇草 [M]. 北京：北京师范大学出版社，2010：119.
② 刘森林. 物与无：物化逻辑与虚无主义 [M]. 南京：江苏人民出版社，2013：255.

课程继续下去，因为图示都在课件之中。① 现代教学设备的发展解放了教师的双手，但在某些课程中是否真的适用于个体还有待讨论，对于抽象逻辑思维能力还在发展之中的个体而言，可能黑板对公式的过程呈现更符合个体的认知规律，有利于个体的思考与记忆。又如史家小学科技教室的桌子、工具、设施都是为学生动手操作提供服务的，自然农场提供的是缩小版的悦活果汁的生产线，教室设计都依据课程内容兼顾了功能、兴趣与观赏等价值，充分从学生的心理需要入手，努力为其提供最好的学习环境。因此，一所学校就算拥有奢华的教学设施配置，如果它的使用效率以及对学生的成长帮助并不大，那么其体现的教学意义也就十分有限，教育价值发挥的程度也将流于一般。而如果从多方面来考量学生的学习兴趣，就算教学设施朴素简单，相信也能取得良好的教学效果，其教育价值发挥的程度就越高。

另外，教学设施应创造性地利用一切可用的教学实体资源，在学习者的身边提供潜在学习的发生。我们可将视野从比较熟悉的日常教学设施中扩展到可能为教学所用的其他设施中，包括学校实体建筑及各类附属设施，创造性地对其使用，使其具有教学设施的教学作用。也许只需通过人为地改造，赋予其教学内涵，就具有了较高的教育教学效能。如天津 E 小学就对教室窗帘进行了设计，窗帘共有两层，一层为普通窗帘，一层为文化窗帘，教学楼每一层普通教室的文化窗帘内容都是衔接的，如弟子规、千字文，形成了本校独特的窗帘文化（见图 4-5②）。窗帘本来是属于遮蔽阳光的生活服务设施，却被赋予了德育教育的功能，目的就是在日常生活中营造书香校园的文化氛围。佛山同济小学利用为树木挂牌的机会，向学生传递关爱绿色、保护环境的理念（见图 4-6③）。树木本是学校的绿化设施，主要体现于美化校园、优化环境的作用，但通过合理的利用也可成为教育教学的重要设施，尤其是在语文知识、自然教育、德育方面都可以发挥作用。可见，教学设施在与人发生作用的过程中，应尽可能超越功能层面的意义，将人内在的发展需要来作为使用的立场，从而促进人自由、自主、自觉的学习的实现。并且此时的教学设施也不再是单纯的物的使用意义，而是具有了较高的教学意义。

---

① 郭华. 留一块黑板——与顾明远先生对话现代学校发展 [M]. 北京：教育科学出版社，2013：135—137.

② 图片来源：作者实地拍摄。

③ 图片来源：我校举行校园树木认养挂牌仪式 [EB/OL]. (2010-03-24) [2015-10-15]. http://www.ccjy.cn:8880/sites/tjx/w/mb1/content.aspx?id=bb45a82b-f42a-4087-a9b7-b33db6527678.

图 4-5 天津 E 小学的文化窗帘

图 4-6 佛山同济小学的树木认养牌

（二）服务价值

服务设施是为学校教师、学生提供日常学校生活的硬件设施，它是学校教育系统内不可缺少的重要组成部分，涉及了除教学功能以外的各项功能，其根本出发点则是以为师生服务为主。因为服务设施往往是师生感触最深、最易接触到的物质条件，它几乎围绕于师生学校生活的每一个角落，在各个方面都与师生发生着相互的交互作用，所以服务设施直接影响着师生在学校生活的愉悦度与舒适度。而且生活设施对于细节之处考量的周到程度才是对学校以人为本理念彰显的最强有力的证明。

1. 有助于教育主体学校生活质量的提升

随着社会生活条件的提升，个体对学校所能提供的设施要求也相应提高。马克思曾将人的需要层次分为生存需要、享受需要、发展需要三个层次，恩格斯在《自然辩证法》中也相应地将人的需要的对象分为生存资料、享受资料、发展资料。[①] 可见，个体对服务设施的要求已明显超越生存需要的层次，而正趋向于对享受、发展需要的满足，这种需要的产生则是来源于个体内心已不再是将学校视为获得知识或者工作的工具，而是努力想让其成为另一个"家"的愿望。在这里，传递知识不是学校唯一的价值，精神的富足、成长的快乐意义才是个体对学校的期待价值，所以个体才会有对学校服务设施质量的进一步需要。

既然个体有了对服务设施的进一步需要，就需要挖掘服务设施可服务的潜在属性。服务设施的种类很多，功能也不尽相同，它既包括精神文化、游戏玩耍的设施，也包括健康保健、日常使用的设施。虽然它们各自功能不同，但都有一个

---

① 马克思恩格斯选集（第3卷）[M]. 北京：人民出版社，2012：572.

共同的属性，即人本性，设施设计都要符合个体生理、心理不同发展阶段的特点。不过，在目前学校设施的配置中，对教学设施的重视程度往往会高于服务设施，因为服务设施似乎与育人、升学率没有较大关系，这会造成一定程度的忽视。然而，正是服务设施所为师生带来学校生活的舒适度，才让师生感受到更多的爱与呵护。如在学生的心目中，希望卫生间可以有吸力坐便器，当脏东西落在管子附近时，坐便器就会把它吸进去；他们还希望卫生间能有隔味的门，厕所都是不同颜色的，坐便器可以有不同的图案，有各种颜色的瓷砖，有足够的空间转身；洗手池可以有感应的水龙头，洗手液是充足的，等等。[①] 学生的愿望各不同，却反映了他们对卫生间的关注与想要改变的愿望。如果学校能满足其中的一两个小愿望，相信会给学生们带去很多惊喜。因此，对服务设施教育价值属性的挖掘，并不是对硬件设施高标准的追求，而是从如何为师生提供良好设施体验的角度来考量。

2. 有助于教育主体"学会关心"品质的培养

范梅南曾说，学校需要给孩子们提供一个关心爱护的环境，这不仅仅是因为关心他人的老师和学校往往能够使学生也产生关心他人的意识，而且关心爱护的学校也能形成个人健康成长的有利条件。[②] 如果在服务设施的细节上能彰显学校的关心与爱护，其实就是在向学生内心播撒爱的种子，只有关心爱护的环境才能培养出有爱的学生，这才是学校服务设施应用的教育价值。荷兰 ISW 胡歌兰德小学在教室外的大厅设置的休息厅，有大大的玻璃窗，阳光暖暖地照在彩色的软椅上，软椅之间还有伸手可触的垃圾箱，让人感觉十分温馨（见图 4-7[③]）。日本大阪的四天王寺院小学在严格保持设计准则的同时，根据学生数量和空间大小设立了舒适的私人学习室与橱柜，而充满人性化的设施会让个体有学校如家的感觉（见图 4-8[④]）。可见，服务设施的教育价值产生于满足个体需要的过程中，如果学生并没有使用休息厅的软椅，那么软椅就只是以物自体的形态存在，而如果学生使用了软椅，并且获得了较好的行为体验，就会反馈至学生的信息系统。而学校这种呵护的信息一旦被学生接收，可能就会进一步影响到其对学校大家庭的情感，更有可能使个体受到启发将关心的模式移植到对同学、对家人的相处之中

---

① Catherine Burke, Lan Grosvenor. 我喜欢的学校——通过孩子们的心声反思当今教育 [M]. 祝莉丽，张娜，译. 北京：中国轻工业出版社，2006：26-29.
② 马克斯·范梅南. 教育学所关心的是孩子的自身及其发展 [M] // 曹红旗. 追寻我们共同的精神家园. 济南：济南出版社，2007：261.
③ 图片来源：殷倩. 新学校 [M]. 沈阳：辽宁科学技术出版社，2012：32.
④ 同②.

去，学生自身也就获得了成长，而教育的真谛在细节之处就得以流露。

图 4-7 荷兰 ISW 胡歌兰德小学休息区

图 4-8 日本大阪四天王寺院小学储物柜

福柯曾以规训为主题探讨了权力对人肉体-灵魂的驯顺，他认为整个现代社会都是充满规训组织的，也包括学校对学生的规训，这样的学校培养出来的学生只是如同技术层面的机器一样。我们很多的学校建筑就是在这种强大的规训理念下建设的，不仅没有温情自由的服务设施，还对学校建筑封闭了栅栏，整个学校就像铁笼一样，可称为是当今时代的"全景敞视建筑"①。因此，如果我们的学校教育想要具有精神的自由特性，想要具有自我创造的主体性力量，就不能像物一样地处置人，不能压抑人本身就具有的天性，不能用冰冷的似流水线的设施来满足其生活需要。正如日本文部省在总结学校设施的作用时所指出的那样，"不要把学校设施仅仅当作教育的场所，而是应该把它看作包括生活在内的教育环境"②。而对个体所需的服务性设施的满足则是改善学校建筑关键的环节之一。

（三）保障价值

辅助设施是指学校基本的设施设备，它在学校教育教学活动有效开展、应对突发紧急事件中有重要的保障作用。辅助设施一般包括安全设施（防火标志、紧急疏散图、护栏）、消防设施（火灾自动报警装置、疏散通道、疏散指示灯、消防通道、灭火器）、绿化设施（绿篱、绿墙、草坪、花坛、花镜、树木、盆景）、交通设施（道路、无障碍设施、导引牌等）、基础设备（水、电、暖、照明、排气、通风、

---

① 全景敞视建筑是英国边沁对监狱改革后的建筑学形象，福柯曾多次提到，它最大的特点是使被囚禁者身上始终有一种有意识的可持续性的可见状态，以确保权力的运行。参考：米歇尔·福柯. 规训与惩罚 [M]. 刘北成，译. 北京：生活·读书·新知三联书店，1999.
② 李旭光. 谈我国学校设施改革的必要性——从日本新型学校设施的特点中探讨 [J]. 现代中小学教育，2002（12）：43-45.

通信、监控、网络）等。辅助设施的功能除了日常生活所需的机电系统，还有基于安全、美化、便捷、人性化等理念进行补充的功能，辅助设施似乎不像教学设施、服务设施那样与人发生直接性的接触，但实际上他们交互作用的影响仍然是存在的，只是没有引起个体的注意而已。辅助设施一般从基础性功能、日常教育功能、突发事件应急功能等方面与人发生作用，而且学校的辅助设施也不是随意设计与放置的，它也需要选择一种与个体对话的方式以便融入学校的整体文化之中。

1. 保证教育主体教育教学活动的顺利开展

辅助设施主要为学校建筑的基础性设施，没有辅助设施的保障作用，教育主体的教育教学活动就无法实施。它要为学校使用者的各种活动提供卫生的生活用水、温暖的室内温度、电力设施的正常运转、合适的照明、良好的通风、优良的实验室排水系统、顺畅的校园交通、养眼的绿色景观、健全的安全设施配置、充满人性化的无障碍环境等，其中，无障碍设施应给予重视。所谓无障碍设施是为使用者（不限于残障者）解除空间上和时间上的障碍，它可以体现于室外引导道路、坡道及扶手、卫生间、安全出口等（见图4-9①），因为关爱他人、给予别人方便是优良的传统美德，而且教育就应体现出对所有人的照顾与关心，尤其是我们的学校更不应将残障或者不方便人士的学习与生活需要排除在外。如果将实体建筑比作构成人体的外在组织，辅助设施更像是人体的内部元素，哪个元素有了问题，人体也就出现了不适。而当人体的外部环境出现变化时，内部的组织元素也要与其相适应。因此，随着信息化校园建设理念的提出，辅助设施也加快了与其配套的步伐。只有进一步完善校园网络的区域覆盖、智能数字化平台的建设、数据中心、监控系统等基础设施建设，才能促进教育过程的信息化实现。

图 4-9　天津 E 小学的坡道

---

① 图片来源：作者实地拍摄。

另外，辅助设施还具有教学用具的作用。虽然辅助设施是作为基础性设施存在的，但个别设施是与学生的很多教育活动直接相关的。如辅助设施涉及了安全设施、绿化设施等，那么，也就可相应地将其作为安全教育、环境教育活动的组成部分。学校安全设施中应包括检测设施、报警设施、防护设施、安全警示标志、紧急处理设施、灭火设施、应急救援、逃生避难设施等。安全设施都是与师生人身安全切实相关的，在安全教育活动中，相关设施的介绍、运用、紧急事件的处理都应属于安全教育的内容，不仅是帮助师生了解与使用本校安全设施，而且是对师生未来人身安全防护的生命教育。只有学校具有了高度的生命安全意识，才能具有完备的安全设施，才能做好对学生的安全教育，为他们的生命负责。绿化设施是美化校园、营造良好校园环境重要的设施之一，对树木、绿植、花草的修剪与养护就是在维护和爱护校园环境。因此，学校通过对绿色植物的讲解，可进一步帮助学生认识植物、了解自然，还可组织学生参与到植物的养护过程中，增加学生爱护环境、学习科学的兴趣。

2. 增强应对突发紧急事件的设施作用

在突发事件中，辅助设施体现的是应急处理的作用。由于中小学的学生都是未成年人，在突发事件发生时，学校的责任尤为重要，这就要求学校安全设施一方面要配置完全，如火灾警报器、医疗设施、逃生通道、灭火器等，另一方面还要让师生学会运用。学校应定期举行消防、防空、地震等演练，确定紧急疏散方案，训练师生使用安全通道、防护设施、紧急救援等设施，做好灾备工作，以便在灾难来临时，可以尽可能挽救更多生命。而且教室是学生学习最为集中的场所，一旦发生事故，有序疏散就是十分重要的。如四川安县桑枣中学校长叶志平不仅对学校建筑进行加固，还定期组织学生进行疏散演习，进行灾备训练，才使得在地震中师生仅用 1 分 36 秒就都转移到了操场上，创造了奇迹。

三、学校教育活动空间的教育价值

按照《辞海》的解释，空间是物质存在的一种客观形式，由长度、宽度、高度表现出来。显然，这仅仅是从物质层面进行解释的，不能代表空间的全部内涵。空间有自然空间、人为空间，也有生存空间、成长空间，也有物理空间、心理空间，也有大的社会空间、小的个体空间。建筑空间是空间的一种，但也包含着以上空间的种种特征。从建筑来看，其中虚的部分就是空间，它承载着建筑的价值与意义。人无论是在室内还是室外，都不能脱离空间，空间是建筑组织、建造、围合而成的，是人类为自己创造的生存环境。[①] 正如著名建筑理论家赛维对空间的认识，"空间，应当是建筑的主角，这毕竟是合乎规律的。建筑不单是艺术，他不仅是对生活的认识的一种反应而已，也不仅是生活方式的写照而已；建筑是生活的环境，是我们的生活展现的舞台。"[②]

学校教育活动空间正是学校生活展示的舞台，是学校教育最为真实的存在环境。学校教育活动空间就是围绕学校建筑组织、建造、围合的室内室外及衔接空间，它蕴含着学校建筑所要表达的教育信息、情感、理念、历史文化等，它是影响学校建筑成为一个好的学校建筑的重要因素之一。学校教育活动空间的意义就在于以人为的建筑空间为中介物，促使学校各种教育活动自觉地发生以及有意义建构结果的实现。而在建构意义的过程中，它的教育价值就体现为各种和谐的教育关系以及其对教育主体成长需要的满足。

（一）精神价值

精神价值往往是相对于物质价值而言的，它是满足价值主体精神需要的价值，人的精神需要是不可缺少的，它就像人体需要维生素一样，没有意识、理性、意志等精神活动的生命就是缺乏人性的动物的生命。[③] 学校教育是有目的有计划有组织地对个体身心施加影响的活动，它培养的个体应是具有精神生命的人，它也是人之所以为人的主要特征。而学校教育活动空间的精神价值就在于其空间的精神属性对人的发展需要的满足。学校建筑通过教育活动空间的划分与设计，创造出学校全体成员可以共享的精神产品，以促使学校形成一致的心理基础与共同追求。在学校教育活动空间与教育主体发生作用的过程中，教育主体获得精神层面的满足，从而促使教育主体对学校归属感的形成以及对真善美的自觉追求，教育活动空间的教育价值也就得以实现。

1. 有利于学校场所精神的形成

空间之所以被认为是建筑的主角，不是意味着所有的空间都是建筑，也不是指建筑就是空间，而是因为它是一种人为的主观环境，反映的是建筑空间的精神向度，体现的是空间的内在意义层面，具有一定的文化内涵。而赋予文化特征的

---

① 毛白滔. 建筑空间解析 [M]. 北京：高等教育出版社，2008：1.
② 布鲁诺·赛维. 建筑空间论 [M]. 张似赞，译. 北京：中国建筑工业出版社，1985：16.
③ 袁贵仁. 人的哲学 [M]. 北京：人民出版社，1988：102.

空间,往往能够带来一种精神力量,影响着活动于空间内部的人的观念形态。从建筑学的意义上说,学校建筑空间是指全部由学校建筑物本身形成,如教学楼、实验楼、综合楼以及由连廊连接起来的全部空间。然而,学校教育活动空间的全部意义不仅于此,它需要通过直接的体验才能领会和感受。这种体验一般基于两方面的理解,一方面是空间的实用性,即教育教学功能;一方面是空间内含的意蕴,即对人成长的意义。学校教育活动空间是师生在学校进行教学与学习的主要阵地,空间的各种划分都是为教育教学所服务的,同时,它也被赋予一种对知识无尽探求、对高尚品质孜孜以求、对美好事物憧憬向往的教育场所精神。或者说,当人走进学校教育活动空间时,就会被特有的空间特质所吸引,被浓厚的学习氛围所感染。

"场所精神"的概念来源于古罗马,它是指根据古罗马人的信仰,每一种独立的本体都有自己的灵魂,正是这种被称为守护神灵的灵魂赋予了人和场所以生命,决定了人和场所的特性和本质。[1] 也就是说,不同场所有自己不同的意境和精神存在。诺伯舒兹认为场所精神有两个要素与场所的结构(空间和特性)相对应,即方位感与认同感。[2] 方位感,使人辨别方向,确定位置。当个体处于学校的教育活动空间之中,就会自觉地去辨认所处的环境系统。如果学校能为个体提供一个良好的教育活动空间,个体就会产生比较强的学校意象的空间结构,从而使个体获得一种心理上的安全感与舒适感。学校意象就是个体根据曾经感知过的校园空间在记忆中的重现。对学校教育活动空间的感知要通过观察与认识才能实现,如学校的各种标识物、路径、区域、围墙、大门等就可以作为供个体识别学校的符号,通过这些标识,个体就会形成对校园的整体印象。认同感,可以帮助个体确认与学校这个场所之间的关系,对学校场所的认同感能使个体体验到归属的感觉,认同感的产生来源于人对学校教育活动空间整体氛围的感知,只要学校教育活动空间显现出它的精神特性,就会让个体产生对学校的归属感,从而提高学校的教育效果。

2. 有利于教育主体对真善美的自觉追求

空间是以物质形式呈现的,但空间的构建者是用人的主观的、情感的、意象的、精神的世界去填充它,无论你是否意识到它的精神内涵,它都会与空间中的你自觉地发生情感交流。而一旦你认同了某种空间的精神世界时,它就会影响到

---

[1] 詹和平. 空间 [M]. 2版. 南京:东南大学出版社,2011:208.
[2] 诺伯舒兹. 场所精神——迈向建筑现象学 [M]. 施植明,译. 武汉:华中科技大学出版社,2010.

你的情绪、你的思想以及你的行为。因此，没有产生良好感性世界的教育教学活动空间是失败的，它所体现的教育意义也是有限的。由于学校空间是对学生教育教学的集中场所，如果能恰到好处地把握好空间情感的表达，可能就会产生事半功倍的教育效果。如天津市 C 中学，在实验楼一层专门设置了文化走廊，走廊的尽头是专门为教师与学生分设的借阅室，文化走廊是学生前往阅览室的必经区域，走廊两边展示窗的内容都是与中国传统文化相关、精心挑选的历史上著名的代表人物及其学说，就连走廊选用的灯也是古代瓦当的图样，反映出了中华民族的优秀文化。而这些都是学校教育想要向个体所传达的内容，也是对文化的继承与发扬。走在这样的空间中，学生的精神世界也会自然地与空间所要表达的情感融合在一起，进一步促使学生产生一种催人振奋、静而求之的求学心态（见图 4-10①）。

图 4-10　天津 C 中学的文化走廊

首先，通过对各类教学活动空间进行有意的设计与布置，可以激发个体对知识的渴望、对真理的追求。如在设计舞蹈、声乐、绘画、陶艺等专用教室时，每个专有空间都应有属于自己自身特色的空间内涵，一旦你身处其中，就会受到空间氛围的影响。其次，通过对各类德育空间的设计与布置，可以影响对个体品德的形塑作用，达到润物无声的德育作用。如学校对体现学校形象与理念精神的标识符号的张贴，对有纪念性、教育意义的建筑小品的建造，对学校各种具有历史文化内涵的资源进行挖掘与开发，都会向师生传达积极进取的价值追求。最后，通过对校园环境的设计与布置，可以影响个体的美的感受。良好的校园环境可以使人在教育活动中感到心情舒畅、惬意，从而对活动发生正效应。如在成都金沙

---

① 图片来源：作者实地拍摄。

小学，学生永远是主角，校园里所有的设施都是针对儿童的生理和心理特点设计的，从文化墙、小脚印，到七彩的梦、成长的高度……每一处建筑、每一个角落都渗透着尊重孩子、鼓励孩子发现和展示的意趣。① 金沙小学教育环境的每一处建设都是在为个体提供最好的感受与体验，以增强个体学习的兴趣与效率。

（二）功能价值

老子云："埏埴以为器，当其无，有器之用。凿户牖以为室，当其无，有室之用。故有之以为利，无之以为用。"它表明，建筑，人们要用的，不是别的，而是它的空间。建筑所体现的功能，其实就是要求要有与之相适应的空间。② 学校建筑区别于其他民用建筑最为根本的属性就在于它的教育性，即它为教育教学活动、个体的发展所服务的根本宗旨，因而，一切学校建筑空间也应是为更好地实施教育活动所划定的。若学校建筑想就其功能所用，首先就应提供科学合理的教育教学空间，充分实现学校建筑空间的功能价值。也就是说，只有教育教学空间形式科学化、合理化，学校建筑的教育功能要求才能体现；只有教育功能充分发挥，才能尽可能地满足学校个体发展的需要。

1. 促进教育教学功能的充分发挥

学校教育活动空间的功能价值是指空间对学校教育教学活动需要的满足，尤其是对人教育活动的支持与促进。只有科学合理地规划与使用空间，才能充分发挥教育教学功能。按照学校建筑物的围合情况，学校教育活动空间可划分为室内空间、室外空间以及衔接过渡空间；按照教育活动空间的使用情况，还可划分为公共空间、专有空间、半公共空间以及私密空间。每一种类型的空间有其特殊的教育功能。公共空间是指学校成员可共同使用的空间，它一般是为个体提供集体教育活动的空间，如大厅、图书馆、资源中心、活动中心、礼堂、体育馆、操场、庭院等；专有空间是指供某一特定行为或某一群体实施教育教学活动的空间，如普通教室、舞蹈教室、美术教室、实验室、书法教室、办公室、会议室等空间；半公共空间是指介于公共空间与私密、专有空间之间的一种过渡性空间，就像连接专有空间与公共空间的走廊、楼梯间、建筑之间的连廊、中庭空间等，而学校就可通过建设文化长廊、主题墙、读书吧等方式来填充空间，从而发挥半公共空间的教育作用；私密空间是指单一封闭的空间，限于单独个体或较少数目

---

① 陈瑾. 一条走廊也能达成教育目的 [N]. 成都日报，2009-11-12（A10）.
② 彭一刚. 建筑空间组合论 [M]. 2版. 北京：中国建筑工业出版社，1998：12.

个体的交往空间或学习空间,如心理咨询室、休息室、医务室、谈话室等。

其中,每一种空间又有自己的主导空间与从属空间,主导空间体现的是它的核心功能,从属空间则体现的是辅助功能。如室外活动空间的主导功能区一般是实施集体性必要性活动的区域,如开展广播体操、竞技比赛、体育运动等活动的区域,从属功能区往往是在主导功能区的边缘区域,边缘区域的环境往往非常受人青睐,也是个体进行小范围活动的主要区域。如果学校能利用好这类空间,就会进一步挖掘出室外活动空间的教育意义。通过在边缘区域设置背靠的支撑物、转角的墙面、辅助性的台阶、座椅等,并在其周围适当添置树木、花坛、矮墙等绿化设施,将有利于聚拢个体并促进其自觉自主地实施教育活动,使之成为个体在课堂之外的交流、学习的教育场所。

可见,学校可通过对教育活动空间的合理分类与规划,明确不同空间的使用功能,充分利用每种空间的特性,就能将学校所要表达的教育内容传递出来,充分发挥出学校建筑的功能价值。

2. 促进教育主体个性化学习的发生

随着信息时代的来临与深入,基础学校教育正发生翻天覆地的变化,世界各国学校发展变化的趋势向我们展示了未来的学校教育。在 2011 年发布的《世界银行 2020 教育战略》中,明确提出"全民学习"的教育目标,它不仅仅是指全民学习的意义,还包括学习内容的全部覆盖,既要有知识性学习,也应有技能、态度等内容的学习。正如托马斯·J. 萨乔万尼所认为的学校特征一样,学校应是学习的共同体、同辈的共同体、全纳的共同体、探究的共同体。[①] 也就是说,作为教育主阵地的学校更应体现出以学习为中心的教育理念,培养的人才也应满足现代社会迅速发展的要求。而学校教育活动空间就是要努力为教育主体提供自主化、个性化学习发生的场所,以激发学生更有创新性的发展需要。

教育主体个性化学习的需要对学校教育活动空间提出了相应的要求,它需要重新审视学校空间环境的教育性价值,使原有封闭的、单目的性的、唯一功能的教学空间转向开放性、多目的性的、多功能的学习空间,只有恰当地对教育活动空间进行划分与改进,才能进一步优化空间的教育功能。首先,个性化学习需要多样化的教育活动空间,以满足教育主体的差异化学习方式;每一个个体都是独立的存在,都具有与生俱来的独特性,而且身心发展的速度与水平也会存有一定

---

① 托马斯·J. 萨乔万尼. 校长学:一种反思性实践观 [M]. 张虹,译. 上海:上海教育出版社,2004:89.

的差异，在学习方式的选择上也必然有其各自的特点。学校通过创设各种各样的学习空间，就可以满足不同个体的学习需要。如以学习者为中心的教室座位排列方式，以专业、学科为主题空间的集中，以自习区、讨论区、小组学习区、体验区、辅导区等不同功能学习区的划分等。其次，个性化学习需要弹性化教育活动空间，以满足教育主体多种需要的学习方式。弹性化空间是指空间的多功能性与多目的性，也就是同一个教育活动空间具有多种功能，它对促进教育主体学习效率提升有重要意义。常见的弹性化空间有可移动墙壁的开放式教室、同一年级的组团式教室、多功能休息区域、图书资源中心（借阅、教学、讲座等功能）以及集学习、交往、展示、活动、生活于一体的走廊、中庭、观景台、顶楼等，可适应灵活多样的教育活动。最后，个性化学习需要个别化的教育活动空间，以满足教育主体创造性的学习方式。个别化教育活动空间主要是为挖掘学生的潜力而设置的，通过创设有针对性的学习空间进行因材施教，充分调动学生学习兴趣，培养其思维力与创造力，提升教育教学的创新力。

（三）生产价值

生产价值是指学校教育活动空间的自身生产对人的主体性充分发挥的影响。列斐伏尔曾认为空间的生产不但是空间内部事物的生产，而且是空间本身的生产，空间生产及其产物乃是同一个过程里不可分割的两个方面。[1] 由此可知，学校教育活动空间的生产意义也不仅仅是活动空间的划分、使用功能的呈现，它还指向空间自身所蕴含的教育力量。正如迈克·迪尔所说的"空间从来就不是空洞的，它往往蕴含着某种意义"。[2] 但学校教育活动空间教育力量的发掘与空间意义的不断生产则不能离开学校教育主体的参与与实践活动。在教育活动中，学校教育主体的主体性发挥程度对学校空间意义的实现有重要影响作用，同时，学校空间意义的生产与更新在一定程度上也满足了主体在情感与交往发展中的需要。

1. 有利于教育主体积极情感的生成

有学者认为，学校空间生产方式分为正向生产与逆向生产。正向生产是指类似于学校建设的物质性空间生产，包括设施设备的配置、建筑的完善、校园的绿

---

[1] 亨利·列斐伏尔. 空间：社会产物与使用价值 [M] //包亚明. 现代性与空间的生产. 上海：上海教育出版社, 2003：47-58.
[2] 迈克·迪尔. 后现代血统：从列斐伏尔到詹姆逊 [M] //包亚明. 现代性与空间的生产. 上海：上海教育出版社, 2003：83-110.

化等。逆向生产是由学校个体身体能动性所引发的学校空间再生产。① 也就是说，逆向生产的成果是与个体的主观能动性密切相关的，它受个体的教育理念、个性、行为方式等因素的制约。那么，良好的物质性空间就会促进教育主体的积极参与，引发教育主体与学校空间的情感共鸣，促进教育主体积极情感的生成。而学校教育主体是一个个具有生命律动、生生不息的主体人，只有在空间中充分体现出其主体性，才能实现学校教育活动空间意义的再生产，这就对学校空间的生命性与丰富性有了更高的要求。首先，为个体提供释放天性的空间。无论是教育者还是受教育者，都不能抹杀人之为人的天性，也不能抑制个体自由活动的需要，这就需要学校为其提供自由、开放、民主的育人空间，使其身心获得最为舒适的学习状态，使其获得学之有乐、玩之有所、思之有伴的活动空间。以生态园、顶楼农场、植物园为例，这些空间就较好地将学习、体验与休憩融合在了一起，对个体之间的沟通、兴趣的培养都起到了积极的促进作用。其次，丰富个体教育活动空间的类别。个体在学校除了学习的需要，还有日常生活、运动、交往、审美等各种各样的需要，学校空间应增加其种类的丰富性来满足个体的不同需要，提升个体学校生活的精神质量，改善个体工作、学习的效率。教育活动空间应打破个体只为教学存在的一隅之地，增加个体进入全体之中的可能性，以实现教育的根本目标。正如雅斯贝尔斯所言，如果人与一个更明朗、更充实的世界合为一体的话，人就能够真正成为他自己。② 而学校教育活动空间应努力提供的就是那个让个体感到更明朗更充实的世界。

2. 有利于教育主体交往能力的提升

人的一切活动都是以交往为前提的，对于学校教育主体而言，交往也是一种简单而必要的活动，教育教学活动本身就是一种主体之间的交往活动。"没有交往，教育关系便不能成立，教育活动便不可能产生。一切教育不论是知识教育还是品格教育都是在交往中实现的"。③ 因此，学校空间意义的生产不能离开交往的作用，而且良好的教育活动空间再生产也必然会促进教育主体交往能力的提升。交往发生在学校教育活动空间的每一个角落，学校应重视每一个空间交往意义的挖掘，努力为各种交往的发生提供可能。然而，现有的学校在空间设计上过多地呈现了相似性，如在走访的学校中大部分学校利用走廊空间设置了书吧、书架区域，对其他空

---

① 苏尚锋. 学校空间论 [M]. 北京：教育科学出版社，2012：196-198.
② 雅斯贝尔斯. 什么是教育 [M]. 上海：生活·读书·新知三联书店，1991：54.
③ 金生鈜. 理解与教育——走向哲学解释学的教育哲学导论 [M]. 北京：教育科学出版社，1997：125.

间的交往功能发挥不够，而且在专用空间、公共空间等空间中更强化了其空间的功能性，交往意义也并没有得到深入的挖掘，这也就意味着空间的生产价值还未得到充分体现，还需进一步对不同类型空间的特性进行剖析，如衔接过渡空间。

衔接过渡空间指不同类型空间之间的衔接与过渡，包括室内外空间的缓冲区域、封闭空间与敞开空间的过渡，教学空间与活动空间之间的过渡，专用空间与半公共空间的过渡，公共空间与私密空间的过渡，核心空间与次要空间的过渡等。衔接过渡空间的限定性不强，但又不是完全没有界定，有的是通过物质结构形式，有的是通过环境氛围的转换来凸显该空间的过渡作用。它是交往的灰空间，有重要的人际交往意义。"灰空间"来源于日本建筑师黑川纪章的共生思想，他将灰空间视为中间领域，而共生就是通过中间领域实现的，中间领域论证了生命的原理，是对人创造性的激发。因此，黑川纪章十分重视中间领域的处理，他常常用格构、柱廊、多层户外门廊、限定室内外建筑小品、大面积的屋顶等来形成丰富多彩的半私密空间、半户外空间等。① 在学校教育活动空间中，过渡空间可以很好地实现人与建筑、人与环境、内部与外部、部分与整体的共生。它的模糊性、不确定性正好为空间的可创造性、可利用性提供了发展的余地，以促进良好交往环境、有意义空间的形成，而不单单体现一个过渡的作用（见图4-11②）。

图4-11 天津A小学机器人工作室通道

因此，教育活动空间的生产与再生产是人的有意为之，交往意义也不是随意随处生产的，它也需要学校对各类活动空间创造性地利用，构建良好的交往环境，发挥其应有的教育价值。

---

① 郑时龄，薛密. 黑川纪章 [M]. 北京：中国建筑工业出版社，1997：25.
② 图片来源：作者实地拍摄。

第五章

学校建筑教育价值的现实考察

学校建筑教育价值是对价值主体与价值客体价值关系的反映，只有教育价值主客体建立了价值关系，学校建筑教育价值才能产生。学校建筑教育价值的产生不是经过具体的学校建造活动或是个体的教育教学活动就能实现的，也不是学校建筑本身具有什么样的属性就一定会使主体产生相应的需要并使其得到满足，它一定是由教育主体需要的满足程度来衡量。学校建筑教育价值活动实际上是教育主体对学校建筑所提供的个体活动条件的认识、体验与评价过程，它是学校建筑教育属性对主体教育需要的持续性趋向，并由主体不断地对学校建筑进行改造使其变成符合教育主体理想中建筑样子的过程。由此可见，学校建筑都是以人的发展为价值尺度，学校建筑教育价值的根本诉求也在于人之发展。然而，在现实中由于教育发展水平的参差性，学校建筑设计理念的不同，学校建筑教育价值实现的情况也不尽相同。因此，对现实中学校建筑教育价值实现程度的了解与探讨，将有利于学校建筑教育价值的最大化发挥，也为人的发展提供良好的教育环境。因为教育形成的人才是诸多教育价值实现的根本。[1]

学校建筑教育价值的现实境遇主要是对学校建筑教育价值在目前学校教育教学活动中实现境况的呈现与其缺位的原因分析。为能够更好地概括学校建筑教育价值的实现状况，本研究选取了我国东部、中部、西部、东北部四个区域的21所义务教育学校展开问卷调查，回收有效问卷1 695份，同时选取天津、内蒙古的若干所义务教育学校进行校长访谈，获得了许多珍贵的第一手资料，以期为本研究做出辅助性说明。由于学校建筑教育价值受不同层次教育主体与学校建筑多

---

[1] 郝文武. 教育哲学 [M]. 北京：人民教育出版社，2006：124.

重属性的影响，学校建筑教育价值也呈现出多种可能，既有同一建筑属性满足不同主体教育需要的可能，也有不同建筑属性满足同一主体教育需要的可能，因此，在具体呈现学校建筑教育价值的现实境遇中，重点选择有显著特征的价值因素以及能够代表教育价值发挥的一般形态或趋势的情况进行分析和论述。

一、学校建筑教育价值实现的境况

对学校建筑教育价值实现境况的分析是在信息社会、教育世纪变革的背景下，结合我国学校建筑发展的实际展开的，主要从学校实体建筑、学校教育设施、学校教育活动空间的教育价值实现情况入手，着重描述学校建筑教育价值外在表现的现状特征与发展趋势，通过学校建筑的构成要素来展现一幅学校建筑教育价值实现的现实图景。

（一）学校实体建筑教育价值的实现状况

学校实体建筑教育价值包含实用价值、审美价值、人文价值，其教育价值实现程度更多的是考察现实中学校实体建筑的物质构成、外在形象与环境对人身心发展的积极意义，表现为个体对实体建筑产生的环境知觉与情感反应。

1. 学校建筑构成与个体实用需要

个体实用需要主要是满足个体对学校建筑的使用需要，以满足个体日常工作、学习所需的基本条件。那么，其首要满足的应是个体的生理需要与安全需要，主要体现于与人生存相关的本能反应，如安全、温暖、舒适、娱乐、避风、逃生等。在经过工业化学校建筑效率优先性的发展后，现代教育下的学校建筑已从"能用""达标"的标准化建设逐渐回归到了人类学的视野之中，学校建筑所构建的物理环境越来越向舒适性发展，无论是学校建筑的朝向、光线、通风、噪声、温度、色彩，还是学校建筑的布局、功能分区、平面设计，都以符合人的生理需要、行为习惯为主要依据。

由于光线、通风、私密性、噪声干扰等原因，目前我国中小学新建建筑逐渐弃用过去的单内廊-双侧房间、双外廊的平面形式，多采用单内（外）廊-单侧布置房间形式，正在使用中的老式学校建筑也将背光一面的教室作为辅助性房间所用，以优先考虑学生的生理需要。学校的单内（外）廊平面设计房间朝向较好，采光通风好，走廊较宽，教室之间相互独立。目前标准教室形态仍以矩形教室为主，六角形等多边教室一般多做功能教室，以符合学生的最佳视力范围。近年来，新建的中小学中也出现了新的布局形式，如单元式组合、厅式组合、庭院式组合的新型平面布局。单元组合式是将关系密切的教室组合在一起，一般是由若干教室及辅助用房组成功能较为齐全的独立单元，多见于一个年级的标准教室、教师办公室、团体活动室、卫生间等房间组成的独立单元[①]。厅式组合以主体大厅为核心，周围穿插依附于大厅的房间，一般体现于学校建筑中拥有共享空间的建筑设计。庭院组合式是沿学校建筑四周环绕布置，中间形成庭院，特点是面积大小不一，学校可根据需要作绿化、交通、游戏、室外活动等场地，如青岛第二实验中学的两个庭院空间连接了学校整体建筑的组合，平坦的东西轴庭院为学生课余的户外活动与交往提供了一个安全的场所，南北轴庭院则建立起校园两个方向入口的对应关系，因地制宜利用地形的竖向落差，形成仪式空间[②]。

在关于学校建筑布局舒适、功能分区合理、过渡便捷等情况满意程度的调查中，大部分学生的态度是积极的，对这三个问题按照李克特量表五级态度（分数依次为5、4、3、2、1）评分，各题态度均值分别为3.73、3.56、3.78，均略高于平均值，完全不同意与不太同意的人数占据12.1%、16.5%、14.2%（见表5-1[③]）。虽然我国学生对学校建筑目前的平面布局、功能分区、过渡便捷等方面态度较为满意，但离一些国家和地区的学校发展水平还存有较大距离。欧美、日本、新加坡等国家学校建筑变革的起步较早；我国台湾地区自20世纪90年代也开始发展加速，学校建筑平面设计逐步脱离封闭、单调、单向、教学为主的单一功能向现代、开放、弹性、多样、学习为主的群集型、组合单元空间型转变。

表5-1 关于学校建筑现状的态度调查

项目	布局舒适	有效百分比	功能分区合理	有效百分比	过渡便捷	有效百分比
完全不同意	86	5.1%	103	6.2%	94	5.6%
不太同意	118	7.0%	172	10.3%	144	8.6%
一般	455	26.9%	476	28.5%	384	22.9%
比较同意	531	31.4%	522	31.2%	474	28.2%
完全同意	499	29.5%	400	23.9%	583	34.7%

---

① 张泽惠，曹丹婷，张荔. 中小学校建筑设计手册 [M]. 北京：中国建筑工业出版社，2008：26.
② 蔡永洁. 习·戏之间——庭院为主题的青岛第二实验中学建筑设计 [J]. 时代建筑，2013（5）：126-129.
③ 于丽. 房屋建筑学 [M]. 2版. 南京：东南大学出版社，2014：220.

当学校实体建筑不断贴近个体需要时,学校建筑的安全意义也日渐提升。学校建筑是育人的主要场所,中小学学校建筑更是适龄儿童、青少年最为集中的场所。因此,学校建筑应成为最坚固、最安全的建筑。在过去的很长一段时间内,我们更多地注重了学校建设的效率、工程进度、教育指标的完成,而对安全性能方面没有引起足够的重视,导致大量豆腐渣工程的出现。据统计,汶川大地震致使四川省大约13 779间学校受损,受损的建筑面积约有2 489.96万 m^2,5 335名学生遇难或失踪。汶川大地震用生命的代价向我们提出了学校建筑的设计与建设问题。2009年5月1日我国实施新修订的《中华人民共和国防震减灾法》,提高了学校建设工程的抗震设防要求。四川重建的中小学从原来最高抗震设防烈度7度普遍提高到现在的8度以上。[①] 有学者指出,教育建筑的设计,不仅要考虑其结构本身的抗震能力和安全性,还须从空间设计、流线组织、建设标准等多方面探讨其安全设计对策。对于设计依据的规范、规定也应及时更新修订。[②]

学校建筑除了抗震能力的安全性能,还包括建筑环境、疏散、楼梯、出入口的安全,在我国2012年开始实施的新修订的《中小学校设计规范》(GB 50099—2011)中都有详细的规定,它要求中小学校建筑设计应符合现行的各类国家标准,严格按照《安全防范工程技术规范》《建筑设计防火规范》《建筑抗震设计规范》《建筑内部装修设计防火规范》《民用建筑室内环境污染控制规范》等规定执行,既要满足安全性能的规定,也要满足环境卫生健康的要求。目前大部分学校建设都能严格执行相关规定,在走访的学校中,校长也多次提到将学生的安全成长作为建设的主要目的,学校中的防护、安全措施也比较到位。如天津市某小学为防止学生运动时撞击到四周墙壁而受伤,特意对体育馆内部进行软包,提升学生运动的安全性与舒适性。然而,在现实中不注重学生健康、安全的现象也仍然存在,建造过程中对相关标准、规定置若罔闻,导致危害学生的事情时有发生,如在上海市崇明区裕安小学新校区教室橱柜的甲醛、氨超标事件中,有38名小学生身体不适入院治疗。[③] 这说明规定、规范的出台还不足以保证执行的力度,仍然需有相关的法律法规给予相应支持。

---

① 李志晖,李云路. 中国首次公布汶川大地震遇难和失踪学生人数 [EB/OL].(2009-05-07)[2015-11-10]. http://news.xinhuanet.com/newscenter/2009-05/07/content_11330674_1.htm 新华网.
② 张珊珊. 自省与感悟 探究与实践——教育建筑灾后重建的思考 [J]. 城市建筑,2009(03):6-12.
③ 佟继萍,叶松丽. 崇明一小学甲醛、氨超标 全校今起搬回老校区上课 [N]. 新闻晨报,2015-09-28(A03).

2. 学校建筑标准与个体教育需要

近年来，在义务教育学校标准化建设的形势下，学校建筑建设、设施配备、环境营造等物质条件日益提升，在一定程度上满足了个体获得均衡优质的教育需要。义务教育学校标准化建设是指在义务教育领域内根据法律规定，确保全国基础教育大体拥有均衡的物质条件和师资队伍条件的规范化学校。[①] 这一政策旨在均衡合理配置设备、图书、校舍等资源，加快缩小城乡、区域、校际差距，努力提高办学水平和教育质量，它是义务教育学校实现均衡优质发展的途径之一。那么，作为学校硬件资源的学校建筑也因而获得了标准化的重点建设。自2012年国家出台《县域义务教育均衡发展督导评估暂行办法》《关于深入推进义务教育均衡发展的意见》后，各省市都在不断更新修订本地区义务教育标准化学校建设标准，并与各地（市）或县（市、区）签署义务教育均衡发展责任书，保证县域范围内义务教育的均衡发展。各省市关于学校建筑的建设标准中，都涉及了教育经费、校舍场地、教学设备、学校信息化、生活设施、校园环境等具体内容，关照到了学生学习、生活的方方面面。如对专用教室类别、数量都有明确的规定，目前要求音、体、美、计算机、科学都有独立专用教室，专用教室要求利用率高，并能广泛进行课程熏陶，开放陈设，展示与教学相关的标本、仪器、设备，方便学生参观。如天津发布了天津义务教育学校专用教室设施设备情况评估表（见表5-2）。可见，学校建筑、设施等硬件资源的配置正在不断完善，将极大改善学生学习的环境，为学生学习创设更多更优良的学习条件，也使义务教育能真正实现办好每一所学校、促进每一个学生健康成长的均衡发展理念。

表5-2 天津义务教育学校专用教室设施设备情况评估

项目	要求	物理	化学	生物	科学	信技	音乐	美术	体育器械室
布置	布局合理，符合学科特点，体现科学性、合理性、安全性								
照明	照明能满足教学需要，不准使用普通灯泡								—
遮光	做光学实验的物理实验室应安装遮光窗帘		—	—	—	—	—	—	—
温度	有采暖和降温设施								—

[①] 杨兆山，金金. 建设"标准化学校"，搭建义务教育均衡发展的操作平台[J]. 东北师范大学学报（哲学社会科学版），2005（5）：36-41.

第五章　学校建筑教育价值的现实考察

续表

项目	要　　求	物理	化学	生物	科学	信技	音乐	美术	体育器械室
通风	化学实验室安装通风装置	—		—	—	—	—	—	—
环保	室内环境噪声不大于65 dB	—		—	—	—	—	—	—
环保	实验废液应集中收集并妥善处理					—	—	—	—
安全	实验室、图书馆、信息技术教室等应备有干粉灭火器等消防设施						—	—	—
安全	化学室应设置一个冲眼壶和急救箱；急救箱中药品注意及时更换	—		—	—	—	—	—	—
安全	信息技术教室应加装防盗装置	—	—	—	—		—	—	—
设备配置	实验台、准备台外观平整，无明显缝隙，若采用封边处理，封条不应有脱胶、鼓泡						—	—	—
设备配置	仪器柜、药品柜、陈列柜数量、规格及内部格局依实际情况设计								
设备配置	化学实验室应有通风橱柜	—		—	—	—	—	—	—
摆放	设备设施摆整齐、有序，便于使用								
附属设施	各室电气线路应采用防火要求的暗敷配线方式，信息技术教室安装自动断电保护								—
附属设施	设有给排水设施，水槽四周应做密闭处理，无脱胶、漏水现象						—	—	—
附属设施	各室应配置制作、修理仪器所用的工具						—	—	—

在走访的天津市义务教育学校都能明显感觉到学校对标准的执行，学校都在努力按照《天津市义务教育学校现代化建设标准》的要求不断改进，整体办学条件都在朝优质化方向发展。各学校不仅按标准的要求设置了专用教室，还依据学校校本课程开设了相应的专用教室，如书法教室、机器人工作室、航空航模工作坊、图书室等。虽然很多学校教室数量有限，但各学校都通过逐年递减教学班或者教室改造等方式来避免挤占专用教室的情况出现，尽可能满足学生的各类学习需要。而且在具体实施中，专用教室的教学效果明显高于普通教室，正如走访的A小学校长在访谈中所言："结合专用教室的学习定位，对其进行特色化布置，营造一定的学习氛围，明显可以起到吸引学生，激发他们学习兴趣的作用，

并能潜移默化地影响学生的认识与行为。"在图书资源配置方面，图书数量逐年增加，走访的D小学还与市儿童图书馆联系建立了所在学校的分馆，图书可定期轮换，加强了图书流动性，实现了与社会资源的共享。而且各校也都有自己独立的学生阅览室与教师阅览室，为教师与学生提供了较为人性化的阅读空间，有条件的学校还将语文阅读课的课堂搬至阅览室进行，对学生阅读习惯的养成具有积极的作用（见图5-1①）。在信息化建设方面，电子备课设备、设施大都能满足教师教学需要，许多学校也尝试引进各学科的资源分享、测验、家校合作等平台。在生活设施方面，每个楼层都会配备饮水设施，有条件的学校还配置了饮水间，购置直饮设备等（见图5-2②）。校园环境干净整齐，但多数学校更侧重室内文化氛围的营造。

图5-1 天津市E小学的学生阅览室

图5-2 天津市E小学的楼层饮水间

3. 学校建筑环境与个体文化化需要

学校实体建筑对个体文化化需要的满足是学校建筑人文环境化人功能的体现。这里的"化人"类似于"育人"的意义，它是以特定的学校建筑环境所营造的人文氛围来塑造人、熏陶人、培养人，使人按照一定的方向发展，形成一定的思想意识、价值观念、思维方式和行为习惯。而对个体的文化化也是学校教育的主要使命，学校通过人文环境来实现对个体潜移默化的教育影响，以促进对个体人格、道德品质的完善与提升。学校建筑的人文环境一般反映的是学校特有的文化底蕴。这种人文性其实正是学校物质文化内涵的集中表现，学校物质文化内涵是由物质的形成、产生过程中所积淀的由人和事物构成的富有教育意义的行为故事。③可见，学校建筑环境的化人作用首先就体现于在学校建筑中生活的个体所发生的各种具有教育意义的活动。而文化化人主要就是通过学校建筑人文环境

---

① 图片来源：作者实地拍摄。
② 图片来源：作者实地拍摄。
③ 张武升. 论学校教育的文化内涵［J］. 教育研究，2009（11）：48-52.

的影响和各种活动所实现的。学校建筑本身就是一种重要的教育力量,这种力量潜在地、持久性地对学习生活于其中的个体产生影响,它是个体思想、行为形成、发展、变化的重要因素。

在当下的学校建设中,人文环境的设计成为一所学校规划的重要方向,而实体建筑自然也成为文化强有力的附着物。大部分的中小学对人文环境建设保持较高的敏感性,也在尽可能通过各种方式寻找学校文化的"根"。有的学校可能人文起点较高,自身就具有丰富的建校历史,有的甚至还有历史存留的老建筑、老物件、老设施,这些无疑为学校建筑环境人文性的形成奠定了良好的基础。如江苏的吴江中学,拥有三百年的孔庙学宫和千年的县学遗址,利用遗址资源的优势,学校在孔庙两侧建设了集思想、文学、艺术于一体的"历代名人咏吴江""孔子论语集句碑廊",曲廊、文庙、县学遗址园与当今学校建筑相互呼应、相得益彰,都无不在召唤着师生"坐仰先贤"的文化传承。而有的学校人文起点可能就相对较低,建校时间短、可用空间又有限,这就需要学校建筑的规划者对学校的办学理念、特色、精神进行深度的思考与实际的践行。大多数学校会选择根据自身的发展定位来为学校环境进行布置与装饰,尽可能让个体在建筑环境中感受到学校的精神文化。北京实验二小有着悠久的历史文化,它在校园建设中对教育理念的融合可为文化薄弱的学校做一个典范。在这个校园里你常常会有一种如沐春风的感觉,校园里有镌刻中外著名科学家塑像的文化园,有上百种鸟的欢乐角,还有用石头制作的十二生肖,被绿色藤萝架环绕的亲子园,孩子们可以自由自在地在这里观赏、遐思、畅谈(见图5-3)①,这些园地的设计的灵感都来源于该校"以爱育爱"的办学理念。

图5-3 北京实验二小穿越古今的"对话"

---

① 李建平.理念变了面孔变了——学校设施建设凸显"以人为本"[N].中国教育报,2004-03-09(5).

在问卷调查中，对关于"在校园环境中我总能感受到学校的精神和文化"的态度选项中，持完全同意与比较同意的有效百分比达到60.8%，不同意的有效百分比仅有14.1%。可见，大部分学生对学校建筑人文环境的建设还是持认同态度的。从走访的学校中可以发现，走访的学校多数是属于人文起点较低的学校，但通过学校自身的设计，人文氛围也得到了一定的提高。这些学校处于城市中心，虽没有可观赏的自然环境，但校园环境干净整齐，绿化合理，大都拥有一种浓郁的书香气，而且很多学校还将室外空间进行分割，建设了本校的生态园、试验田、养殖基地等，还有的学校利用楼顶、中庭进行花园、农场的建设，以营造良好的育人氛围。但由于学校室外空间毕竟有限，所以大部分学校主要将人文环境建设的重点放在室内人文环境的营造之中，目前可见的营造方式主要有建立文化长廊、成果展示墙、主题楼层、配置书架与座椅、班级文化标牌，以及随处可见的名人名言、历史小故事、文明提示等（见图5-4①和图5-5②）。

图5-4 天津A小学的"人与自然"主题墙　　图5-5 天津F小学廊道的书架陈列

（二）学校教育设施教育价值的实现状况

相对于学校实体建筑的整体性而言，学校教育设施体现的是学校建筑的细节处理，学校教育设施更侧重于对物的使用性能的感知体验，它所起到的作用更像是教育与人之间的中介作用。教学设施连接的是学校教育的"教"与个体的"学"，服务设施连接的是学校教育的"理念"与个体的"心灵"，辅助设施连接的是学校教育的保障与个体的活动。从这三个方面对个体的教育作用中，可初步描绘出学校教育设施教育价值实现的主要特点。

---

① 图片来源：作者实地拍摄。
② 图片来源：作者实地拍摄。

1. 学校教学设施与个体数字化成长需要

学校教育是培养人的社会活动，教学是学校教育的核心。教学活动通过知识学习来实现学生的成长与发展，但知识传授和学习，不是学习书本上的文字表述，而是通过打开、内化的方式，通过学习活动使学生获得知识、丰富心灵、发展智力体力、形成正确的情感态度价值观。[1] 教学设施所起到的作用就是为这种教学、学习活动服务。随着新时代个体学习活动社会背景发生的深刻变化，教育与信息技术的变革融合充溢着每一个校园，为更好地满足个体学习的需要，学校教学设施信息化也进入了全面发展的高速期。从20世纪90年代开始，世界各国就把教育信息化作为促进本国教育改革的重要举措。21世纪以来，我国基础教育也开始实施了校校通、班班通、农远工程等重大项目，经过二十几年的发展，在教育信息基础设施方面取得了重要成果。在2011年发布的《教育信息化十年发展规划》中，提出结合义务教育学校标准化建设，针对基础教育实际需求，提高所有学校在信息基础设施、教学资源、软件工具等方面的基本配置水平，缩小数字化差距，促进优质教育资源共享。通过信息化教学环境的建设，探索建立以学习者为中心的新教学模式，不断培养学生在信息化环境中的学习能力。[2] 教育信息化的一般过程可视为从以硬件为核心的软硬件建设阶段，到以应用为核心的实操阶段，再回归到以个体发展为核心的服务提升阶段，而基础设施、设备的提高已成为整个教育信息化过程中的首要环节。这些在政策上的日益关注与在实践中的加快落实，都充分保障了基础教育学校教学设施设备信息化的实现。一方面，信息化教学设施设备的配置提高了课堂教学的有效性与丰富性；另一方面，信息化教学环境氛围的营造，也确实在促进学生自主学习能力方面有较好效果。

在走访的学校中，校校通、班班通的基础设施都已配套到位，信息技术教室、录播教室、多媒体教室的设备也都由教育主管部门进行了统一配置，有条件的学校还建设了信息化的图书馆，增加了图书查询、资料查找等功能。课堂教学所使用的教学设备更是不断在更新，天津地区中小学的标准教室普遍都使用了交互式电子白板、液晶电视等，取代了过去的"三机一幕"，它主要是将黑板与电脑连接起来，实现教师电子备课、多媒体授课、板书及屏幕注解，提供丰富多彩的辅助教学工具等功能。也有的学校教学设备更为先进，更新周期较短，目前已采用交互式电子白板一体机、交互式液晶书写屏。多媒体教学一体机的特点就是

---

[1] 郭华. "教学认识论"在中国的确立及其贡献 [J]. 山西大学学报（哲学社会科学版），2015（4）：62-70.

[2] 教育信息化十年发展规划（2011—2020年）[J]. 中国教育信息化，2012（8）：3-12.

内置计算机,以往的多媒体讲台也被可以镶嵌在墙壁的中控面板所取代。所谓一体机,就是一台设备,就可将电子白板、短焦投影、功放、音响、电脑、视频展台、中控、无线耳麦、有线电视等多媒体设备高度集成,无需电子讲台,无需综合布线,不占用教室空间。在一体机上操作,完全是触摸式的电脑模板,既可做书写屏,也可当电脑使用,全面支持文本、图片、PPT、视频、音频等各种多媒体教学和演示,可更好地实现师生互动和人机互动,使教学过程更具互动性、灵活性和趣味性。录播教室的录播系统可通过网络进行集控式管理,具有自动化录制、直播、点播、导播、自动跟踪和自动上传存储等多种功能。目前大部分学校可在录播教室进行视频公开课、精品课程、远程教育课程、视频会议、学术报告等录制任务,还可以与其他学校进行交互式学习,也可为特殊学生回顾教学过程或者对课堂教学进行直播,很多学校还利用其召开家长视频会议和校内演出直播。

然而,无论信息化的教学设施有多先进,其最终落脚点都应在于教学质量与学生素质的提升,它所强调的就是运用信息技术去优化教学过程。① 在对信息化教学设施的教育性意义的挖掘中,更重要的应是教师如何在教学实际中对其更好地使用与推广,而不是不用或仅作为普通的多媒体设备使用,从而忽略了它的教育价值发挥。目前学生在现有的信息化教学环境中还没有得到充分的受益,学习资源库、电子教材、移动学习支持等都亟须进一步完善。面对教育适龄儿童的数字化倾向,教学环境的信息化更符合其数字化的成长需要,也更利于其社会化过程的实现。

2. 学校服务设施与个体学校生活需要

据有关研究,如果物理环境与氛围都有一种家的感觉或具有家的特征的学校建筑,无论是对成年人还是对儿童都会有减轻压力紧张感的作用,它会帮助孩子们感觉更舒适,也会让他们在学习上更能集中注意力。② 而这种家的亲切感、幸福感与归属感,很多时候是在学校服务设施的配置中体现出来的。学校通过对具有人性关怀的服务设施的配置与使用,提升个体在学校生活的幸福指数,在一定程度上起到缓解个体身体的紧张感与内心情绪波动的作用。

自改革开放以后,我国就进入了教育变革的发展期,从 20 世纪 80 年代的以

---

① 何克抗. 我国信息化理论新进展 [J]. 中国电化教育,2011(1):1-19.
② TANNER C K, LACKNEY J A. Educational Facilities Planning [M]. Person Education,2006:27.

经济建设为主导,到20世纪90年代微观教育领域中对人作为主体的发现、素质教育的推行,进而到21世纪新课程改革的实施,确立了每位学生发展的教育理念,30年的变化历程反映了教育改革不断地朝着发现人、解放人的目标前进。[①]因此,以人为本、以生为本、关注并满足个体的多元需求已成为学校最为基本的教育理念。我国的中小学建筑也从过去依据功能分区的服务设施配备到如今对服务设施的细节考量,处处体现出以学生发展为目标的服务性意识。在走访的学校中,各类文体设施、卫生保健设施、心理咨询设施配置较为齐全,只是依据各校实际,设施条件会有所区别。如在文体设施中,有条件的学校可能会建设室内体育馆、游泳馆,个别学校还对室内体育馆的墙壁进行了软包,以防止学生撞击受伤(见图5-6[②]),而校园面积有限的学校不仅没有室内场馆,运动场的跑道长度也存在不足的问题。卫生保健、心理咨询设施中的药品柜、消毒设备、医疗设备、沙发、沙画、躺椅等都有所配置。文化设施、生活设施、休憩设施各学校配备较为参差不齐,尤其是西部、东北部的老校区、老建筑在这方面考虑较少,但新校区的建设却是给予了很多人性化的关注,部分服务设施的质量获得了一定程度的提升。

文化设施中,主题墙、宣传栏、展示板几乎每个学校都会有所应用,呈现内容也大为相似,但景观小品设计却因学校而异,这主要是受学校场地、经费、学校文化传统、校园环境所限。如建筑小品包括校园标志、校园大门、校园雕塑、亭榭、水塔、游廊、灯具、台阶等,无论对其中哪一个小品的设计,都需要整体的依托映衬和协调(见图5-7[③]),而具有自身文化属性的建筑小品景观在目前中小学建筑中却极为少见。有受访校长曾表示,"文化设施的引入应与整个学校环境和谐一致,根据学校自身文化特点来确定其布置,我们更希望看到主题连续性、教育意义深远、整体化布局的文化设施。"所以,许多学校更倾向于文化设计公司对其文化设施进行整体设计。

[①] 冯建军. 论教育转型[J]. 全球教育展望, 2010 (9): 39-45.
[②] 图片来源:作者实地拍摄。
[③] "过山车"回廊是北京某职业中学文化广场的集聚性空间,有效地为学生提供了一个户外交往的公共空间。"过山车"回廊创造了一系列与环境融合的空间,包括开放式花园、阴影展馆和展览甬道等。整个建筑的弯曲形态,最大限度地考虑了保留广场现有的树木以及利用现有树冠投射下的阴影。图片来源:古德设计. 雕塑化身空间!中学校园惊现醒目过山车![EB/OL].(2011-11-16)[2015-11-14]. http://arch.hxsd.com/industrynews/201111/654911.html.

图 5-6　天津 E 小学软包的体育馆

图 5-7　北京市某中学"过山车"回廊

生活设施中，主要是为学生日常学习提供便利服务的设施，如学生所使用的水池、饮水设备、清洁柜、储物柜、鞋柜、插座等。根据走访发现，新建校区一般都会为学生设置储物柜，有的学校是在走廊区域，有的学校是在教室后排，但在老校中很少看见。在对增加储物空间的重要性选项中，有效问卷中有 56.5% 的学生选择了非常重要，仅有 4.1% 的学生选择非常不重要。清洁柜、杂物篮每个班级都会配备，但水池却仍然集中于楼层的水房，对于打扫卫生、学生使用仍有一些不便利，鞋柜、插座、衣帽钩等设置仍然很少见。

休憩设施主要是在室内的共享空间与室外的空地中为个体设置的长椅、石桌、回廊等可以休息小坐、闭目养神、发呆静思、观赏校园的地方。在大部分学校中，休憩设施有配置，但数量较少、舒适度有限；也有些学校有配置，但使用率不高，效果一般。数据显示，在增加室外座椅、垃圾桶等服务设施的重要性选项中，有效问卷中有 53.7% 的学生选择了非常重要，说明在现实的学校生活中，服务设施的配备还大大缺少（见表 5-3 和表 5-4）。

表 5-3　关于增加学校设施重要程度的态度调查（1）

增加室外座椅、垃圾桶等服务设施		人数/人	百分比/%	有效百分比/%
有效	非常不重要	56	3.3	3.3
	不重要	114	6.7	6.8
	一般	242	14.3	14.4
	重要	364	21.5	21.7
	非常重要	899	53.0	53.7
	合计	1 675	98.8	100.0

续表

增加室外座椅、垃圾桶等服务设施		人数/人	百分比/%	有效百分比/%
缺失		20	1.2	
	合计	1 695	100.0	

表5-4　关于增加学校设施重要程度的态度调查（2）

增加师生储物空间、休息区		频率	百分比/%	有效百分比/%
有效	非常不重要	69	4.1	4.1
	不重要	116	6.8	6.9
	一般	225	13.3	13.4
	重要	319	18.8	19.1
	非常重要	945	55.8	56.5
	合计	1 674	98.8	100.0
缺失		21	1.2	
	合计	1 695	100.0	

3. 学校辅助设施与个体教育教学活动的实施需要

学校辅助设施是指保障学校教育教学活动实施的基本设施、设备，它还对校园美化、突发事件应急处理有一定作用。如果没有学校辅助设施的支持与保障，学习、生活中所需的电、水、暖、通信、网络都会受到影响，这些也是学校建筑在建造之初首要考虑的事项。因此，在下文中我们主要对学校安全设施、交通设施、绿化设施的教育价值实现情况进行探讨。过去，学校建筑建设大多是围绕建筑美观、环境优良来设计辅助设施，而对学生是否喜欢、学生需要什么样的设施很少考虑，尤其是辅助设施对学生的发展意义也鲜有谈及。

学校安全设施，直接关系着个体在学校进行活动的安全指数，如窗户是否加固、楼梯是否设计螺形踏步、外廊栏杆是否安全、应急灯能否正常使用、体育设施是否有破损、具有给水设施的房间是否有防滑设计等，尤其是在遇到突发事件时，学校是否有消防设施、报警器、紧急疏散图、安全通道就至关重要了。在走访的天津学校中，可以看到消防设施、紧急疏散图、防火标记的配置，在走廊也有相应的安全通道指示灯,有的学校还以主题墙或者主题板报的形式向学生介绍安全常识(见图5-8①)。但在教育部2009年对中小学安全管理状况的调查中,仍有逾三成的学校没有相应设施的配置(见表5-5)。②而且用电节约平台、触摸式开关、感应路灯、即时监测设备等学校就很少配备。

表5-5 学校是否有以下的安全提示和设施③

选项	人数/人	百分比/%
有上下楼梯迎面墙上的安全提示和安全宣传画,如靠右走、慢走等	4 616	89.8
有安全通道和应急灯	3 235	62.9
有应急疏散示意图	2 715	52.8
有安全宣传栏和黑板报	4 545	88.4
没有	74	1.4

学校交通设施,不仅担负着学校内外出行道路的功能性设计,还是对个体增加吸引力与体验感的校园美观设计。学校交通设施一般指学校道路交通、交通标识等。由于中小学校园面积有限,随着教师车辆较多,极易占据学生室外活动空间。而且学校入口处的交通问题较为严重,尤其是上学放学期间,家长车辆密集极易造成学校门口交通堵塞。因此,在新建校中应尽可能避免车流与人流道路的冲突,有条件的学校应设计必要的停车位与停车场。校内交通道路是指个体从校园一个区域到另一个区域的路线,有利于加强个体对区域的认同感。而且道路设计就像是校园骨架的架构,服务于校园的整体景观,不同的路线就意味着不同景观形式的变化。合理、创意性的道路设计会给人一种便捷、安全、美丽、令人愉悦的校园感受,它能反映出校园个体生活的现状。但是,在目前大部分的中小学中,校园道路的体验感稍弱,更多的是从功能性、便捷性的角度进行设计,缺少步移景换的道路设计感。但各个学校的交通标识物大都很清晰醒目,而且是与整个校园文化的内容、色调相统一的,虽具有很强的指示性,但个性化仍不够突出(见图5-9④)。

---

① 图片来源:作者实地拍摄。
② 徐美贞. 中小学安全管理现状调查 [J]. 中国德育,2010 (7):7-11.
③ 同②.
④ 图片来源:作者实地拍摄。

第五章　学校建筑教育价值的现实考察

图 5-8　天津市 D 小学安全主题板报

图 5-9　海拉尔某中学交通标识牌

学校绿化设施是指绿篱、绿墙、草坪、花坛、花镜、树木、盆景等绿化、美化校园的设施，是校园景观的重要组成部分。城市园林绿地的覆盖面积，一般认为至少要达到 30% 才能对城市环境起到良好作用；达到 50% 以上，布局又合理的才能更好地起到改善气候等作用。因此，中小学的校园绿化面积至少也应达到 30% 以上。[①] 在实际情况中，中小学校虽然对绿化十分重视，但受场地面积所限，可绿化区域较少，达到 30% 就已经是较好的绿化程度；而且可利用的绿化设施也只是多以树木为主，绿篱、花镜、草坪较少，植物种类也比较缺乏；绿化设施布置也存在方式单一的问题，大都是在角落、空地、实验基地种植或摆放。在调查中，学生对于绿化景观增加的呼声相当高，在对"学校应增加绿色景观"的重要程度选择中，有 60.6% 的人选择了非常重要选项（见表5-6）。可见，中小学绿化设施为学生带去了极为美好的精神享受，也为学校育人功能创设了良好的环境氛围。因此，绿化设施应尽可能充满校园，利用校园内一切可利用的空间，如建筑物周围、围墙、拐角、道路两旁、阳台、休息长廊等处。在一些发达城市，如北京、上海、青岛等地还对学校实现了屋顶绿化（见图 5-10[②] 和图 5-11[③]）。

[①] 陈子牛，周建洪. 对中小学校园绿化的探讨 [J]. 林业建设，2000（2）：26-30.
[②] 该校屋顶为花园绿化设计，通过新型轻质陶土粒等多种铺装方式的结合与变化，种植浅根性、耐旱、抗寒性强的矮灌木和草本植物直接覆盖在屋顶，以不同景观元素的运用来表现花园绿化主题，形成不同特色的花园绿色。图片来源：http://qingdao.dzwww.com/xinwen/qingdaonews/201504/t20150429_12305383.htm.
[③] 该学校屋顶绿化为花园式类型，植物配置品种多样、层次丰富，植物种类有加拿利海枣、棕榈、竹子、二乔玉兰、桂花、红叶李、红枫、紫薇、樱花、海棠、绣线菊、红花檵木、春鹃、紫藤等色叶和开花植物。除了植物景观，屋顶还配有绿荫棚架、坐凳等园林小品，营造出丰富的园林景观和绿化功能。图片来源：http://news.sohu.com/a/509672853_120099883.

表 5-6 关于"学校应增加绿色景观"设计理念的态度调研

学校应增加绿色景观		人数/人	百分比/%	有效百分比/%
有效	非常不重要	41	2.4	2.4
	不重要	84	5.0	5.0
	一般	187	11.0	11.2
	重要	349	20.6	20.8
	非常重要	1 016	59.9	60.6
	合计	1 677	98.9	100.0
缺失		18	1.1	
合计		1 695	100.0	

图 5-10 青岛淮河路中学屋顶绿化花园

图 5-11 上海静安区某中学屋顶绿化

(三) 学校教育活动空间教育价值的实现状况

学校建筑实质上是将学校教育活动空间良好利用的结果。只有对教育活动空间合理、创造性地运用，才能实现学校建筑教育价值的最大化。过去，人们总是将学校建筑等同于教学场所，认为学校建筑只需要满足教师传授知识的功能就好，致使大部分的学校建筑成为若干标准教室的组合体。现在，因教育人数与教育需求的增加、教育经费的扩充、学校建筑用地面积的增扩，尤其是新的教育理念的注入，学校教育活动空间也日趋呈现新的组合形式与发展趋势。

1. 学校教育活动空间与个体活动需要

空间的使用性就是建筑建造的目的与要求，也就是建筑所具有的功能。任何空间都是为了满足人的使用需要，学校教育活动空间的功能则是为了满足个体进行教育教学活动的需要。所以,从教育者的立场看,只有更好地挖掘学校教育活动空间的使用性,才能使其在有限的空间内具有更强的功能性,也就可以更好地满足个体教育教学活动的开展,同时在一定程度上也拓展了个体的活动空间。在对若干所中小学校长的访谈中,我们可以看到目前学校对教育活动空间使用功能的开发主要呈现以下几个特点:

第一,学校教育活动空间功能分区明显。它一般分为教学、办公、活动区,有的学校是在一栋教学楼内进行分隔,有的学校是将教学与办公区分开为两栋楼。但对于分区的原则,大部分校长反映教师办公室不能离开教学区,否则不利于师生交流,校长普遍认为最好的布局就是办公室在每一层学生教室的两侧。所以行政楼往往被空余出来另作他用。

第二,校长普遍反映空间有限、规划困难。老校问题集中于操场较小、没有室内中庭、走廊狭窄、缺少室内体育馆等,尤其在高寒地区,室内运动场地在冬季就显得格外重要,很多学校在冬季就只能采取在教室内做一些简单的活动操或者讲解体育运动知识等。而对于没有操场或操场较小的问题,个别学校建设了空中操场、楼顶操场,以此来弥补学生运动场地的缺乏。新校问题集中于教师办公空间小、私密性空间缺少等。新校、老校共存的空间问题是缺少大型活动场所。目前中小学很少有能够集体活动的室内空间,虽然个别学校也会有多功能会议室,但最多也只能容纳200~300人,一般遇到大型活动或者文艺会演时,往往会选择到校外场馆进行。如果是全校范围的家长会、校级比赛、成果展览、讲座等,个别学校会选择通过录播教室向各个班级进行直播。有校长认为,中小学建设大型的礼堂或者多功能报告厅是十分必要的,因为全校性质的活动会更有仪式感与教育感,可考虑建设一个将体育馆兼具礼堂功能,或者大型餐厅兼具礼堂功能的合一场馆。如天津耀华中学的耀华礼堂可谓是全国中小学礼堂中最为耀眼夺目的礼堂了,也是20世纪中叶天津最好的大礼堂之一。耀华礼堂是耀华中学耀华园的标志性建筑,具有悠久的历史与文化传统。它是耀华师生集会、影剧、晚会等多种功能的礼堂,规模宏伟,观众厅分上下两层,包括厢座共设有1 270个座位,内部装饰美轮美奂。在各个历史时期,耀华礼堂均发挥了重要的育人功能,成为耀华师生共同的记忆(见图5-12)。① 而目前各个学校所缺少的就是能够制造师生共同回忆的意义空间。

---

① 图片来源:耀华中学:凝固的历史,流动的文化[EB/OL].(2014-10-15)[2015-11-16].http://blog.sina.com.cn/s/blog_41810eca0102vdsa.html.

第三，根据学校实际，校长对学校空间进行了二次规划与设计。重新规划的空间主要是以服务学生需要、拓展学生活动空间为主要目的，如增加体育器材室、将保健室位置调换、教师办公室的变动、变中庭空间为校史陈列廊、将学校闲置平房改建为专用教室、变闲置庭院为学生活动基地等。应该说，校长对于学校空间的规划与使用是极为重视的，他们尽可能地结合空间的实际情况，考虑光线、安全、经费以及学生的具体需要等细节问题，再决定如何使用或改造某个空间。天津 A 小学在对本校建筑围合的一个天井进行改造规划时，就提出过很多方案，如该校校长在访谈中提道：

"我们想了很多办法想利用这个空间，考虑过可以给学生提供一个安静读书的场所，但是它四面是楼，光线较差，而且不利于植物生长，回声也很大；也不放心学生在里面玩耍，因为它有台阶，老师照顾不到，小学生喜欢乱跑。所以现在只是放了椅子，后面也曾想过做成亭台楼阁那样的观景。下一步打算结合我们校本课程的书法特色课做成一个书法基地，规划出一个碑林，营造出一种文化的氛围，可以练习书法，也可让班级集体带来活动。但目前仍然限于经费、招标等问题，操作较难，现在在筹措资金（见图 5-13①）。"

图 5-12　天津耀华中学礼堂内景

图 5-13　天津 A 小学规划改造的天井

可见，无论校长是不是因为意识到了空间的教育价值才对其进行规划，在对空间使用功能考量时，他们都潜在地使空间规划尽可能地彰显出教育意义，对个体的各类活动需要给予满足，努力让每一处空间都能发挥出教学与育人的功能。

2. 学校教育活动空间与个体交往需要

人的任何一项活动都不能离开交往，都以交往为前提。人的交往不仅展开与实现着社会关系，而且它本身就是人与人之间的社会关系。② 学校建筑可以说是

---

① 图片来源：作者实地拍摄。
② 蒲蕊. 师生交往在学校教育中的深层意义 [J]. 教育研究，2002（2）：53-57.

个体体验社会交往的场所,通过教育实践活动中人与人的交往来获得个体的成长。传统的教育体系中,人与人之间的交往更多是在教室之中,学校很少考虑到要在室内预留空间或分隔空间作为个体交往所用,但在信息社会中,学校越来越重视交往的意义,并把其视为实施良好教育的软载体。在调查中,可以发现学校在交往空间方面的探索,主要呈现以下几个特点:

第一,学校交往空间种类有所增加,集中于共享空间的建设。共享空间利用中庭、走廊、大厅、楼层拐角、教室门口等空间进行设计,公共室内活动空间由学校依据学生学习兴趣、本校文化特色进行布置,教室门口区域由所在班级依据班集体理念、精神、主题进行班级文化展示。环境心理学中将这种对环境的控制感称为领域性,如在共享空间内按学生喜欢的方式加以装饰,甚至是增加对学生或者班级有意义的事物,选择学生喜欢的色彩,就会提高使用者的满意度,增加归属感。所以很多学校都在共享空间内进行积极的布置,图5-14①(左)就是学校按照学生喜欢的样式设计的心情驿站,图5-14(右下)是学校在中庭按照学生喜欢的色彩设计休息区域,图5-14(右上)是带有班级特点的标志物,以此来增加学生对学校、对班集体的归属感,通过归属感的形成来调动学生学习的积极性,从而促进优良学风、班风、校风的形成。

图5-14 学校建筑内各类交往空间

第二,学校交往空间基本满足学生日常交往,但个性化空间缺乏。根据对学生的调查显示,绝大多数学生在学校有至少两个以上的交流场所,但这些场所却又局限于教室、体育场馆、走廊等地。在关于"我和同学至少有两个经常学习、相互交流的场所"的说法中,有58.1%的同学表示认同,而这部分同学在选项"你课余最喜欢待在学校什么地方"中绝大多数选择了教学楼与体育场馆,比例分别为29.9%、19.9%。而只有极少数的学生在其他选项中填写出图书馆、历史

---

① 图片来源:作者实地拍摄。

长廊、计算机室、科技楼、食堂等答案。而且在走访的学校中,可以看到共享空间的设计越来越具趋同性,虽然在布置、色彩等会有所差别,但主题内容大致相同,如在天津的5所学校中,就有3所学校的中庭或者拐角处设置有读书空间,还有1所正在规划在走廊布置随手可取阅的书架或者独立阅读空间。由此可见,仅几所学校中,读书共享空间的设置比例就已经高达80%。其他室内交往空间形式也局限在校史展览、主题墙等,而具有本校特色、又对学生产生吸引力并留下深刻印象的场所则少之又少。

  第三,学校对本校特色交往空间进行了探索性的设计。很多学校都在营造利于学生成长的环境中做了很多尝试,有设计主题交往空间的,有挖掘室外空间育人功能的,也有从已有空间进行细节改造的,都希望能从多个方面来增加学生学习知识、展示自我、培养兴趣的可能。如天津市A小学的主题空间就从学生发展的角度,在"培养学生做学习的主人、做班级的主人、做学校的主人、做未来生活的主人"的理念指导下进行设计,据该校校长介绍,"学校每一层楼都有设置一个主题,一层大厅是关于学校'三风一训'的主题墙;二层是人与自然内容,主题是'给我们一个空间,让我们去发现',构思来源于发现探索节目,呈现了许多标本橱窗与展墙,希望通过营造一个自然环境,激发学生探索大自然的秘密,很符合小学生的心理特点;三层是关于艺术类内容,主题是'给我们一个舞台,让我们去展现',在三层的中庭设置了一个小小舞台,有钢琴,许多学生都有自己的特长,学校就利用每周中午的课余时间通过老师推荐、学生报名等方式在这里进行才艺展示,尽可能挖掘学生潜能。"(见图5-15①)在这里,学生走在每一层楼中,都会有一种小主人的身份认同感,每一处空间都给予学生一对一、一对多或多对多之间的沟通与交流的可能,在相互学习中获得成长。

图5-15 天津A小学的主题走廊

  在走访中我们发现,大部分学校在处理各类空间时,常常会忽视它们的交往

---

① 图片来源:作者实地拍摄。

作用，将其简单地等同于某种功能性的场所。而如果能够将其合理运用、拓展，便会成为非常有效的德育空间。北京育才小学就为师生、生生交往创造了条件，学校在操场旁为学生建了一个交流的场所，名为"憩园"，地面为红色方砖，周围长满青青的绿草，一棵棵参天古树下，摆着石桌石凳，学生特别喜欢在这里自由交谈。① 这种类似庭院的设计就很符合学生自由的天性，既能与自然接触，又能与同学自主活动，大大拓展了学生之间交往的形式与交往的内容。该校还从师生交往最为普遍的办公室空间入手，在每个教师办公桌旁都增设了一把为学生准备的椅子，教师在与学生谈话中，可请学生坐下，小小的椅子巧妙地规划出了独属于教师与学生的小小天地，而小小的改变也为师生之间建立了一种平等、温馨的交往氛围。可见，交往空间的营造重在打造人与人自由交往的场所与氛围，既要有场地，也要有氛围，交往作用的实施实际上就是学校教育的潜课程，学生在与人交往中懂得学习、懂得沟通、懂得合作。

3. 学校教育活动空间与个体个性化发展需要

在新的课程改革中，课程理念体现了以促进学生个性化发展的基本理念，课程内容回归到学生的"生活世界"，学习方式以理解、体验、反思、探究和创造为根本，教师与学生不再是课程的被动执行者，而是课程的主动创生者。为应对课程改革新的课程要求，学校教育活动空间积极向开放的物理空间转变，教室空间向智慧型教室发展，教学空间向新的教育功能空间转化，努力为个体提供一个更开放、更主动、更信息化、更弹性化的学习环境。

首先，学校建筑开放性空间理念的传播。开放空间盛行于20世纪中叶的开放教育，起源于欧美国家，最典型的设计是无隔墙教室的弹性化教学空间。开放空间旨在为孩子提供一个始于快乐而终于智慧的学习，以及让孩子能自由而适性的发展空间②，这种开放式空间是对教师为中心向学生为中心的学习模式转变的适应性匹配。过去教师依存性的教学模式是教师对学生的直接作用，学校空间所起到作用是间接、潜在的，而学生自主性学习能力的提高，需要学习环境成为促进与激发学习活动的直接要素。因此，这种空间最大的特点就是自由性、自律性。而我国目前开放性空间理念还处于一个传播的阶段，并未完全展开，学校还是以标准化的矩形教室为主。但是也有一些学校在进行尝试性的改革，目前形成开放式学校教育体系的主要代表有从2002年就开始实施的

---

① 程红兵. 学校文化建设的路径 [M]. 上海：华东师范大学出版社，2014：227.
② 汤志民. 体验校园空间元素 [J]. 人本教育札记，2000（135）：140-144.

东北师范大学附属小学,我们可从他们对学校教育活动空间设计中感受开放性教育理念:

我校重建了面积为 2.7 m² 的教学楼,每个教室为 90 m²,开放式走廊宽 8 m,两个班级之间长度为 20 m,两个班级所占的开放式走廊面积 160 m²,再加上外阳台的 60 m²,每个班级平均占地面积为 200 m²,室内人均占地面积约 4 m²,为学生提供了宽敞舒适的学习、生活环境。在新的教学楼里,还设有 14 个面积分别为 90~590 m² 的专业教室和多功能教室,为学生进行音乐、美术、科学、品德与社会科的学习提供了现代化的学习场所,使教育教学环境初步具备了开放性、信息化、现代化、多功能性的特点。[①]

其次,智慧教室的兴起。智慧教室是在信息技术迅速发展的情形下,为课程实施所提供的新型数字化教室环境,它是一种能够优化教学内容呈现、便利化获取学习资源、促进课堂深度互动、兼具情景感知与环境管理功能的新形态教室。[②] 智慧教室的兴起是对传统课堂教学空间的一场革命,是对学生自主式学习、合作式学习、探究式学习需要的满足。从学校现有的情况可知,大部分学校已经完成信息化教学设备的更新,内容呈现与环境管理维度也基本可以满足,但学习资源便利化获取、情景感知、深度互动等维度实现还有一定难度。应该说现有的电子交互白板可以很好地解决网络教学资源的共享与获取、各种终端的便利接入与操作,但在实际教学中这些功能很少使用,资源库与资源平台也需进一步建设与完善。情景感知是通过传感器技术及时感知教室物理环境要素对学生学习行为的影响,以便提供相应支持,这个智慧维度在目前的技术手段中还未得以实现。如果按照三种典型的智慧教室形态[③],现阶段智慧教室主要是以师生互动为主的高清晰型教室,而需要学生终端、小组终端的生机互动与生生互动的深体验性与强交互性的智慧型教室形式很少。究其原因,一方面是基础设施还未能完全跟上,条件相当好的学校才会配置各种学生终端,iPAD、电子书包进入课堂的现象也属少数;另一方面是教师信息化素养还未跟上,电子交互白板的教学应用

---

① 东北师范大学附属小学开放式学校课题研究组. 开放式教育探索 [J]. 中国教育学刊,2006(8):25-28.
② 黄荣怀,胡永斌,杨俊峰,等. 智慧教室的概念及特征 [J]. 开放教育研究,2010(2):22-27.
③ 三种智慧型教室:高清晰型教室,适合传递-接收型教学模式以及秧田式的教室布局;深体验型教室,适合探究性教学模式以及多种布局教室;强交互型教室,适合小组协作式教学模式以及圆形为主的教室布局。参见:黄荣怀,胡永斌,杨俊峰,等. 智慧教室的概念及特征 [J]. 开放教育研究,2010(2):22-27.

还未达到深度互动的要求,很多教师只是简单将其等同于"计算机+投影"模式。

最后,教育功能空间的多元化发展。新课程改革是在新的课程理念的指导下进行的,会对课程实施的空间提出新的教育要求,要求对学校教学活动空间进行新的改造与创新。新课程的知识观强调学习者不是被动的旁观者,而是自主的参与者。学习不是简单复制和印入信息,而是主动解释信息,建构知识的框架,这就需要学校为学生提供充足的空间与时间去加深对知识的理解,投入实际中去运用知识。北京育才小学就通过开辟"动手园地""数学活动室"教学空间来帮助学生强化对知识的学习。在动手园地里,有各种有各样的模型、画板,学生可以将自己的所思所想都画到这里来展现。数学活动室的墙体是由几何图形组成的,地面是一幅巨大的九宫图,学生可以摆多米诺骨牌,可以画几何图形,还可以利用教具、学具,通过测量、观察、组合、拼搭来学习数学。①

新课程强调要突出学生学习的主体性地位,鼓励学生进行探究式、合作式、自主式的学习方式,这就需要学校要为学生开拓出适合思考、讨论、团队合作的学习活动天地。所以有条件的学校就单独设置学生可互助学习的工作室、研究室,研究室由可移动桌椅、信息化接口、黑板设计、绿化装饰等组成,尽可能营造出一种轻松自由的空间氛围。而没有独立研究室的学校往往通过第二课堂对教室布局进行调整,桌椅摆放从秧田式改变为马蹄形或模块式等样式,满足学生的集体学习、小组学习与个性化学习。

新课程强调学生的发展是全体学生的发展、全面和谐的发展、终身持续的发展、个性特长的发展、活泼主动的发展,由此,结合学生实际、尊重每个学生独特的自我、尽可能挖掘学生潜力、努力实施个性化教育已成为学校教育的重要组成部分。因此,学校除了开设规定的必修课程,还积极进行了校本课程、特色课程等选修课程的开发,希望在各种课程之中,学生能够找到自己的兴趣与特长所在,而这就需要各种专用教室空间的产生来支持相应课程的实施。所以,在目前的学校空间中,我们可以看到各种有利于学生个性化学习的教室空间,如机器人工作室、绘本阅读馆、书法教室、陶艺房、无土栽培温

---

① 程红兵. 学校文化建设的路径 [M]. 上海:华东师范大学出版社,2014:227.

室、电视台、航模教室、舞蹈声乐教室等（见图5-16①），以此来满足学生丰富多彩的学习需要与学习兴趣。

图5-16 学校多元化的学习空间
左：电视台；中：美术教室；右：阅读空间

二、学校建筑教育价值的现实缺位及原因分析

（一）学校建筑教育价值的现实缺位

1. 学校建筑发展状况区域差异显著

从学生对学校建筑现状满意度的问卷调查结果来看，学生对关于学校建筑在促进个体身心发展的表述中认同度不高，尤其是不同区域之间的学生对学校建筑现状的态度存在显著性差异，同时这种区域性的显著性差异也在学生对学校建筑相关设计理念重要性程度的认知中有所体现。为更好检测各组之间是否存在差异，我们对各区域学生态度均值进行单因素四水平方差分析，结果发现，各区域学生态度得分之间存在显著差异，$F(3,1691)=126.36$，$p<0.001$。进一步对各区域学生态度均值得分进行分析可知，东北部学生得分显著低于中部、西部、东部学生，$p<0.001$；中部学生显著高于西部，$p<0.001$；东部学生显著高于其他各部，$p<0.001$。总体来看，东部地区学生对学校建筑现状的满意度较高，态度均值达到3.98，其次是中部，再次是西部，得分最低为东北部地区（见表5-7）。

---

① 图片来源：作者实地拍摄。

表 5-7 关于"学校建筑现状是否满意"的态度得分

项目	区域	人数/人	均值	标准差
你是否同意对学校建筑现状描述的说法	东北部	391	3.04	0.94
	中部	218	3.52	0.72
	西部	544	3.28	0.75
	东部	542	3.98	0.73
	总计	1 695	3.48	0.87

从中可以看出，我国东部地区学校建筑建造整体趋势较好，在设计理念、基础设施配置、空间改进中都比较能契合教育发展的潮流，学生满意度高于其他区域，这就意味着东部区域学校建筑教育价值发挥的程度也高于其他区域的学校。那么，这就会导致在关于学校建筑相关设计理念的重要性中，学生的认知水平也会出现区域性的显著差异。在关于学校建筑设计理念重要性程度分数均值的单因素四水平方差分析中，同样出现了区域性的差异显著，$F(3,1691)=16.41$，$p<0.001$。进一步分析可知，东部区域学生得分明显高于其他各区域（$p<0.001$），其他区域之间差异并不显著（$p>0.1$）（见表 5-8）。可见，我国学校建筑发展不均衡现象严重，学校建筑教育价值发挥程度差距明显。而学校建筑教育价值的发挥对于课程变革、教育发展都有至关重要的推动作用，因此，对学校建筑教育价值作用的重视不应仅仅停留于发达地区，还应在更多的地区给予积极响应，使义务教育适龄儿童不仅有学上，还能上好学，逐渐缩小区域之间的教育差距。

表 5-8 关于学校建筑设计理念态度均值的得分

项目	区域	人数/人	均值	标准差
学校建筑设计理念的重要程度	东北部	391	4.05	0.73
	中部	218	3.92	0.79
	西部	544	3.98	0.68
	东部	542	4.23	0.66
	总计	1695	4.07	0.71

另外，为考察不同层级学校学生关于学校建筑现状的态度是否存在差异，我们对小学和初中学生的学校建筑态度得分进行了 t 检验。结果发现，小学生和初

中生在对学校建筑现状的态度得分中存在显著差异，$t(3,1691)=4.73$，$p<0.001$（见表5-9），小学生的态度得分显著高于初中生。这表明，与初中生相比，小学生对学校建筑现状的满足感高于初中生，一方面是小学校建筑设计更符合小学的生理心理特点，另一方面是因为小学生的认知能力有限，对学校建筑提供的学习环境更易满足；而初中学校建筑的设计往往不如小学校建筑丰富多彩，它更侧重于学生的知识性学习，对其他成长的影响因素方面没有小学校关注得多，所以初中生的满意度相对较低。也正如在访谈中校长所提到的，中学建筑的色彩、造型应该更严肃、沉稳，与小学不同，中学生应该更强调学习能力的提升，学校建筑的作用有限。

表5-9　不同层级学校学生关于学校建筑现状态度得分比较

项目	小学		初中		t	Sig.（双侧）
	均值	标准差	均值	标准差		
你是否同意学校建筑现状的说法	3.60	0.83	3.41	0.89	4.73	0.000**

注：** $p<0.01$。

在对不同性别学生的态度得分 t 检验中发现，$t(3,1691)=-2.49$，$p<0.05$，女生的态度得分显著高于男生（见表5-10）。这表明，女生的满意度高于男生，这源自女生的行为习惯更喜静与小范围内的游戏，而男生更喜动与大范围内的自由活动，所以对于学校的活动场所如运动场、体育设施配置要求较高，在一定程度上影响了男生对学校建筑的满意比例。因此，学校建筑设计应充分考虑不同年龄阶段、不同性别学生的学习生活需要，构建一个和谐、自主、优良的建筑环境。

表5-10　不同性别学生关于学校建筑现状态度得分比较

项目	男		女		t	Sig.（双侧）
	均值	标准差	均值	标准差		
你是否同意学校建筑现状的说法	3.42	0.88	3.53	0.86	-2.49	0.013*

注：* $p<0.05$。

2. 学校建筑形式千校一面

无论是在走访的学校，还是在对学生调研的问卷中，都能明显地感觉到学校建筑的趋同性。信息化社会的学校建筑发展应是最不像学校的发展阶段，它应具有学校独特的个性化品质，在促进学生个性化发展的过程中最大限度地发挥教育价值。但是，目前我国大部分学校建筑造型相似，鲜有自己的文化名片，具有象征性意义的学校建筑符号缺乏，仍然还停留在具有典型化学校特征的学校建筑阶段。

（1）学校建筑外观颜色的匹配性与色彩价值作用有效发挥的矛盾

色彩是学校建筑重要的表情语言，它是指客观色彩对人产生的主观生理和心理作用。一方面，色彩会引起人体的反应；另一方面，会对人产生不同的心理效应。[①] 而突出学校建筑外观颜色，合理设计单体建筑的内部颜色，会给个体带来积极的心理情感效应。但目前在学生关于所在学校外观颜色感受的调查中，教学楼外观颜色能为学生带来特别明快轻松的感受的仅有12.9%，共有76.1%的学生选择了一般感觉与有明快轻松的感受（见表5-11），可见，现有的外观颜色并没有对学生的情感情绪发挥出较强的积极作用。

表5-11 关于教学楼外观颜色的态度调查

	学校外观的颜色是明快轻松还是暗淡低落	频率	百分比/%	有效百分比/%	累积百分比/%
有效	特别轻松明快	219	12.9	12.9	12.9
	明快轻松	677	39.9	39.9	52.9
	一般	614	36.2	36.2	89.1
	暗淡低落	124	7.3	7.3	96.4
	特别暗淡低落	61	3.6	3.6	100.0
	合计	1 695	100.0	100.0	

学校建筑外观颜色并不是根据学校自身传统、个体身心发展特点所选择的，而是需要与周边街道、小区建筑物的颜色相吻合，因此，各个学校实体建筑的外观颜色大致相似。针对色彩是否会对师生心境、学习兴趣、工作热情有影响的问题，有校长这样说道：

"我认为色彩可能会对学生产生一定的心理效应，但这并不是最主要的，而且学校建筑外观用何种颜色学校是无法决定的，这是由教育部门统一协调的。"

"学校建筑外观颜色都要与周围小区颜色相匹配，现在我们学校外观的颜色比较适中，不呆板也不鲜艳，还比较时尚，这种颜色对学生的影响还是比较大

[①] 邵兴江. 学校建筑：教育意蕴与文化价值［M］. 北京：教育科学出版社，2012：178.

的。幼儿园就需要鲜艳流线的造型，小学色彩也可以鲜艳一些，初中就要沉稳大气些了，色彩对其影响就逐渐减小。"

"对师生都非常有影响。虽然学校外观颜色是与小区配套的红砖色，但还比较符合学校目前的定位，而且我们对学校教学楼一到五层的颜色进行了设计，分别为黄色、橙色、绿色、粉色、蓝色，黄色是脚踏实地，最高层是蓝色意为仰望蓝天。所有的指示牌都是环保绿色。学校就是想通过这种色彩给学生营造一种温馨舒适的环境氛围。"

可见，校长对学校建筑色彩的认识程度有明显差别，这与学校建筑颜色所带来的积极效应、学校的办学层次、校长的理念都有重要关系。在配套性、被动性、轻视性的学校建筑设计理念的现实面前，学校建筑外观颜色必然烘托不出学校的独特魅力来。

（2）学校建筑造型的统一性与学生对个性化学校建筑形象期待的矛盾

整齐划一的学校建筑往往是具有明显特征的学校建筑阶段的标签之一，就好像你无论走到哪里，远远看过去就能分辨出哪个是学校。[①] 我国近几年虽然也出现了开放式学校、造型新颖以及带有明显地域特色的学校建筑，但总体而言，学校建筑仍以简单的蛋盒式造型居多，缺乏一些个性化、趣味性、多功能性的实体建筑类型。在对增加趣味性建筑物的重要程度的调查中，发现有51.3%的同学选择"特别重要"的5分选项（见表5-12），可见学生对建筑物个性化造型的期待。

表5-12 关于"增加趣味性建筑物"设计理念的态度调查

	增加趣味性建筑物的重要性	人数/人	百分比/%	有效百分比/%	累积百分比/%
有效	非常不重要	80	4.7	4.8	4.8
	不重要	143	8.4	8.5	13.3
	一般	261	15.4	15.5	28.8
	重要	334	19.7	19.9	48.7
	非常重要	862	50.9	51.3	100.0
	合计	1 680	99.1	100.0	
缺失		15	0.9		
合计		1 695	100.0		

---

① 张宗尧，李志民. 中小学建筑设计 [M]. 2版. 北京：中国建筑工业出版社，2009：129.

对学校建筑造型的期待可以反映出学生对学校环境的理解与认知,从他们的话语中更能展现出学校建筑在造型上的单一与枯燥,通过学生的描述可以更好地让我们理解个性化的学校建筑应该是什么样子,而且也可以将学生心中的学校与我们现实中的学校做一个对比,就可以凸显出学校建筑发展亟须努力的地方。

孩子们喜欢的学校建筑①

"我想要有着有趣造型的学校教学楼,楼的四周围满了五颜六色的布帘。"

"教学楼有一个玻璃圆屋顶,其中有些部分在热天可以打开,在屋顶中心有一汪泉水。"

"学校设计的基调应是未来派的,它可以是一个大的玻璃球,里面有膨胀的垫子防止被碰碎,当然它也要固定在地面上,教室也应是这样的设计。"

"教室应是圆形的,有着草莓红的墙壁。"

"我们学校教学楼外貌没有促进我们的学习,相反却助长了我们的消极情绪,我憎恨那种在周一被叫醒后知道自己又要在监狱中度过的感觉。我渴望色彩,我想要我周围有美好的事物和让我充满灵感的地方。"

(3) 学校标志性建筑的缺乏与学校建筑符号教育意义表现的矛盾

学校实体建筑无论是在造型还是在墙壁上都应具有一定的教育性,都应体现出一定的办学理念、学校特色以及传统文化,而学校建筑符号就是对教育意义表现最为重要的方式之一,学校建筑符号可通过借用某些传统建筑元素、营造象征桃李无言的标识物、反映学校特色的标志建筑的方式来表现其建筑的教育性。也就是说,具有学校特别意义与辨识者的都可以称为符号。在实际调研中,我们以"学校有自己的标志性建筑,你是否同意"为调查题目,结果学生完全同意这一表述的人数占有效问卷的37.9%,不太同意及非常不同意的学生有21.1%,也就是说仍有两成的学生认为学校没有具有代表性的学校建筑物。那么,学生心目中的标志性建筑都有什么?在主观题"你学校的标志性建筑是什么"中,可以看见学生的答案有钟楼、星海池、孔子像、教学楼、有校训的石头、操场、雕像、音乐教室、实验楼、生态园、花坛、展示栏、塔尖等。其中,教学楼、实验楼成为标志的原因是"学校只有教学楼""因为高、大、漂亮""可以学习"等,生态园、花坛成为标志的原因是"好看、美丽""景色好""可研究""有动植物"等,操场成为标志的原因是"可以运动""人工草皮""舒适、美观",雕像、有

---

① Catherine Burke, Lan Grosvenor. 我喜欢的学校[M]. 祝莉丽, 张娜, 译. 北京: 中国轻工业出版社, 2006: 23-27.

校训的石头成为标志的原因是"有校训""有学校 Logo""醒目,学校象征"等,而认为没有标志性建筑的学生的答案为"设施老化、学校陈旧""没有什么特别的""单调、不新颖、极其枯燥"等。

可见,学校标志性建筑的缺乏除了标志性不突出,还存在形式单一、内涵简单、学校特色不显著等问题,很多学生将建筑、设施的功能作用等同于标志建筑的符号意义,并且很多标志建筑想要表达的教育意义也十分有限。这在对校长的访谈中也有所体现,校长们在关于学校标志性建筑的类型与被赋予的意义中谈道:

"我们现在还没有,如果要算的话,操场上的钟楼可以算吧,其实我们也一直在考虑这个问题,如果要设计的话,肯定是要以教育意义突出为主的,比如学生读书的、飞翔的雕塑,或者有一些蕴含学校特色的标志建筑。"

"我们现在没有标志性的建筑物,但它还是有存在的必要性,雕塑只能算校园文化一个部分。如果是有传统文化的学校,标志物应是能表明学校特色的楼或者建筑,现在新建校都以最高的建筑为标志,最多的是以钟楼为标志性建筑。"

"目前还没有标志性建筑,入口处有一个孔子的雕塑,是为了映衬学校的传统文化教育的特色,如果有可能还是希望设计标志性建筑物的,因为可以作为学校的一个象征。"

从访谈中可以看出,很多学校还没有能够代表本校的标志性建筑物,而且学校建设的视野也并没有打开,对很多具有教育意义的学校建筑符号没有挖掘。对学校大门、围墙、节点的设计等,都可以引起个体对学校精神文化的认同与内化。而标志性建筑属于学校建筑象征符号的一种,它还可以有许多种关于教育意义的表达方式。

3. 学校建筑人文环境低品质建设

(1) 学校建筑建设缺少自主权

学校建筑建设项目往往不是由学校或者教育部门等使用者直接决定的。目前大部分学校是通过开发商配建建造的,所以一定程度上就对学校建筑的教育性设计产生一定的折扣。按照规定,学校建筑的建设项目一般应由政府、教育部门负责管理、协调,监督学校、单位的基本建设工作,包括基础教育校舍维修、改造及建设的协调管理和业务指导工作。但是目前在各省市新建的学校中很多是小区配套的公共设施,也就是学校建设在实际操作中是由开发商决定的。如南宁市政府 2014 年出台的《关于推进新建住宅项目配套小学校建设的实施意见》中就明确规定,规划人口达 7 000 人以上的新建住宅项目,都应配套小学,以确保居民子女就近入学。一般配套学校建设模式为两种,即开发建设单位配建和政府统筹建设。这两种模式都是由政府规划部门对教育用地进行规划配置，由教育部门进行建设管理工作，使用权归教育部门与学校所有，使用单位负责师资配套、内部设施配套等。不同之处在于，开发建设单位配建模式是由开发商作为建设业主，开发商建好学校后无偿交付当地政府使用；政府统筹建设模式的建设业主为当地政府行政部门或教育部门（市直属学校由市教育局承担，其他学校由城区或开发区政府承担），还可以通过签订协议模式设立代建业主。

由此可见，学校建筑在项目开始规划、设计的时候，决定权就不在学校的手中，尤其是在开发建设单位配建的模式中，教育部门更多承担的是监管的工作，对学校设计不可能面面俱到。这也就意味着学校建筑不会因为哪里适合建设学校，哪里建比较好而决定进行建设，而可能是因为这里有闲置的地皮、这里建造造价会相对比较低等经济效益的原因进行建设，而在建设过程中也极易产生开发商为应付了事而草草进行学校建造的情况，面对投入大、地价贵、经营难的现状，开发商对学校建筑的人文设计也不会过多关注。也就是说，学校建筑在一定程度上存在市场化的被动建设问题，这进一步影响到个体对高品质教育环境的享有。在具体的访谈中，我们也可以看见它所产生的各种问题：

"我们学校是根据新区发展规划设计的，随着新区人口的逐渐增加，需要增加相应的小学初中来满足学生的教育需要。但是其属地管理归这个镇子，学校建造归新区政府，师资配备又归市教育局，三者共管就会造成一定的灰色管理地带。"

"学校建造一般是由政府统一规划，承建单位是小区开发商，建设期间会与教育局相关人员沟通，但很少咨询校长、教师等使用者的意见。学校建造是通过相关流程确定图纸设计，之后开始兴建，建造完成交由学校使用。"

"建设学校的职责是在教育局，学校图纸设计并没有征求学校意见。很多因素在设计之初未能考虑，在建造过程中，施工方、设计方、管理方、使用方应该多沟通。"

"学校校址选择主要是由这个小区的配套设施的定位决定的，由开发商投资设计完成，并没有考虑学校办学环境的问题。学校位置虽不是在闹市区，但在上学放学期间，经常与对面小学之间出现交通阻塞问题，在设计时对交通出口等问题考虑不够周全。"

因此，不管是学校建设的哪一种模式，不管是学校建设还是学校规划，都应该由教育部门主导，教育部门就是管教育的，教育如何办，学校应以什么样的环境匹配，教育资源如何规划、建设和使用，都应由教育部门承担主要责任，对于学校具体设计问题，应充分考虑学校的教育意义以及使用者的建议，才能保证高质量学校建筑人文环境的形成。

（2）学校建筑内涵缺少人文性

学校建筑的人文性是指学校所蕴含的人文气息，学校建筑应成为构建无声的人文涵养载体，从而摆脱以往单纯灰白水泥的概念。学校建筑应注重教育情景的设置，添加一些具有吸引力的校园景观，体现学校的文化特色，尽可能为学校建筑增添活泼与生气，营造出适合个体学习、生活的人文环境。但在调研中，学生认为学校有吸引力景观的仅占51.2%，也就是近一半的学校没有特别的景观可以引起学生的兴趣。在"我能感受到学校的历史文化沉淀"的问题中，选择比较同意与完全同意的学生比例仅有50.7%。而且在选择有校园景观的同学中，在对"学校建筑的历史文化沉淀"也更有认同感（见表5-13和表5-14）在对二者进行独立样本 t 检验中，结果显示呈显著性，说明是否有吸引力的校园景观确实会影响到学生对学校历史文化的感知。

表5-13 有无吸引力的校园景观对学校人文氛围影响的态度调查

单位：人

项目		我能感受到学校的历史文化沉淀					合计
		完全不同意	不太同意	一般	比较同意	完全同意	
学校有没有吸引力的校园景观	有	34	89	212	222	303	860
	没有	123	138	220	154	158	793
合计		157	227	432	376	461	1 653

表5-14 有无吸引力的校园景观对能否感受到历史文化沉淀影响的态度比较

项目	有吸引力景观		没有吸引力的景观		t	Sig.（双侧）
	均值	标准差	均值	标准差		
我能感受到历史文化沉淀	3.78	1.150	3.11	1.333	10.966	0.000**

注：** $p<0.01$。

在调查的学生中，有23.1%的学生感受不到学校的历史文化底蕴，有26.3%的同学选择无感，可见，学校在建筑物中所融入的人文性较少，未能引起学生的充分共鸣。如在"学校老建筑总能引发我的一些情感"的问题中，有28.0%的学生表示不同意这个说法，但在"学校建筑要反映学校特色、学校精神"的设计理念中，有73.4%的学生表示这个理念很重要，给出了4分与5分。因此，学校建筑物的人文化程度离学生所期待的目标还存在一定的差距。

（3）学校建筑"天人合一"设计理念的缺失

我国"天人合一"观念源远流长，自农耕时代就已产生，意为人与自然、个体与群体的顺从、适应的协调关系。学校建筑中"天人合一"观念最有代表性的当属书院的建造，"依山林""择圣地"是古代书院选址的首要原则。书院的建筑环境追求自然之美，除种植各类植物，还常设小桥、流水、亭台、楼阁，与周围环境融为一体，意在形成修身养性的读书佳境。所以，这里的"天人合一"理念更侧重于宋儒的"天人合一"，是指"为建立内在伦理自由的人性理想，'天'是指'理'，是精神，是心性"。①学校建筑"天人合一"理念强调的就是这样一种心灵的道德境界，是一种潜移默化的育人意境。但是在现在的中小学学校建筑中，这种天人合一的人文意境较少，学生难以在校园中感受到这种能够促进其深思、敏学、自省的场所，也难有一些人文景致激发其灵感、令其文思泉涌的地方。如在关于"你是否喜欢在角落树荫处思考"的问题中，有25.6%的学生选择不太同意与完全不同意，而其中东部区域学生选择完全同意的比例明显高于其他各区域，达到40.5%，而东北区域完全同意的比例仅有21.8%，完全不同意的却占到了27%（见表5-15）。可见，东部区域学校建筑人文化的设计理念要更为符合学生的学习需要。在"学校有能触发我灵感的地方"的表述中，有50.7%的学生选择同意这个说法，其中，小学年级选择非常同意的比例为35.8%，明显高于中学年级的24.3%，也就是说，小学校更注重学校人文氛围的营造，而中学方面重视程度一般（见表5-16）。

表5-15　不同区域学生是否喜欢在角落树荫处思考的态度调查

我喜欢在学校的角落、树荫下思考	地区			
	东北部	中部	西部	东部
完全不同意	104（27.0%）	24（11.3%）	56（10.4%）	38（7.0%）
不同意	67（17.4%）	25（11.8%）	71（13.2%）	43（7.9%）
一般	62（6.1%）	49（23.1%）	156（29.1%）	119（22%）
同意	68（17.7%）	54（25.5%）	101（18.8%）	122（22.6%）

---

① 李泽厚. 中国古代思想史论［M］. 北京：生活·读书·新知三联书店，2008：337.

续表

我喜欢在学校的角落、树荫下思考	地区			
	东北部	中部	西部	东部
完全同意	84（21.8%）	60（28.3%）	152（28.4）	219（40.5%）
合计	385（100%）	212（100%）	536（100%）	541（100%）

注：括号内为百分比。

表5-16　不同层级的学校是否有能触发学生灵感的地方的态度调查

学校有能触发我灵感的地方	学校层次	
	小学	初中
完全不同意	41（6.7%）	119（11.1%）
不同意	50（8.2%）	140（13.1%）
一般	136（22.3%）	292（27.3%）
同意	164（26.9%）	260（24.3%）
完全同意	218（35.8%）	260（24.3%）
合计	609（100%）	1 071（100%）

注：括号内为百分比。

4. 学校建筑设计人本性缺失

（1）学校建筑功能的人本性缺失

由于中小学建筑使用面积有限，设计人员在规划时就会尽可能地利用学校的有限面积，为个体创造更多的教育空间，这时候学校建筑的功能性就会成为学校建筑设计的主要目的，在凸显功能作用的同时就会对使用者的实际需要造成一定的忽视。在走访过程中，我们发现许多房间、设施的建造、配置都与实际使用需要有一定的差距，并不能满足学校教育教学的要求。如天津市某小学校长谈道："医疗保健室原来是设置在半地下的空间中，光线较为不好，学校接收后校方就将其调整到地面上的房间，而且在新建校的设计时并没有考虑要在体育场馆旁设置体育器材室，造成体育场与后来放置器材的房间相分离，在使用上非常不便捷。"还有很多学校的实验室存在排水和通风问题，"设计之后的上下水与招投标采购的实验室器材型号不能匹配，虽然是按照建筑规范与器材型号进行实验室建造的，但是仍然无法匹配，往往造成实验室的二次改建，不知道是否与仪器更新较快、建筑规范要求更新滞缓有关。"而且在使用中还会存在许多细节上的问题,"现在我们是每层有水房,各班学生用水打扫卫生都要到水房,我们校方希望能通过管道改造将水引入教室、办公室,学生可以在本班教室内用水,这样就会减少水房打扫困难、拥堵打闹、卫生死角等问题。还有在设计时我们希望走廊墙围用瓷砖贴附,现在设计都是直接刷油漆,易脏,学生做卫生也不方便,学校现在这个墙围就是后面重新改造的。"

其中,功能与使用相分离的最具代表性的学校实体建筑为"空中操场",空中操场是在二楼设计的高架操场,原本设计是对学校空间有效利用的充分考量,目的是为学生提供一个室外运动的场地,而且也可以称为该校极具特色的一个标志性建筑。但设计之初对其实际使用未能较好考虑,如空中操场的风速、无遮挡、冬天的大风天气、夏天的日晒以及安全性要素考虑等,导致实际使用效率并不高。可见,"空中操场"更像是从建筑功能角度出发的合理化设计,但放置在中小学这样特殊的场景下人本性明显缺乏。

(2)学校教育设施的人本性缺失

学校教育设施在为个体提供学习、工作、生活的需要之时,还要充分考虑个体使用的感受与体验,如果教育设施不能让个体产生良好的使用体验,就会导致设施的教育意义无法充分体现。在关于学校建筑现状20个项目的调查中,我们发现学生对现有学校建筑、设施的感受体验中,态度均值排在后6位的为"学校的路牌、指引牌总能吸引到我的目光""在我的学校查找学习资源比较方便""学校老建筑总能引发我的一些情感""我学校的走廊很温馨""我所使用的课桌椅比较舒适""我很喜欢教室的布置"(见附录2和图5-17)。在这6项中,除了"学校老建筑总能引发我的一些情感"项目,其他各项都与学校教育设施有密切关系,态度均值较低就意味着相对其他项目,这些设施并没有让个体获得较好的使用体验。如路牌指示牌其实可以蕴藏很多教育性意义的内容,可通过个性化设计吸引学生目光达到一定的教育目的,目前很多学校都没有发挥出它的教育作用;而查找学习资源的不便捷,可能就代表着学校并没有提供,或者提供设备的数量有限,或者查找的场所较为偏僻等,因而学生不能获得想要的学习资源;又如在教室、走廊的布置中,学生感受不到温馨感,那么学校是否应该考虑在体现文化特色的走廊布置中更多为学生休憩交往提供一定的空间,尽可能营造一种家的氛围;另外,关于桌椅舒适度问题是非常值得重点关注的,因为学生在学校大部分的时间都要使用桌椅,课桌椅的高度、背部、储物空间、腿部伸缩都应进行更为人性化的设计,现在几乎所有学校的课桌椅都是硬质的板材,很多学生都希望能将椅座换成软质材料,提升学习的舒适度。

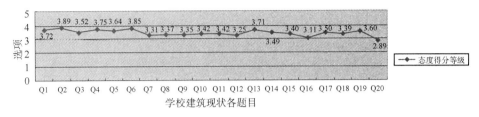

图 5-17 学校建筑现状态度均值

(3) 学校生活服务空间的人本性缺失

在过去,我们总是把学校建筑视为教师向学生传授知识的容器,它所提供的就是一处可以集中实施教学的场地,认为只要能较好地完成教学任务,这个建筑就是最大化地发挥了教育价值,但对个体生命成长的复杂性并没有关注,忽视了人成为人最为本真的需要。生活服务空间虽不提供直接的教师教学,却是个体成长的学校根基所在,它为个体提供着丰富多彩的成长环境。在生活的意义上,与其把学生看作学习者,不如把他们视为生活者,学校是他们的生活世界。[①] 因此,学校生活服务空间的"以人为本"是对学生成长最有利的促进条件。

然而,在现有的学校生活服务空间中,对学生的服务性、人本性仍存在缺失现象,而且问题较为集中。我们从4个调查区域中各随机抽取2所被试学校,2所学校分别为小学1所、初中1所,对学生"你觉得你们学校建筑最糟糕的地方是哪里?为什么"的主观题进行内容统计。从表5-17中可见,各个区域学校共性的问题有卫生间的卫生差、味道大,操场普遍较小,垃圾桶少,教室设施陈旧同,图书室的光线差、藏书少,走廊拥挤等。最为明显的就是卫生间的环境问题,在学校代码为11和13的学生问卷中,就有70%的学生填写了卫生间的环境问题,可见其环境的恶劣程度。通过内容分析,我们不难发现,其中的每一项内容无不关乎学生最为基本的生活需要。但目前大部分的中小学在对学生生活空间的营造中并没有引起足够的重视与关注。生活空间人性化的缺失,会直接导致学校作为最具人性化特征教育园地的价值缺位,使学校缺乏一种充满爱意的环境氛围,从而影响到学生情感的汇集,进而影响学生的正常成长以及对未来生活的认知。

---

① 迟延萍. 回归生活世界:教育观的重建 [J]. 西北师范大学学报(社会科学版),2008 (6):77-80.

第五章 学校建筑教育价值的现实考察

表5-17 学校最糟糕场所及原因的内容描述

区域	学校层级	学校代码	你觉得学校最糟糕的地方是哪里？为什么？
东北部	初中	11	卫生间简陋味道大，操场无塑胶跑道，教学楼破旧
东北部	小学	12	卫生间简陋味道大，体育设施不安全，垃圾桶少，垃圾箱高，功能楼阴森森，宣传栏不更换，教室空气、布置不好
中部	初中	23	卫生间卫生不好，教学楼内拐角多，操场小，无图书馆，课外活动教室少，学校外观颜色搭配不好
中部	小学	21	卫生间、食堂卫生差，教室设施陈旧，乒乓球台破损，环境不好，教学楼内很多空间没有利用，操场积水
西部	初中	31	卫生间卫生不好，操场差，图书馆不开放，文体中心不开放，楼梯少，走廊拥挤
西部	小学	33	厕所又臭又破，垃圾桶少，校园风景少
东部	初中	41	卫生间卫生差，体育馆不通风，综合楼与教学楼过渡长，垃圾桶少，图书馆书籍旧，光线不好，宿舍楼设施陈旧，风雨长廊不避雨，食堂座椅不够
东部	小学	46	卫生间味道大，墙壁又黑又旧，操场小，风扇不能用，图书室小，垃圾桶少，楼梯扶手不安全，器材室小

5. 学校教育活动空间类型单一化

（1）弹性化教育空间的缺乏

弹性空间指在设计过程中，尽可能考虑相关空间的未来使用功能的延伸与拓展，最大限度提升空间可调整性，使空间在未来具有可持续性。① 弹性化的教育空间就是最大化地利用教育空间，可以通过模糊空间界限与功能提升教育空间的可变性，如开放性空间与封闭性空间的融合，可能会增加空间弹性与有趣性。新加坡的聚落式教室概念就是一种新型的小组学习模式，小学两个普通教室之间通过折叠式隔屏营造小组学习的灵活空间，中学是四个普通教室围绕两个专用教室，中间通过可移动式隔屏分隔，专用教室与普通教室之间设置玻璃门，创造灵活使用的学习空间。② 在各种学习空间内，又可通过折叠式桌椅、可调整高低位置的多媒体设备、可移动的辅助性学习用具等创造学生学习、讨论所需的各种学习环境，以满足学生日益增长的个性化学习需要。然而，这种相类似的弹性化空

---

① 侯璐圆. 展示设计中弹性空间的研究 [D]. 杭州：中国美术学院，2017：11-12.
② 罗伯特·鲍威尔. 学校建筑：新一代校园 [M]. 翁鸿珍，译. 天津：天津大学出版社，2002：8-11.

间、弹性化设施在我国大部分中小学校中是鲜有存在的,在与校长关于增加何种空间的访谈中,也几乎没有涉及任何关于弹性空间的创造与使用问题,弹性化空间的有限在一定程度上制约了空间的灵活使用及其教育意义的实现。因为弹性化空间在利用的过程中实际上是拓展了空间的开放性,提高了空间利用的效率,相当于是在专用教室总和不变的情况下将其灵活性发挥到最高程度,而且它的多用途也为各种学习活动实施提供了可能。

(2)创造性教学空间的缺乏

学校教育教学活动空间的创造与改进,目的不仅仅是追求空间装饰的美或者空间形式的多样性,更在于营造一种能够激发学生想象力、求知欲、创造力的教学空间氛围。教学空间一般是指承担教学任务的主空间,包括普通教室、专业教室、实验室、校本课程教室等。那么,这种氛围最为直接的表现就是学生对它的情感表达,即学生对学习空间的喜爱以及所体现出来的喜爱行为,如自发性学习活动的产生、学习效率的提高、探究性学习行为的增加、求知欲望的增强等。然而,在目前学习空间中,学生所反映出来的这种喜欢程度较为微弱,它相应的教育价值挖掘也并不到位,这与学习空间的布置、营造不无关系。学生对教室的布置并不是十分满意,教室是学生发生学习行为最为重要的场所,而一个不能使学生达到身心愉悦的教室空间无法较好地促进学生学习行为的发生。而且在对"学科教室布置应有自身鲜明特色"的学校设计理念的调查中,有50.4%的学生选择了非常重要,说明在现有阶段我们学校做得还远远不足;同时对其与学校层级进行 t 检验,发现二者差异显著(见表5-18),也就是中学生比小学生对教室鲜明特色的布置有更高的要求,这说明随着学生年级的提高,有更强烈地探索求知的欲望,而对教室特色化布置将利于学生学习兴趣的激发;而且在各区域学校"增加专业教室空间、增加学生学习场所"理念重要性程度的 t 检验中,结果为差异显著(见表5-19),显示出东部区域的重视程度明显高于其他各区域,这似乎也表明了东部区域学校学习空间建设的程度高于其他各区域学校,在一定程度上也显示出了区域之间的理念差异。

表5-18 不同层级学校关于"学科教室布置应特色鲜明"理念的态度比较

项目	小学		初中		t	Sig.(双侧)
	均值	标准差	均值	标准差		
学科教室布置应有自身鲜明特色	3.97	1.144	4.15	1.130	-3.070	0.002**

注:**$p<0.01$。

表 5-19　不同区域学校关于"增加学习空间"设计理念的态度比较

项目	东部区域		其他区域		t	Sig.（双侧）
	均值	标准差	均值	标准差		
增加专业教室空间	4.36	0.972	4.21	1.079	2.818	0.005**
增加学生学习场所	4.32	0.985	4.08	1.147	4.417	0.000**

注：**$p<0.01$。

（3）自主活动空间的缺乏

教育是对人的身心产生影响的活动，这种影响不是强制性外化的，而是通过各种丰富多彩的活动去感知去体验从而内化于人的。学校教育的实施就应在学生的各种体验中去孕育思想、感情，达到春风化雨的作用。而这种体验过程就要体现出学生学习、活动的主体性，因此，学校所营造的空间就是要促进学生自发自觉主动地学习与活动。自主活动空间可以是中庭、大厅、多功能开放场所、小组学习室、游戏活动室、室外活动场地，甚至是只可以容纳两个人的"小屋"。[①]但在现阶段的中小学中，学生在校的大部分学习都要受相应的学习空间所限制，个体、两三个人、小组之间都很难有自己的自主空间。如在"学校目前最应考虑增加哪些地方"的 1 542 份有效问卷中，有 21.5% 的学生选择增加游戏活动室，有 20.6% 的学生选择增加多功能礼堂，还有 19.5% 的学生选择资源查阅中心，另外选择其他的学生有 3.6%，主要填写了花园、画室、自习教室、兴趣教室、体育场馆、图书馆等。从这些数据中不难发现，学生对游戏、表演、学习等自主活动的积极性。在对"你喜欢某个课余活动场所的理由"中，排在前三位的理由为"可以和同学交流""空间自由舒适""安静"，可见，学生课余时间中还是希望有许多可以自己支配的空间，能够做自己想做的事情。

日本九州大学教授的研究结果表明，除学习外，游戏玩耍是在校中小学生生活的重要组成部分，特别是课间的游戏玩耍活动对于调解情绪、振作精神及身心健康都有很大益处。但在学校建筑中除校舍与运动场被重视外，室外场地的游戏、玩耍功能往往考虑甚少。[②] 这种情况在我国现阶段的学校建筑发展表现也尤

---

① "小屋"是指某学校外廊空间的大空间中设小空间，可以容下两个小学生，是同学们课间休息及做作业的好去处。参见：李志民. 适应素质教育的新型中小学建筑形态探讨（下）[M]. 西安建筑科技大学学报，2000（9）：237-241.

② 李志民. 适应素质教育的新型中小学建筑形态探讨（下）[M]. 西安建筑科技大学学报，2000（9）：237-241.

为明显,如在对校长关于"如果有条件,对于学校的空间设计您会打算怎么调整或者添加哪些空间"的访谈中,一些谈道:

"最想增加活动空间。俗话说活动育人,希望我们能有一个风雨教室(室内体育馆)和一个多功能礼堂。设计这两个是非常有必要的,学校可在其中搞文艺演出,组织学生听讲座,学生自主活动等。"

"考虑对天台空间进行设计,想种植一些花卉植物,为学生多增加一个交往或教学空间;还希望能够增加学生的活动空间,如在走廊空间添加书架,学生可以随时拿书看,现在走廊宽度还是不够;还希望能给学生提供更大的艺体类空间,以及老师与家长、师生之间的私密性空间。"

"理想的学校空间应该要再更温馨一些,想利用走廊空间做一个透明玻璃的展墙来展示学生的活动成果,会多设计一些软木塞来张贴与班级生活相关的内容。正在尝试在校园角落种菜,考虑给学生开辟一块科学试验田。"

从中可以看到,这些空间在现实的中小学中是十分缺乏的,而且校长们也希望给学生提供各式各样的活动空间。但对于学生自由游戏玩耍的空间考虑却并没有显现出来,自主性空间仍较为缺乏,这说明学校在设计之初或者在校长之后的二次规划中都有一定的忽视。

(二)学校建筑教育价值现实缺位的原因分析

1. 学校建筑使用者参与度低,造成设计与使用脱节

学校建筑虽然是为教育教学活动实施而设置的场所,但其本质上是为教育主体所服务的,是以人的发展为根本出发点,而不是简单的功能性场所,建造的标准不仅仅是能用,还要尽可能地考虑对教育主体身心发展的促进作用。学校建筑教育价值发挥的程度就在于学校建筑对教育主体需要的满足程度,也就是只有教育主体在学校建筑所构建的教育环境中得到一定的发展,教育价值才能相应地呈现出来。那么,学校建筑设计的关键之处就是要考虑教育主体的使用情况。然而,作为学校建筑最为主要的使用者,校长、教师、学生却几乎参与不到学校建筑的设计与建造之中,也就会不可避免地出现设计与实际使用相互矛盾的局面。正如我们在调查中发现,现在很多学校建造的责任人都是开发商,学校建筑都是作为小区配套的公共设施在建造,极易忽视使用者的使用需要。虽然教育行政部门会全程监管工程的进行,但他们仍然替代不了在教育实践中长期使用学校建筑的校长、教师的经验与感受,而且校长、教师的感受也不能替代学生的感受与体验。每一个群体都有自己的使用需要,都需要得到尊重与满足。

设计人员在设计中往往潜在地以成人的尺度或标准来设计,而没有考虑到不同年龄阶段学生的人体尺度问题,如垃圾箱、洗手池太高,家具摆放过于拥挤,活动空间太小,图书室座位狭窄,教学楼之间过渡较长,教学楼内拐角太多等;而且限于中小学学校建筑面积有限,设计往往侧重使用功能的发挥,而忽视了教育场所人本性的体现,如教学楼内共享空间的预留、墙壁的色彩、操场的利用率、弹性化活动空间的设计、服务性的生活空间、不同造型的建筑物等都未体现教育场所的人本性;在新建的学校中,虽然尽可能地提供了良好的建筑环境,但又限于设计者对教育学的不了解,致使许多空间忽视了教育性意义的体现。而我们的使用者,尤其是学生主体,对学校环境的观察与感知又是极其细致入微的。因此,提升学生等教育主体的参与度将有利于学校建筑设计的科学化、合理化与人本化,更能促进学校建筑教育价值的发挥。

2. 学校建筑的教育理念滞后,造成学校建筑与教育改革不匹配

一个优秀的学校建筑设计不仅是指学校建造得"好",还应具有对人的终生和健康发展负责的功能,应具有向社会播撒先进文明的使命。[①] 这是学校建筑的教育精神,也是学校建筑的历史使命,而我国学校建筑却在教育功能与教育意义彰显的设计方面显得十分苍白与浅显。随着教育投入的不断增加、办学条件的不断提升,学校建设也进入了发展的快车道。但现阶段的许多学校建筑设计并不是去探究如何促进人的成长,而是不断地追求"最豪华""最高""最现代化""最贵族""最个性化"的建设目标,似乎最贵的就是最好的;还有的学校盲目照搬其他学校的建设模式,造成千校一面,如标志性建筑大都是钟楼、雕塑(孔子像、腾飞、读书、珍惜时间等类型),营造的学生活动空间都是读书吧以及贴满内容的走廊墙壁等。而在这些学校中,鲜有看到充满生机的室外庭院、充满诗情画意的园景设施(如鹅卵石小路、小桥、水体、绿廊、凉亭等)、充满各种知识性题材内容的围墙、体现学校文化底蕴的大门,以及可供学生自主活动的多功能空间、适应教育教学改革的开放性教室等。

在《国家中长期教育改革和发展规划纲要(2010—2020年)》中,明确提出把提高质量作为教育改革发展的核心任务,坚持以人为本,面向全体学生,促进学生全面发展。也就是说,教育改革要解决的不仅仅是学生有学上的问题,更重要的是上好学的问题。那么,好学校的标准是什么?有学者认为好学校就应能够通过好的教育使学生的潜能得到最大的发挥;也有学者认为只有学生感觉到快

---

① 王允庆. 学校建筑设计理念 [J]. 基础教育课程, 2010 (4): 78.

乐、有收获的学校才会是好学校。① 而好的学校建筑设计其实就是在为好学校的建设提供物质环境的保证，就是在为学生潜能的发挥、快乐的学习提供支持。也就是说，学校建筑设计要融入相应教育理念才能彰显出学校建筑应有的教育价值。而我们目前的学校建筑设计过于侧重表层意义探究，而疏于其内涵的挖掘，尤其是对学生的快乐学习、生态学习、智慧学习、兴趣学习、创造学习、合作学习的教育空间营造不够。理想的学校不应是"高大上"的代名词，而应是对学生发展最为契合的教育环境。教育理念是对教育理想的实践表达，是对"学校教育是什么""学校教育应该怎么样"的物质回应，学校建筑设计理念的滞后很大程度上是因为设计者不懂教育，对先进的教育理念也不十分了解，造成学校建筑在一定程度上无法满足教育改革中"上好学"的要求，对教育改革也不能起到促进发展的作用。

3. 学校建筑规划意识淡薄，造成学校建筑的教育性设计缺乏

学校建筑规划是指根据学校的功能，结合学校的地形地貌，对学校的房屋、活动场地、道路、绿地等各部分统筹安排所进行的平面设计。② 学校建筑规划发生在学校设计之前，学校建筑设计是学校建筑规划的延伸。学校建筑规划的责任主体是以教育行政部门与学校行政人员为主导，设计人员为辅；学校建筑设计的责任主体则以建筑设计人员为主导，教育行政人员为辅。也就是说，学校建筑规划的过程就是学校建筑整体设置、范围的确定、教育理念的充分浸入（包括教育目标、教学方式、学习方式、课程设置、建筑环境、教育活动的需要等）以及人、空间、时间、经费保证的规划过程。只有学校建筑规划过程完整与有效，才能充分体现出学校建筑的教育性意义，才能保证各区域学校建筑有目标、有计划、有依据地设计与建造。但在现有的情形之下，很多地区学校建筑规划意识淡薄，规划过程往往简单地等同于设计过程，又由于建造责任主体职责的下放，"设计先行"的现象经常出现，造成各个区域学校建筑教育价值发挥程度不高。如有学者谈到学校建筑规划，主要是从四个方面入手，包括学校建筑的功能、交通组织、校园环境和可持续发展、单体建筑设计。③ 从中可以看出，我们现阶段对学校建筑的规划更侧重于具体的设计，而对设计前期学校建筑教育性呈现的验

---

① 刘铁芳，刘莉. 教育改革与"十三五"发展 [J]. 湖南师范大学学报（教育科学版），2015（3）：124-126.

② 高鸿源. 校长如何进行学校建筑管理？[J]. 中小学管理，2012，(1)：4-8.

③ 王小红. 校园规划和学校建筑的认识 [C] //河南省土木建筑学会. 土木建筑学术文库（第十卷）. 上海：同济大学出版社，2008：80-81.

证与探讨较为缺乏,尤其是对学校行政人员、教师、学生、社区人士使用意见的沟通方面有所忽视。

如果学校建筑没有经过前期系统、整体性的建筑规划,将很难为现有教育教学活动的实施或者未来教育发展的需要提供支持。传统的学习行为局限在教室的课堂教学中,信息时代的学习行为则是随时随地发生的,学校的任何一处设施、环境布置都应具有教育价值,以承担潜移默化的教育作用,这就需要学校能够构建一个发人深省、陶冶身心、促进思考的学习环境。因此,学校建筑规划的出发点应起于功能,但功能不仅是指实用性的功能,更多是体现教育性功能的价值,对新世纪学生所应具有的道德品质、学习能力、操作技能、人际交往、审美素养、个性发展等各方面的能力和水平的培养与提升都应在学校建筑规划中给予充分考量,只有赋予了教育性的内涵,才能在人-境互动中充分体现出学校建筑的教育价值。

4. 学校建筑使用后评价机制尚未建立,造成学校建筑只用不评

当学校建筑施工完成,经过验收交由学校使用之后,可能在校长、教师、学生对新空间、新设施的新鲜感还未褪去之时,就会发现一些设计并不像他们所想象的那样,也许是储物柜设计不合理,也许是教室不够分配,也许是没有足够的空间实施相应的课程,也许是某个设备无法与室内的接口匹配,也许是衔接处不方便通行等。面对设计与实际使用不相符的情况,我们就会需要一个学校建筑使用后的评估体系。学校建筑使用后评估是指学校建筑使用一段时间后,对学校建筑进行的系统评估过程。它主要关注其对使用者的需要以及教育教学活动实施的满足程度,根据其评估结果的信息反馈为学校建筑的改进以及新学校的建设提供经验指导。

然而,在现实情况下,我们关于学校建筑使用后的评估研究较少,还未建立起学校建筑使用情况的评价体系,造成许多学校建筑只用不评,实际使用中出现的问题也不能得到及时的反馈与整理。事实上,我国的使用状况评估不仅在学校建筑应用上较少,在其他建筑、环境方面也研究不够,而且进行评价实践的也大都是一些学者根据自身研究需要而开展的评估,政府行为的介入几乎没有。① 在学校建筑方面使用的范围也多限于高校建筑项目,如对某高校新校区的建设项目进行的影响后评价,其评价指标体系涉及师生满意度、对社会的宏观影响、对经济的影响、对环境的影响四个方面②,还有学者根据环境行为理论研究,利用认

---

① 赵东汉. 国内外使用状况评价(POE)发展研究[J]. 景观设计理论,2007(2):93-95.
② 蒋宏,刘宇涛,胡昊. 高校新校区建设项目影响后评价指标体系的构建与应用[J]. 建筑经济,2010(1):41-44.

知地图对大学校园环境做评价研究①,而关于中小学学校建筑的使用后评估研究几乎没有。而且,可以看到目前的建筑使用后评价是对一切规划设计项目进行的系统化评估,学校建筑可以运用其相关的评估方法,但不能忽视学校建筑自身所具有的特殊性,它评估的内容不仅仅是对使用者需要的满足程度,还应涉及对个体发展的促进程度、对教育教学革新的推动作用、对未来人才培养的超前意义等。学校建筑使用后评价机制的构建,将在中小学建设过程中建立一种良性的反馈机制,通过引用社会学、心理学、教育学的理论与方法,可以更好地在规划中去考虑教育主体的使用需要,从而提高中小学建筑设计的质量。

5. 学校建筑教育学基础薄弱,造成学校建筑革新理论依据少

我国学校建筑建造的一般流程为:教育部门确定学校规划,对学校建筑提出功能要求,由设计部门进行学校设计,再由建筑部门完成,竣工验收后交由学校使用。但在学校规划中,往往重使用功能忽视教育性功能;在学校设计中,往往是重设计人员的建筑表达,忽视教育主体的建设意见。这样的建设误区导致很多"好"学校的教育品质显现不够,其根本原因是与我国学校建筑教育学基础薄弱密切相关的。近年来,虽然学校建设迅速,也完成了一批具有现代化特征的新校舍,但多数学校建筑设计仍然是以"教"为中心的传统教学模式,教室配置、活动空间、学习环境虽有一定改善,但还局限于传统教育理念的原则,无法与现代教育发展所匹配,缺少培养学生创造力与动手操作能力的设施与场所,缺乏具有教育意境的校园环境,对学生成长、应对未来生活的能力需要都不能较好地满足。学校建筑的营建应具有一定的教育学基础,通过教育学与建筑学理论的融合,将教育目的、教育理念、教育方式、教育革新充分地体现于学校的物质构成之中,只有保证高教育品质的学校建筑,才能实现高质量的学校教育。也就是说,建造何种形式的学校建筑就是对我们需要何种学校教育的回应,设计何种形式的学习空间其实就是对我们需要何种教学与学习方式的回应,营造何种形式的活动空间就是对我们需要何种生活态度、人格养成的回应等。因此,学校建筑的教育品质是衡量学校建筑是否为一所好学校的基本依据。

学校建筑教育学基础的薄弱是源于现在"懂建筑的不懂教育,懂教育的不懂建筑"②的专业问题。在建筑师眼中,中小学建筑不过是小案子,与大型商业、住宅建筑相比,他们并不太感兴趣,一般不愿意花更多的工夫去认真做好这些设

---

① 胡正凡,林玉莲. 环境心理学 [M]. 北京:中国建筑工业出版社,2012:257-260.
② 邵兴江. 懂教育的学校建筑文化设计 [J]. 上海教育,2012(03A):54-55.

计。① 再加之教育界之前对学校建筑物理环境的忽视，导致教育学视野中的学校建筑研究也不丰富，所以也引发了学者对学校建筑学学科诞生的呼唤。在学校建筑实践领域，通过多年建筑经验的积累，我国也出台了相应的中小学校设计规范，以及系列的建筑建设的标准规定，虽然这些规定一方面保障了学校建筑在安全、适用、经济、绿色、美观等方面的需要，但另一方面由于规范的限制，使得许多体现先进教育理念的建筑革新无法实现。如安吉路实验小学新校区的建筑方案中，没有依据传统学校的标准设置普通教室，而是以展示知识功能更强大的标准教室所取代，该标准教室设置前后左右共四块知识展示板，每块板有三个展示面，另外还配备了操作台，水被引进了教室。② 这种设计本是对教学空间的一种拓展设计，在有限的时空内为学生提供更为丰富的知识展示，但由于其与国家相关规定不符，建筑方案就被否定。学校建筑教育学理论依据的缺乏，使得学校建筑革新的进程受阻。因此，如何加强学校建筑理论研究，使中小学建设规范体现先进教育理念的限度能得到一定放开才是当下学校建筑发展的当务之急。

---

① 李传义. 探索校园规划与教育建筑设计的新思路 [J]. 华中建筑, 1993 (3): 35-42.
② 叶辉, 朱振岳. 什么时候才能拆掉教室的墙 [N]. 中国教育报, 2006-03-05 (3).

第六章

学校建筑教育价值的有效发挥

学校建筑教育价值的现实考察为其有效发挥的路径研究提供了现实经验,学校建筑教育价值的有效发挥必然要通过教育主体在学校建筑中实施的活动所体现。那么,在教育者主体实施的各种学校活动中,学校建筑对教育主体身心发展的促进作用就是学校建筑教育价值有效发挥的呈现。而研究与掌握影响学校建筑教育价值有效发挥的因素,才能对其有效发挥的路径进行恰当的选择。

一、影响学校建筑教育价值有效发挥的因素

学校建筑教育价值是关于作为价值主体的教育主体与作为价值客体的学校建筑之间的价值关系,影响学校建筑教育价值有效发挥的因素其实就是对其价值关系的影响,也就是教育主体与学校建筑在相互作用时所呈现的状态。因此,一切影响学校建筑价值主体与价值客体的因素都直接影响学校建筑教育价值的有效发挥。

(一) 建筑师

建筑师是将学校建筑从图纸转换为物质实体最为直接的因素。建筑设计的全过程实际上是建筑师根据业主需求与周边环境考量等因素将头脑中的想法付诸实践的过程。设计就是一个创作的过程,完成一件设计作品有一定的程序,设计就是一种把想象的状态变成现实的操作过程。[①] 也就是说,建筑设计是建筑师的一

---

① 周立军.建筑设计基础[M].哈尔滨:哈尔滨工业大学出版社,2006:161.

种创造性的思维活动，它依赖于建筑师丰富的想象力、较高的审美素养、灵活开放的思维模式等。正如有建筑师描述的那样，"建筑师基本上是延续了一种类似艺术创作的方法，或者说比较个人化、软性的、灵感式的工作方法，但建筑设计不能像艺术设计一样仅表达某个思想，它还要解决具体的现实问题"。[①] 可见，建筑除了自身所具有的意义，还有建筑师所要表达和传递的意义。学校建筑也不例外。学校建筑是按照学校教育实施的要求、教育功能的实现而设计的，而如何体现这些要求则要看建筑师想要通过什么方式来表达，他对学校的理解、对教育的理解都会通过实体建筑表现出来。可见，学校建筑设计很大程度上是建筑师很个人、很主观性的设计活动，对学校建筑的成形、落成有至关重要的作用。因此，建筑师是学校建筑设计最为关键的因素，建筑师的立场、教育理解、设计理念、与使用者的沟通都将影响学校建筑的最终完成，影响学校建筑形象、色彩、环境对使用者需要的满足程度。

从建筑师的设计过程中可以看到，建筑师虽然是建筑主体之一，对学校建筑教育意义呈现有重要的影响作用，但他并不是学校建筑教育价值主体之一。因为学校建筑之于他的价值是对他建筑创作、作品表达的精神满足，而不是对他教育需要的满足，体现不出学校教育的意义。所以他对学校建筑教育价值有效发挥的影响主要体现在他对作为教育价值客体的学校建筑的影响。我们知道，学校建筑教育价值发挥的作用大小就在于学校建筑价值客体的教育属性对价值主体身心发展需要的满足程度，而学校建筑的教育属性需要在设计时就有所考虑，并通过学校建筑功能的实现来将其转变为教育价值属性，对个体的成长产生影响。建筑师所要做的就应是通过与教育者不断地对话来思考怎样的学校实体建筑、环境、空间才能促进教育教学活动的实施，促进学生创造性地、舒适地学习与生活。如果建筑师能在设计中较好地体现出学校建筑的教育性，就会在实际运用中，对学校建筑教育价值的发挥起到事半功倍的作用。如学生学习的发生不再局限于教室之内，它可以延伸至户外，建筑师可以将学习建立在学生感兴趣或者愿意参与体验的学校建筑要素中，基于此，许多建筑师就在校园规划了各种学习步道，以及地理、历史、生物、数学、艺术等各种学习空间，使学生从校园环境中得到兴趣的激发，通过同伴互助，从交往与活动中去探索知识的奥秘。

影响建筑师的学校建筑设计质量的因素可能有很多，如建筑技术、中小学建设的标准规范、成本造价、社会环境、历史价值等外在条件的影响，但最为关键

---

① 张路峰.设计之道——建筑师访谈录[M].北京：中国建筑工业出版社，2010：25.

的还是建筑师内在因素的制约，建筑师的专业素养、知识结构、设计立场、团队合作等各方面都可能为学校建筑带来不一样的设计。建筑师的专业素养体现于建筑师的建筑设计理念、系统的专业知识、建筑设计的专业能力以及对建筑设计的专业精神。就像著名建筑师路易斯·康一样，建筑在他眼中不仅仅是一个实体存在的物件，更似一种永恒的代表、一种精神的象征，他是通过自己全身心地投入去对创造进行一种更为持久、深入的探索，这种专业精神会让建筑师的专业素养不断提高，作品意义也不断升华，而专业素养的提升也必然会提高学校建筑设计的品质。建筑师的知识结构意味着其所具有的各学科知识的广度与深度。建筑设计本身就是一门综合性的学科，只有合理的知识结构才能让建筑师在具体设计中游刃有余。如学校建筑设计就要求建筑师应有一定的教育学、心理学知识，只有对学校教育有所理解，才能恰到好处地表达学校建筑所应体现的意义。设计立场是指建筑师在设计过程中是单纯将自己视为一个旁观者，还是将自己作为一个使用者进行换位思考。学校建筑是一个充满爱意的人性化场所，如果仅是以一种功能性的、单调的、孤立的、传统的设计眼光来思考，就无法体现出新时期学校建筑的生活化、服务化、多样化、现代化的建筑特征，也很难满足学生个性化发展的需要。团队合作是指建筑师所具有的合作、沟通能力。一个建筑项目的完成是多方合作的结果，其中尤其强调建筑师的协调沟通作用。如学校建筑项目就要做好设计人员、教育人员、社区人员、施工单位的联系与意见征集，综合各方面调查与讨论的结果，最终确定设计方案。如果没有团队合作精神，建筑项目对于教育主体需要的满足可能就要大打折扣了。

（二）教育理念

教育理念是关于"教育的应然状态"的判断，是渗透了人们对教育的价值取向或价值倾向的"好教育"观念。[①] 教育理念是人对教育的理性认识，是关于人的教育理念，关于与学校建筑设计相关的建筑师、教育行政人员、社区人员的教育理念，也关乎学校建筑设计理念的呈现。只有深刻蕴含教育理念的学校建筑设计才能满足学生成长的个性化与社会化需要，才能真正体现出学校建筑的教育性意义。而学校建筑教育性意义的最大化体现就在于教育理念融入学校建筑的程度，在于教育理念在学校建筑实践中的践行程度。教育理念是教育者经过长期的理性反思与实践探索对教育现象、特点、规律的抽象概括，通常表现为有关教育

---

① 陈桂生．"教育学视界"辨析 [M]．上海：华东师范大学出版社，1997：4-12．

的观念、信念、价值取向、活动原则等。教育理念虽然来源于教育实践,但它却高于教育实践,指导教育实践的方向。在教育学视野中,学校建筑设计、建造的过程其实就是一种践行教育理念的教育实践活动。学校建筑主体拥有什么样的教育理念,就会有什么样的学校建筑实践活动,就会呈现什么样的实体建筑、校园环境与教育空间。因为教育理念实际上是人们对"教育是什么""教育应该怎么样"的理性判断,它会指引建筑主体去思考学校要为这种应然的教育提供何种的学校建筑环境,通过什么样的设计才能最贴合现实的需要以及对学生成长的满足。

不同的教育理念指导不同的学校建造活动,而不同的学校建筑形态也就体现着不同的教育意义。从教育理论由古典向现代转变的历史性发展中,就可以找出教育理念影响学校建筑形态演变的端倪。教育理论第一次发展是从古希腊、中世纪时期的神学教理到文艺复兴时期教育对人性的张扬,这时的教育理念是将教育作为引导人性至善的工具,学校建筑则大多是依附于宫廷、教堂、寺庙而建,具有严格的等级性、宗教性;第二次发展是从对教育的自然本位释义到国家本位说,国家本位教育制度下强调的教育理念是培养工业化国家所需的人,培养对国家驯服、忠诚的人,学校建筑则以发挥教师作用和教学效率为主要目的,最为经典的形式就是普通教室通过走廊串联的建筑形态,以满足编班授课的需要;第三次发展则从注重服务社会到注重人的主体性发展,教育理念也得以变革,其核心是要培养有主体性、有创新精神的人才,学校建筑设计由此便开始了以学生发展为中心的探索,强调学习环境的营造,于是开放式学校、社区学校、弹性化空间、活动空间等学校设计概念得以提出。① 其中,教育理念最为颠覆式的变革就是突破了传统教育中的三中心论,即以教师、课堂、教材为中心,现代教育则强调以发挥学生主体性为中心,以现实化、生活化、信息化的教学方式拓宽原有的课堂讲授法,以增加学生体验的知识学习,丰富以往单纯的书本学习方式。因此,学校建筑也应为学生提供更好的教育支持环境,提高学生在学习生活中的满意程度。

那么,学校建筑要想较好地满足现代教育的需要,就需要在学校建筑中不断融合、运用教育理念。而教育理念在建筑中不断被阐发、实现的过程其实也就是学校建筑教育价值得以发挥的过程。教育理念具体影响学校建筑教育价值发挥的

---

① 冯增俊提出教育理论的三次历史性发展为从神学教理到人性张扬、从自然本性释义到国家本位学说、从注重服务社会到注重人的主体性发展,本书依据这三个发展阶段进而提出与其相适应的三种学校建筑形态。参见:冯增俊. 论教育的现代演进[J]. 教育研究,2002(12):22-27.

方面主要为导引与革新作用。导引作用表现为教育理念与学校建筑的匹配性问题，即学校建筑与现代教育需要的适切性，也就是学校建筑是否较好地满足了学校教育是什么样以及培养什么人的目的需要。在现代教育"以人为本"教育理念指导下，学校建筑就应相应地体现出"以人为本"的发展观、教学观、师生关系等。如发展观中强调的是在学生共性发展的基础上实现学生的个性化发展，这就需要学校建筑要满足不同学生的各种需要，提供多样化的学习、生活空间，既不能忽视德育空间的营造，也不能轻视知识学习的重要性，还要考虑有学生充分的活动空间；由教为中心转向以学为中心的教学观体现的是先从改造传统的班级教室入手，优化教室布局，拓展班级教室的功能，有利于学生学习的自主与合作，以及通过放置可移动的桌椅、黑板、储物柜、书架等教室设施来满足学生不同组合形式的学习与交流，从而实现学生的个性化学习需要；为促进师生自主交往，可以在学校建筑内设置开放式空间，在开发空间的角落备有各种形状的沙发、桌椅，很多楼层还可以设计不同形状的凹室，使走廊增加私密与交往的空间。[①] 革新作用表现为先进的教育理念将使学校建筑对教育变革有一定的促进意义，也是学校建筑对教育应是什么样的一种回应。也就是说，学校建筑应具有一定的"超前性"，从而满足学校教育未来的要求。一旦学校物质环境具有了教育发展的前瞻性，人们的思想观念、实践行为也会发生相应的改变，并随着产生一系列的积极思考与研究。如果学校建筑仅是基于满足现实的教育需要，而不考虑未来社会的发展，那么，学校建筑完成之时就已经滞后于教育的发展水平了。因此，先进的教育理念会带给学校建筑乃至教育发展更为蓬勃的生机与活力。

（三）使用主体

使用主体是指在学校场域内与学校建筑直接发生作用及联系的使用者，他们是学校建筑教育价值发挥最为重要的价值主体，价值主体的主体性发挥直接影响学校建筑教育价值实现的程度。我们知道，学校建筑教育价值体现在教育价值主客体相互作用的关系之中，教育价值发挥就是客体主体化、主体客体化的过程。主体客体化是学校建筑教育价值主体根据自身发展的教育需要，对学校建筑提出相应的要求，从而对学校建筑进行改造，使之符合自身的主观需要，这时学校建筑就被打上了主体的印记。主体客体化强调的就是学校建筑使用主体的主体性，它体现的是价值主体有意识、有目的、有计划的创造性活动，使外在的学习环境

---

① 脱中菲，周晶. 开放式学校空间环境设计与利用 [J]. 中国教育学刊，2011 (8)：21-23.

第六章　学校建筑教育价值的有效发挥

更满足自己的需要。也就是说，在学校建筑价值关系中，虽然主客体作用是双向的，但始终是以价值主体为中心的，不是价值主体的需要趋向于学校建筑，而是学校建筑发展不断趋向于作为使用者的价值主体。因此，学校建筑越贴合于价值主体的教育需要，就越有可能发挥其建筑的教育价值，而丰富多彩的价值主体需要也就创造了具有多样性的学校建筑教育价值形态。

马克思曾指出，人的每一种本质活动和特性、每一种生活本能都会成为一种需要。[①] 人的需要是人一切活动的动力源泉，是人的价值活动的根本出发点。因而学校建筑教育价值活动的原点也是对价值主体教育需要的不断满足。那么，是不是学校建筑越能满足使用者的需要，就越能最大化发挥学校建筑的教育价值呢？如果在使用者与学校建筑的关系中，我们没有任何限度地去追求学校建筑的"唯主体"式，可能会导致学校建筑发展的急功近利与对物质的极大化追求，如最奢华、最"高大上"、最现代化的学校建筑，它们有可能在一定程度上促进了教育价值的发挥，但一定不是最优或者最大化的学校建筑教育价值实现。因此，作为价值主体的使用者一定是学校建筑教育价值的核心，对其教育需要的满足是学校建筑教育价值活动的根本出发点，但对其发展的促进作用才是学校建筑教育价值的内在尺度。

使用主体的主体性往往在学校建筑教育价值的创造中得以体现，使用者从自己的教育需要出发，通过实践活动在学校建筑与使用者之间建立起某种效用关系，从而发挥学校建筑的教育价值。依据学校建筑不同使用群体的作用可将使用者分为校长、教师、学生、社区人员等，使用主体对学校建筑教育价值发挥的影响作用主要体现在学校建筑使用前与使用后的过程之中。学校建筑使用前是学校建筑规划、设计、施工的过程，在这个时间内，使用者若能参与到设计中将会为学校建筑建造提供许多珍贵的意见，可以减少许多使用中不适宜的问题。正如弗兰克·库尔兹伯里所言，没有人能比建筑的使用者更了解建筑的缺陷。[②] 当然，使用者中极少有人懂得相关的建筑原理，他们大多数的参与也并不是直接性参与。如教师、学生的需要可通过校长向教育行政部门或设计人员反馈，校长可积极地跟进学校建筑设计进程，并根据教育教学的需要实施本校的校园规划。同时，对社区人员意见的征集会更利于开放性办学，以及教育资源的共建与分享。但就目前调查情况来看，校长、社区人员的参与度都不是很高，教师、学生发声

---

① 马克思恩格斯全集（第2卷）[M]．北京：人民出版社，1995：153．
② 苏实，庄惟敏．试论建筑策划空间预测与评价方法[J]．新建筑，2011（3）：107-109．

的机会也较少，所以学校建筑教育价值还未实现最大化发挥。使用者对学校建筑使用后的作用是发生于学校建筑交付给学校使用之后对学校建筑教育属性的挖掘与价值创造，其中主要涉及校长根据其使用情况对学校建筑的二次设计、教师的有意引导、学生的自身需要等因素。

首先，学校建筑的二次设计因素体现的是校长的规划意识，以及对校园环境、各种空间的教育性氛围的营造与利用。在访谈中，有校长表示对学校的实体建筑部分、外观颜色、教室规格、分区等是无法进行改造的，但对走廊、教室的颜色和布置，以及设施配备、空间利用、绿化美化、墙壁、教室分配等是可以自行调整的。也就是说校长可通过二次设计丰富学校建筑内容，塑造学校灵魂，将建筑的教育属性充分挖掘转换为价值属性，以强化学校教育对个体内心的浸染作用。天津某小学在接收校园之后，就对室内墙壁颜色进行了重新粉刷，原来每一层的全粉、全绿替代为渐进粉色、绿色等，过渡性颜色不会带给学生很突兀的感觉，可以更好地满足学生的心理发展特点，而且不同楼层的颜色都有不同的教育寓意。

其次，教师的有意引导因素是指教师有意识地引导学生去充分利用这些空间的设计，帮助他们去发现空间所蕴含的教育性意义。如通过开展各种小组学习活动，促进学生对互动空间、资源中心的使用频率；通过利用室内中庭、多功能教室、礼堂等空间为学生提供自我展示的平台；通过在校园开辟生物园、地理园、花圃等第二课堂园地，促进学生直观、生动、趣味性学习的发生。在这里，教师更多体现的是主导作用，因为教育价值发挥在于学生的亲身体验，他们的所观、所感、所听、所触、所做会让这些空间所蕴含的教育意义内化其内心。

最后，学生的自身需要因素是指学生根据身心发展的需要对学校建筑教育价值的再创造。马克思的需要理论指出，人的需要是由人的本性所决定的，人的本性展现为三重生命的存在，即人直接的是自然存在物、个人是社会存在物、人是自由的有意识的活动的存在物。[①] 学生的需要则是指学生生存的需要、学生社会化发展的需要、学生主体性活动的需要。学生的成长有其自然性的身心发展规律，在日常的学习生活中，他会不自觉地产生具有某种倾向性的行为，对学校建筑提出新的要求，进而影响到学校建筑教育价值的发挥。如学生可能会从空间中自我身体的舒适感出发，通过改变周围摆设、增加装饰、移动位置等方式来满足

---

① 王全宇. 人的需要即人的本性——从马克思的需要理论说起 [J]. 中国人民大学学报，2003（5）：30-35.

自身的生理需要；也可能从领域空间内自我的归属感出发，通过设置班级园地、布置班级走廊区、班级成果上墙、教室门口粘贴班级标志性符号等形式强化班级凝聚力；也有可能通过负面行为表达对某个活动场所的不喜爱并提出意见等方式来改进学校实体建筑，丰富学校建筑空间内涵，促进学校建筑教育价值发挥。

（四）教育政策

教育是社会公共事业的一部分，教育政策则是属于公共政策的范畴，是国家公共政策的重要组成部分，它体现的是统治阶级和社会主体关于教育的意志和行动。教育政策一般包括纲领性政策、基本性政策与具体政策，纲领性、基本性政策涉及教育的基本方针、法律法规、计划、方案、纲要、细则等；具体政策是根据某一教育现象或教育问题制定的专项政策，旨在解决具体问题。① 由于教育政策具有影响范围广、明确的目的性、一定的行为准则等特点，使得教育政策一经出台，就会引导一定时期内教育发展的走向以及为实现某教育目标或任务对教育内外关系进行协调而制定的相关准则与指南。因此，作为教育改革重要的学校主体因素，具有对学习环境支撑能力的学校建筑的作用不应被忽视，面对学校建筑在建筑界的浅尝辄止与在教育界缺席的问题，教育政策的导向意义更为重要。教育政策对学校建筑发展的导向作用可体现为通过国家对学校建设活动制定的政策措施文本进一步规范地方政府、教育部门有关学校土地使用、发展、规划的营建行为与实践活动，以及从整体性的角度正确促进各区域学校之间学校建筑的协调发展，提升基础教育学校学习环境的质量。

在过去，关于学校建筑的教育政策较少，大都体现在一些重要政策的构成内容中，对校园文化、物质环境、学校建设等提出过具有明确指向性意义的方针、准则，它们对学校建筑教育价值的发挥都有至关重要的作用。如在2006年教育部发布《关于大力加强中小学校园文化建设的通知》中提出，"重视校园绿化、美化和人文环境建设。要把校园建成育人的特殊场所，充分利用校园的每一个角落，营造德育的良好环境和氛围，使校园内的一草一木、一砖一石都体现教育的引导和熏陶""充分利用板报、橱窗、走廊、墙壁、雕塑、地面、建筑物等一切可以利用的媒介体现教育理念，发挥校园广播站、电视台和网络的作用，拓宽校园文化建设的渠道和空间"。虽然这个文件是从中小学校园文化建设的角度进行强调的，但它对学校建筑教育价值的作用给予了肯定，对学校建筑教育价值发挥

---

① 阮成武. 小学教育政策与法规 [M]. 北京：高等教育出版社，2006：2-5.

的途径提出了指导意见，在一定程度上强化了中小学对学校建筑的教育意义的重视与关注度。而对学校建筑整体发展水平提升有重要意义的政策是为实现教育公平，缩小区域、城乡、校际差距，推进义务教育学校均衡发展，加快实施薄弱校改善、实行标准化学校建设等一系列的教育方针政策。在《国家中长期教育改革和发展规划纲要（2010—2020 年)》中明确提出，"均衡发展是义务教育的战略性任务。推进义务教育学校标准化建设，均衡配置教师、设备、图书、校舍等资源。"在此文件的指导下，又陆续出台了《国务院关于深入推进义务教育均衡发展的意见》《县域义务教育均衡发展督导评估暂行办法》《关于全面改善贫困地区义务教育薄弱学校基本办学条件的意见》等文件，这些政策主要是从办学条件出发，对学校物质资源进行均衡配置的引导，直接影响了全国各地学校办学条件的提升，尤其对于县域学校、薄弱学校的政策倾向，使得校舍、设施设备、图书等学校建筑构成要素得以发展、完善。自 2011 年开始，各地普遍制定了县域义务教育均衡发展规划和义务教育学校标准化建设规划，截至 2014 年共有 397 个县（市、区）通过评估认定。[①] 从中不难看出教育政策导向作用的力量。虽然学校基础设施在这次学校建设中有了重要提升，也为学校建筑教育价值发挥奠定基础，但由于对物质条件的侧重，学校建筑教育价值的挖掘意识仍然不够。

由此我们可以看见，政策最重要的作用就是"一种明确的或者含蓄的单个或一组决定，它可以制定一些方针以指导将来的决定，发动或阻止某种行动，或者引导先前决定的实施"。[②] 教育政策对学校建筑教育价值发挥的影响也不例外。一是教育政策的价值引领作用。教育政策的制定与执行一定是经过对价值主体、客体以及价值关系的把握，形成某种特定的价值取向和原则。这种特定的价值取向就会引导教育建筑实践活动的开展，如民主、自由、发展、信息化的价值取向就会促使学校建筑对这几方面教育属性进行挖掘与探索，以符合教育政策的价值基础。二是教育政策的控制作用。它是指对学校建筑价值发挥的促进或制约。如果是支持性、倾向性的政策环境，就会起到促进作用；而如果是忽视、轻视，就有可能限制教育价值的发挥。目前关于学校建筑教育研究的缺位也有部分原因是教育政策上的未显现，还未引发学者、研究人员、教学一线教育者的关注。三是教育政策的评估作用。教育政策在制定、实施之后还有一个重要的过程，即教育政策的评估，根据对实施的教育政策进行评价，就会发现关于学校建筑相关政策

---

① 晋浩天. 学校标准化建设是均衡发展的"门槛"[N]. 光明日报，2014-07-22（06）.
② Dan E. Inbar 等. 教育政策基础[M]. 史明洁，等译. 北京：教育科学出版社，2003：96.

实施的效果、问题，这样教育政策就会避免文本的静态性，从而进入新的政策过程，学校建筑教育价值的发挥也会不断接近最优的状态。

（五）标准规范

如果说教育政策是导引实践方向的宏观影响因素，标准规范就应是对实践行为具体化的微观影响因素。"标准"意为衡量事物的准则，引申为榜样规范的意思。① 规范则与标准有相近之意，意为明文规定或约定俗成的标准。在我国国家标准 GB/T 20000.1—2002《标准化工作指南第 1 部分：标准化和相关活动的通用词汇》中，对标准做出了以下定义："为了在一定的范围内获得最佳秩序，经协商一致制定并由公认机构批准，共同使用的和重复使用的一种规范性文件"。② 可以看出，标准规范都是为相关实践活动提供规则、准则、导则或有规定性质的文件。而学校建筑教育价值的发挥一定是与学校建筑的营建、教育教学活动密切相关的，因此，对学校建设过程的相关规定都直接影响着学校建筑教育价值的发挥。依据学校建筑自身的特殊性，我们可知它不仅要受到建筑标准规范的制约，也要受到学校教育规定的约束；不仅要符合建筑结构、技术的建造规律，也要符合个体发展的教育需要。也就是说，指导学校建设的标准规范必然会与两个方面的要求紧密相关，一是来源于国家建筑行业设计的标准规范，二是来源于教育视域内的学校建设的标准规范。

建筑设计规范是由政府或立法机关颁布的对新建建筑物所作的最低限度技术要求的规定，是建筑法规体系的组成部分。建筑法规体系分为法律、规范和标准三个层次，法律主要涉及行政和组织管理（包括惩罚措施），规范侧重综合技术要求，标准则偏重单项技术要求。③ 建筑设计规范确立了一般建筑工程设计的质量标准和法定依据，由于它属于强制性的国家标准和规范，所以任何单位和个人都应遵守与执行。建筑设计规范涵盖了总体性内容、各个单项内容、各种工种内容以及建筑设计、施工、验收等各个环节的内容，如目前出版的三种规范丛书有《现行建筑设计规范大全》《现行建筑结构规范大全》《现行建筑施工规范大全》，在《现行建筑设计规范大全》中，涉及的就有通用标准、民用建筑、工业建筑、建筑防火、建筑设备、建筑环境、建筑节能七个部分的建筑设计规范条文说明，

---

① 辞海（中卷）[M]. 上海：上海辞书出版社，1999：3635.
② 国家标准技术审查部. 标准研制与审查[M]. 北京：中国标准出版社，2013：1.
③ 姜椿芳，梅益. 中国大百科全书（建筑、园林、城市规划）[M]. 北京：中国大百科全书出版社，1992：244-245.

为各类建筑设计提供了明确的设计准则。

中小学建筑设计则不仅要遵循现行建筑的标准规定,它还有自身的设计规范,即《中小学校设计规范》。现行的《中小学校设计规范》是2010年修订完成,2012年正式实施的,而上一版的《中小学建筑设计规范》(GBJ 99—86)还是1986年发布的,这也恰好说明多年来我国学校建筑发展滞缓、千校一面等问题的部分原因是来源于设计规范的制约,使其创新创造性不能得以充分发挥,尤其与迅速发展的学校教育、教育理念、个体教育需要不能予以匹配。而新规范为了能适应国家新的教育政策、新的教育内容、新的课程标准、新的教学模式,在修订过程中有一定改变。据其主编黄汇介绍,新规范从"实用、经济、美观"扩展到"安全、适用、经济、绿色、美观",从仅"适用于城镇中小学"到"适用于城镇和农村中小学校的新建改建和扩建项目的规划和工程设计",设计原则扩展为"满足教学功能""有益于学生身心健康成长""校园本质安全""绿色设计建设校园"四个原则。① 从中可以看出,新规范增加了对安全、适合、绿色、人本性的关注以及对全国各地区中小学设计规范的统一。可见,标准规范就是中小学设计的使用手册,它的规定、修订对学校建筑有重要影响,其中对教育教学功能、人文环境、服务设施的考量又直接影响其教育价值的发挥。也就是说,中小学的标准规范对个体教育需要的关照是其教育价值发挥的前提条件,若教育教学的活动空间有限或者没有都将阻碍其教育价值的发挥。

教育视域内的学校建设的标准规范是指在一定时期教育政策的指导下,以教育发展为基本出发点,以一种文本的形式对学校规划布局、经费投入、校园建设、办学条件、资源配置、师资队伍等学校建设内容制定标准。最为典型的就是在深入推进义务教育均衡发展的教育政策下,要求各区域实施义务教育学校标准化建设,标准化学校是指在义务教育领域内根据法律规定,确保全国基础教育大体拥有均衡的物质条件和师资队伍条件的规范化学校,② 由此各省市都制定了本区域学校建设的基本标准,并根据实施的效果不断推进、提升。如在天津市义务教育学校现代化建设达标的评估细则中关于办学条件的部分就明确指向了教育经费、校舍场地、教学设备、信息技术、生活设施等指标,这些指标也是对学校建筑与现代教育适应程度的评估,它们更多是从学校具体使用的角度来考虑,更贴

---

① 朱晓琳. 中小学校设计规范修编——访《中小学校建筑设计规范》主编黄汇 [J]. 建筑技艺,2014 (1):118-120.

② 杨兆山,金金. 建设"标准化学校",搭建义务教育均衡发展的操作平台 [J]. 东北师范大学学报(哲学社会科学版),2005 (5):36-41.

近学校教育实际。

为避免学校建设重物质轻精神，在考虑改善办学条件的同时又提出了对学校内涵的提升。教育部于 2014 年出台了《义务教育学校管理标准（试行）》，旨在深入实施素质教育，促进教育公平，推动学校不断提高管理水平，实现学校治理的法治化和规范化。其中，对学校建筑的使用、维护、管理、利用体现于提供便利实用的教学资源、建设安全卫生的学校基础设施以及营造尊重包容的学校文化等指标中，也进一步为学校建筑教育价值发挥奠定基础。不难看出，关于现行的学校建设标准规范是对现代教育理念的进一步深化，同时也为学校建筑的发展建立了良好的基础，只有学校建筑更好地满足了个体的发展需要，才能最大化地发挥学校建筑的教育价值。而学校建设标准若能对学校建筑部分做进一步细化与分析，将更有利于其教育价值的实现。

二、学校建筑教育价值有效发挥的路径选择

学校建筑教育价值研究的最终落脚点还是它的有效发挥问题，而如何促进人更好地发展是学校建筑教育价值有效发挥的根本目标，选择良好的学校建筑教育价值实现路径将对人的发展有重要意义。因此，在学校建筑教育价值发挥的现实考察与影响因素分析的基础上，下面将着重对学校建筑的设计理念、参与度、教育属性、学校规划、使用后评价机制等层面提出相应建议，以期能对中小学建筑教育价值的最大化发挥提供一定的参考。

（一）更新学校建筑设计理念

学校建筑教育价值观是人们对学校建筑教育价值的认识，是其教育价值在人意识中的反映，体现的是学校建筑属性与人的教育需要之间的关系。不同时期的人的教育需要不同，不同时期的学校建筑也就会不同。不同时期的学校建筑其实就是不同学校建筑教育价值观的体现，代表着人们对学校建筑教育价值的认识程度，只有深刻认识学校建筑教育价值，才能确定合理的学校建筑教育价值观，才能促进学校建筑教育价值的发挥。而对学校建筑教育价值认识最为直观的表现就是学校建筑设计的教育性体现，如果是落后的学校建筑教育价值观带来的一定是滞后的学校建筑设计，那么，也将不适用于现在以及未来的学校教育发展。因此，要想提高学校建筑教育价值的认识程度，就必须从如何更新学校建筑的设计

理念入手。

学校建筑设计是关于一所学校的基本设计构思,建筑师会根据项目规划中的空间要求绘制出拟建学校的平面图。而在如何分割这些空间,做何种考量,选择什么造型的实体建筑设计,为校园留有什么空间等构思中就会体现出一个个的概念模型,这些概念模型的来源就是学校建筑的设计理念。近些年来,在教育改革影响下的教育思想与教育体制的变化中,中小学建设呈现出了许多新的面貌,融入了新的教育理念、新的教育模式,学校建筑设计理念也发生了很大的转变,体现于学校建筑总体布局由分散向集中发展、建设趋势由"刚性"到有了成长空间的"柔性"发展、对校园空间由显性发展到隐性教育力量的关注、建筑形态也从同一向多样发展等。① 可见,学校建筑设计理念一旦改变,学校建筑设计质量会有整体性的提升,而且从设计理念的演变趋势看,人们对学校建筑的教育价值认识也是不断深化的,并体现于具体的实践中。因此,学校建筑设计理念是学校建筑教育价值有效发挥极为重要的一环。针对学校建筑设计理念的更新,可尝试以政策导引、深化教育理念、夯实学校建筑的教育学基础等几个方面入手。

第一,政策导引。学校建筑设计理念更新不仅仅关乎建筑设计规范标准的方面,还涉及建筑所要表达和传递的教育思想与教育意义。而建筑的规范标准除了一般性的规定,还应考虑如何为表达和传递教育内容提供一种更为自主、开放、现代的设计平台。因为教育是培养人的活动,学校教育应具有适合人成长的充满活泼、积极、生机的环境氛围,而如果是僵化、呆板、机械的学校设计可能会导致对人的创造性、创新性培养的缺乏。因此,若想为学校建筑设计提供一个较为宽松的政策环境,以及鼓励设计人员对学校建筑与教育理念进行充分融合,更好发挥设计者、校长、教师、学生、社区人员等主体的主观能动性,就必须通过国家政策对学校建筑教育价值给予肯定,对建筑师的学校项目创作环境给予支持。相关教育政策的出台,可以说是未来学校教育、学校建筑发展的风向标,更会直接促进各个专业研究人员进一步深入探究,对如何最大化发挥教育价值也会有更为丰富的研究成果。

第二,夯实学校建筑的教育学基础。建筑设计本是一个融合多学科理论知识的专业活动,它具有建筑学、心理学、文化学、社会学等理论基础,其研究内容涉及建筑基本的构成要素与设计原理,建筑环境对心理、行为的影响,建筑对文化的传承、发扬,以及建筑空间对人与人、人与物关系的作用等。而学校建筑设

---

① 陈杰. 中学校园规划设计理念变迁 [J]. 山西建筑, 2012 (12): 18-20.

计旨在一般建筑设计的各学科理论的基础上，充分融合教育学基本理论，体现出学校建筑之为教育的基本功能，发挥出学校建筑应然的教育价值。只有在学校建筑设计中具有一定的教育学基础，才能将教育目的很好地嵌入建筑的空间环境中，才能将学校教育方式的转变（如教与学的方式、隐性教育等）及时地体现于建筑与人之间的互动关系中，才能将信息化时代的特点无缝衔接于学校建筑对学校各类活动（育人、教学、管理、休闲游戏）的支持中。然而，目前从教育学视野的角度出发展开的学校建筑研究还未引起足够的重视，对学校建筑教育价值的发挥也还未呈现系统化的研究水准，也就无法给予学校建筑设计理念更新的理论依据。因此，夯实学校建筑的教育性基础更有利于学校建筑对其教育价值的发现与挖掘。

第三，深化教育理念。瑞士建筑师 Peter Zumthor 曾谈到，建筑营建是一种使用不同零件构成的一种有意义的整体活动，这种意义是在特定的建筑中以特定的方式感觉到。[①] 学校建筑设计理念所要表达就是这种特定的意义，它与其他建筑设计理念最大的区别就在于对教育理念的体现，通过学校建筑精致的营建、特殊空间的设计来无声地表达教育的寓意性。因此，深化教育理念才能让学校建筑更彰显出它独特的教育意义，才能更好地实现学校建筑所要发挥的教育价值。正如有学者分析，"中小学校园环境所具有的教育寓意性就是依据一定的现代教育理念及其对学生身心发展所给予的期望，在环境景观及设施中注入积极向上的教育性涵意"。[②] 学校建筑设计中的教育理念越先进，学校建筑教育价值发挥程度也越高。而且，这种理念灌输并不是一朝一夕的，它需要持久性整体性的体现。如北京第二实验小学，自 1997 年就提出"以爱育爱""双主体育人"的学校教育理念和"以参与求体验""以创新求发展"的实施路径，将其先进的教育理念与学校多个校区的校园风格融为一体，彰显出实验二小"简约、生态、人文、和谐"的充满关爱的学校建筑设计理念，精美的校园环境、充满文化氛围的建筑内部设计、充足的自主活动空间、大小不一功能不同的各种主题墙、墙面、地面的设计等，都为学校建筑教育价值发挥创设了良好的条件（见图 6-1[③]）。可见，只有从事学校建筑设计、营建、使用的建筑主体不断地将现代教育理念内化于心，才能在学校建筑设计活动中充分地予以融合、利用，从而在各种实体建筑、环境、设施、空间中去体现教育性的寓意，并能预见性地预留许多拓展教育功能

---

① 沈克宁. 当代建筑设计理论——有关意义的探索 [M]. 北京：中国水利水电出版社，2009：5.
② 林刚. 中小学校园环境的教育寓意性设计 [J]. 教育研究，2013（3）：41-46.
③ 图片来源：北京第二实验小学网. http://www.bjsyex.cn/bxn-site/pages/page/index.jsp.

的可能性设计,为学校建筑适应未来的学校教育而留有发展空间。

图 6-1 北京第二实验小学"以爱育爱"教育理念的建筑设计
左:宽敞的接待大厅;中:讲述经典史事的各类石头;右:"以爱育爱"的标志性雕塑

(二) 提升学校建筑使用者的参与度

学校建筑教育价值的发挥始终要坚持以人为核心的学校建筑教育价值尺度,以更好地促进人的发展为前提条件。学校建筑的最初营建目的就是为教学实施提供一个场所,它的价值取向由国家、社会逐渐向个体转向,它的教育价值核心也由精神、实用的主导教育价值向信息化时代的综合性主导价值转变,学校建筑教育价值发挥的落脚点不再是学校建筑的规训与工具性意义,而是真正地回归到了人本身,人的主体性发挥与个性化发展成为这个时代学校建筑研究最为重要的议题。只有突显了学校建筑的"为人性",才能使学校建筑教育价值获得最大化的发挥。然而,在调研中,我们却发现受现实情况所限,学校建筑真正的使用者参与建筑设计的可能几乎没有,在校长的二次规划中,也只有部分学校积极听取采纳了学生的意见。使用者是学校建筑最终使用的人群,他们的满意度才是衡量学校建筑是否较好地发挥教育价值的标尺,使用者长时间学习、生活在学校建筑中,有自己的感觉、认知和行为习惯,通过自身长期性实践的判断,自会对学校建筑的使用提出合理的认识与建议。而只有站在使用者角度上进行的学校建筑设计,才能最大化发挥它的作用。

宁波市余姚实验小学新校区的建设方案就是由学生投票来决定的。当时设计单位有两套方案,一套以庭院式建筑风格为主,另一套以几何式风格为主。开工前,学校每个年级里各选了 10 个学生代表,到学校会议室投票选择建设方案,最终有 72% 的学生选择了庭院式风格,因为这样的建筑风格会让校区有水池,有喷泉,让人觉得像花园。而且学校还充分发挥了学生的主观能动性,让学生们提出具体细节的改变,从而真正满足他们的需要,如降低新校区的台阶、在教室增加图书架、降低公共洗手池、每一层楼设置室内活动室等。[1] 而这些建议的现实实现无一不反映出了学校对"以生为本"教育理念的践行。在征求意见的过程中，学生的主体性、创造性得以激发，学校建筑与学生等使用者之间也实现了无缝衔接，为学生的使用提供了更为舒适、温馨的建筑环境，也使学校建筑教育价值得以淋漓尽致的体现。

在国外的公共服务质量管理体系中，基于顾客满意的角度，常常会采用使用者介入机制来实现公众直接参与并渗透到公共产品中的生产与改进的制度模式中。[2] 公众的高度介入会更有利于公众对公共利益的追求及满意度的提升，也会促进管理体制内的专家更能全面掌握信息以制定出更为科学合法化的决策，同时也有利于从公众的角度对公共产品产出的透明度进行监督。这种使用者介入机制也可运用于学校建筑的质量管理体系中，可将学校建筑视为公共服务部门的一种产品，那么，使用者就是学校建筑的服务对象，使用者的介入与参与，会促进学校建筑设计更符合使用者需要，提升使用者的满意度。而在充满人性化、服务性的学校建筑中，学校建筑教育价值的发挥渠道也会更为通畅。学校建筑教育价值发挥的过程就正如公共服务产品不断寻找使顾客提升满意度的途径以实现其产品价值最大化的过程。

那么，在提升使用者参与度的路径中，就要明确使用者的参与人群、参与作用及参与方式。学校建筑的使用者主要是指分享学校建筑资源、长期使用学校建筑的群体，一般是指校长、教师、学生、社区人员等。校长被单独罗列的原因是校长对学校建筑设计、二次规划的作用是异常重要的，包括其他使用群体如何发挥他们的参与作用也都与校长密切相关。校长对学校建设往往会有一个整体构思，其中深刻体现着校长的教育理念与建设思路。在目前各个学校建筑的二次规划中，可以看出许多校长有意识有目的地发挥学校建筑的教育价值，也有校长虽然在意识层面认为学校建筑没有那么重要，但是在具体的实践中还是在突显其教育价值。因此，如果能提升校长关于学校建筑教育价值的认识程度，并能在学校建筑设计阶段就调动起校长的积极性，他的很多教育理念也都会得以深入实施。教师、学生对学校建筑的实际使用情况是最有发言权的，一般在改建、扩建、新校区建设的学校建筑项目中，首要考虑的就应是教师、学生的意见，只有充分采纳教师、学生的意见，才能使学校建筑在教学、学习、生活的日常活动最大化地

---

[1] 李军. 学校建成什么样学生投票说了算[N]. 都市快报，2006-11-03（15）.
[2] 王庆峰. 国外公共部门质量管理机制研究[M]. 北京：中国经济出版社，2007：229.

发挥自身的教育价值。在未来的学校教育中，与社区融合，共同分享教育资源是必然的一个发展趋势，而与社区人员的合作、互动也将成为新校建设重要的着眼点，社区人员的参与将会进一步促进学校的开放性、公共服务资源的共享以及更多地满足社区成员的教育需要。

可见，为提高使用者的参与程度，可进一步拓宽参与者的参与途径，提供多样化的参与方式。参与过程可由校长或上级行政部门组织，使用者可以以个体或组织形式参与，参与阶段可选择在学校建筑设计阶段、建设阶段、使用阶段。

（三）深度挖掘学校建筑的教育属性

学校建筑教育价值创造是人从自己的教育需要出发，通过实践活动在学校建筑与主体之间建立起的教育价值关系。在创造价值的过程中，人通过对学校建筑教育价值的认识，挖掘出学校建筑的事实属性，并将这种事实属性进一步转换为教育价值属性，而这个转换的过程也就是价值创造的过程。学校建筑的教育属性是学校建筑区别于其他建筑的本质属性，反映的是人类为实施教育、实现教育目的而建造学校的特殊意义。学校建筑建造的目的就是为学校教育服务，为人的发展服务，因为人只有受过教育才能称为人。而学校建筑最为独特的地方就在于它是一个培养人的地方，学校建筑的一切设计与营造都是为育人而服务，可见，教育性早已被深刻地烙印在学校建筑的身上。学校教育最终要输出的是具有良好道德品质、专业知识、文化修养、艺术素质的人，因此，学校建筑的教育价值就是学校建筑要提供学校育人所需要的各类空间、设施和环境条件。这些物质条件也就是学校建筑自身所具有的教育属性，而学校建筑教育价值的发挥就在于教育属性是否得以挖掘并促进了人的发展，只有满足了人的发展需要，教育属性才能转化为价值属性。可见，对学校建筑教育属性的深度挖掘，就意味着对学校建筑教育价值发挥程度的促进。

在学校建筑教育价值的创造中，人的教育需要是挖掘学校建筑教育属性重要的出发点，它具体体现于学校建筑对教育需要的满足。

第一，学校建筑对教与学需要的满足。学校建筑自产生以来，教学一直是作为主要功能的，学校建筑也随着教学组织形式的变化而改变。现代教学组织形式正突破原有的班级授课制，以走班制、选课制等新的教学形式所替代，那么相应的教学空间也会有改变，目前按照学生人数设计的学习空间主要用于大组教学（50~125人）、全装备组教学（25~30人）、小组教学（6~8人）、个别化教学

(1~2人)。① 从中可见，教学组织形式越来越重视学生学习的主体性地位，关注学生的个性化发展，教学环境也从教的学习向学的学习环境转变。因此，学校建筑要为营造新的学习环境而努力，尽可能为学生提供多目的性的教学空间、非正式的学习场所、个性化学习空间、各种学科专业化的学习空间等。随着信息化时代对人才培养要求的不断提升，义务教育优质学校的教育功能需要将"人的潜能发展"放置第一位②，那么，个性化的学习方式将成为学校教育的必然选择，学校建筑应尽可能为个性化学习的发生提供条件，从而发展学生的多元智能和不同学业禀赋，具体可通过学校信息化建设、实施小班教学、增加多种智力类型发展的专用教室、拓展自主学习空间等。

第二，学校建筑对文化传承的满足。学校建筑是文化的主要物质载体，它通过文化景观或符号来营造育人的文化场所，从而实现对人的文化化，在学校人文氛围的影响下，人实现了对文化的继承与传递，也促进了人自身的发展。因此，学校建筑教育属性应多在学校人文性质的设计与建设上进行挖掘，营造出具有文化内涵的学校建筑。校园中的人文是历史形成的，是由历史发展过程中所产生的具有文化意义的人和事构成的。③ 也就是说，学校建筑在注重文化景观、建筑美化、校园绿化、各种路牌、楼宇命名等建设的同时，更不应忽视对其历史文化意义的人和故事的挖掘与发扬。正如北大的燕园、未名湖、红楼已不仅仅是实体建筑一般的意义，更多的是一种象征性的校园精魂，构成了一代又一代北大人的记忆。

第三，学校建筑对德育需要的满足。学校是对未成年人进行思想道德教育的主渠道，除了要利用好思想品德、思想政治课的教学活动，还要利用学校内一切可以挖掘的德育资源，将思想道德教育纳入中小学教育的全过程。而学校建筑就是学校不可或缺的德育环境，所谓学校德育环境是指对个体思想道德发展及学校德育活动产生影响作用的各种客观因素的总和。④ 学校建筑通过散发自身蕴含的教育信息，潜移默化地影响个体思想和心灵的发展，只要个体置身于学校建筑之中，无论是整体布局还是局部细节都可以发挥出思想道德教育的作用，学校的每一面墙、每一处建筑小品、每一个符号都是无声的德育语言。如成都金沙小学的

---

① 迈克尔·J. 克罗比. 北美中小学建筑 [M]. 卢昀伟，等译. 大连：大连理工大学出版社，2004：6.
② 世界银行的报告《走向全面基础教育：投资、动机与制度》中提出，义务教育具有"充分实现人的潜能，为经济提供合格劳动力，为受教育者充分参与公共生活做好准备"的功能. 参见：张新平. 义务教育优质学校办学标准研究 [M]. 北京：科学出版社，2015：91.
③ 张武升. 论学校教育的文化内涵 [J]. 教育研究，2009（11）：48-52.
④ 冯秀军. 现代学校德育环境的生态建构 [J]. 教育研究，2013（5）：104-111.

走廊就像是分立各处的图书室，图书已化整为零分散到了各层走廊，所有走廊的墙壁沿脚均为孩子们设计了木凳或书写台，中心区域沿廊柱设置了软皮沙发或书写台，角落区域还设置了地台。学生走出教室就像进入了图书馆，学校处处都充满了书香的学习氛围。而且每一段走廊的墙面还兼备书写面、实物陈列、电子显示屏、粘贴板，已经是一个真正意义上的信息廊。① 因此，充分利用学校建筑的各种构成要素，育人作用也就会静悄悄地显现。

第四，学校建筑对活动需要的满足。活动是人发展中的决定性因素，但影响的大小随活动本身的质量与数量，目标与主体发展水平的相差度，主体的自主性等方面变化而变化。② 中小学的学校教育就是通过各类精心设计的活动而影响个体的身心发展，而学校活动的效果就是对个体身心发展影响的决定性因素，其作用机制就是教育作用→学生活动→学生发展。③ 学校活动是在"人为"的学校建筑环境中进行的，那么，学校建筑则要为活动效果提供良好的物质条件支撑。在影响个体身心发展的活动过程中，学校建筑与学校活动的过程以观念、表象、心理感受等形式进入个体的心理结构，也就是说，学校建筑及学校活动的过程的某些方面刺激到了个体，使个体产生了相应的感觉、认知和行为体验。因此，我们应从学校建筑对个体、对活动的感知觉刺激方面入手去挖掘其所具有的教育属性。依据个体最主要的学校活动的需要，可尝试为个体提供一种有爱的学校建筑，如舒适的阅读区、符合人体工程学的课桌椅、便利的储物柜、合适高度的洗手池、室内游戏区、安全环保的学校设施、充足的饮水设备等；一种有活力的学校建筑，如活泼的建筑外观、生机盎然的校园绿化、丰富的交流场所、良好的运动场地、多功能的室外实践基地、各种可触摸可动手操作的校内展示等；一种有气质的学校建筑，如具有学校特色的建筑标志、象征学校精神的建筑符号、充满人文氛围的建筑环境等。

（四）增强学校建筑规划的理性认识

学校建筑规划是以教育理念、学校环境和建筑条件为基础，以人、空间、时间和经费为基本向度，使校地、校舍、校园、运动场与附属设施的配置设计能整体连贯之历程。④ 学校建筑规划的作用异常重要，它的着眼点是对学校建

---

① 陈瑾．一条走廊也能达到教育目的 [N]．成都日报，2009-11-12 (A10)．
② 叶澜．教育概论 [M]．北京：人民教育出版社，2006：248．
③ 陈佑清．教育促进学生发展的机制 [J]．中国教育学刊，2001 (6)：13-16．
④ 汤志民．学校建筑与校园规划 [M]．台北：五南图书出版有限公司，1993：12．

第六章 学校建筑教育价值的有效发挥

筑教育功能的划分、布置、连接的规划处理，以提高学校建筑在存续期内使用价值的发挥。学校建筑规划是学校建筑设计的基础，一个好的规划团队在规划时不仅要考虑对现在教育需要的满足，还要为未来教育的发展留有一定的空间。但在现阶段的学校建筑设计中，学校建筑规划并没有得到足够的重视，一般学校建筑任务书的拟订都是由行政部门或者管理者完成的，而直接使用者一般是不会参与的，设计团队中也鲜有教育学专业人员的存在，也使其教育作用的发挥受到一定限制。在国外的中小学建筑项目研究组中，往往包括十几种专业人员，常见的有建筑师、教育家、设备专家、室内设计师、土木工程师、机械工程师、声学工程师、景观建筑师、照明设计师等。[1] 不同专业组成的规划设计团队使学校建筑在设计伊始就具有了较强的规划能力。学校建筑是进入教育过程最为重要的物质资源，那么，学校建筑规划在某种意义上可以说是对教育实施条件的规定，更类似于一种对未来教育发展的象征。因此，学校建筑规划与学校建筑教育价值的发挥有着密切的关系，面对现阶段种种教育价值缺位的情况，学校建筑规划可从关注整体性的规划中对其进行一定的弥补，逐渐淡化沿海与内地、农村与城市、市区与郊区的差异，从构建的规划指标体系中努力使所有的中小学建筑都能达到办学标准的合格线，从而为学校建筑教育价值的实现树立具体化目标。

首先，学校建筑规划应体现现代教育的需要。学校建筑规划应有一定的原则规范，尤其在制定具体的指标体系中，要能给予学校建筑规划活动指导作用。美国学校行政人员协会（AASA）曾提出7个学校建筑规划原则，即适合课程需求、安全舒适、内部功能协调、有效实用、美观、应变、经济。可以看出，学校建筑规划是一个综合性、复杂性、非线性的创造过程，遵循学校建筑规划原则将更有利于其积极的教育意义与价值的实现。在这些原则中，教育性原则对所有原则都赋予一种教育的规定性，都需要以满足教育的需要为出发点。正如美国教育学家约翰·贺特（John Holt）曾说："我们不需要教导孩子们为何学？学什么？如何学？若能使他们接触一定和现实生活及工作相同的学习环境，他们就可清楚地了解到对他们有真正意义的学习目标，且能自行找到比老师们可提供的更佳的学习途径，以达成目标。"[2] 因此，有关学校建筑规划的设计规范、办学标准应更多关注现代学校教育方式的选择，在设置底线标准的基础上，适当为学校建筑规划

---

[1] 布拉福德·珀金斯. 中小学建筑 [M]. 舒平，等译. 北京：中国建筑工业出版社，2005：69.
[2] 周南. 小学校园规划与儿童行为发展之研究 [J]. 建筑学报，1998 (8)：53-57.

设计留有一定的自主权，以更好满足学校建筑对现代学校教育活动实施的支持。如在国外的中学建筑中，为促进协作式学习、合作式学习、分组学习的现代教学策略（这些教学策略鼓励学生从环境中和相互间学习，而不仅仅是从站在教室前的老师那里学习），中学建筑的结构单元就以"所"为单位，每个年级根据班级数目进行分所，每个所分围三四间可变教室（相邻的教室间还可使用可拆卸的分隔物）、一个可变实验空间、一个计算机区域、一个会议区和其他辅助空间。[①]而我们目前大部分的中学建筑是规范的矩形教室，并按年级依次排列在各个楼层，缺少可变性、灵活性的学生交流空间，为学生创建的小型的良好的成长环境明显不够。所以，学校建筑对现代教育的需要不能仅停留于表面倡议，应更多地在规划、设计、实施中有所体现。

其次，学校建筑规划应为新建、改建、扩建提供不同的规划方案。目前我国学校建设主要有新建学校、改建扩建学校，每种类型的学校建筑规划意义都不尽相同。新建学校一般是指由于周围义务教育适龄儿童的上升，亟须在该区域新办学校来满足日益提升的教育需要，或者是新的学校或者是新的校区。改建学校既包括将其他用途的建筑物改建为学校，也包括在原有学校基础上进行改造，使之更好地与现代教育接轨，如增加新的功能设计、新的教育设施、新的场地等。扩建学校往往是由于原有的学校建筑不能满足学校现有的发展要求，在现有学校建筑基础上增加校园面积或者增加新的建筑物等。无论是哪一种规划，都应依据其不同的目标而突显它的教育价值，新建校应融合最新的教育理念，使其教育价值自然流露；改建、扩建学校应弥补老校中对教育价值的忽视，通过重新建设获得新的教育价值生长点，最大化地发挥其教育价值的作用。同时，任何一种规划方案都不能忽视个体对学校建筑的期待，尤其是改建与扩建，更应注重学生的建议与参与，学生所期望的可能就是学校所应努力增设的。如在对学校建筑设计理念重要程度打分的选项中，"丰富图书资源""学校应引进生态环保装置""学校应增加绿色景观""增加课余活动的专业教室或空间""增加个人学习的空间"的分数平均值排在前五位（见图6-2），也就是说，这些方面应是在学校规划中应重点考量的。因此，学校建筑规划应保持原来学校建筑的特色与传统，改变原来学校建筑僵化、不人性化、封闭的地方，新增具有信息化时代特点的开放、分享、合作、个性化的学校建筑空间。

最后，学校建筑规划应体现优质学校建设的发展趋势。在《国家中长期教育

---

① 布拉福德·珀金斯. 中小学建筑 [M]. 舒平，等译. 北京：中国建筑工业出版社，2005：32-38.

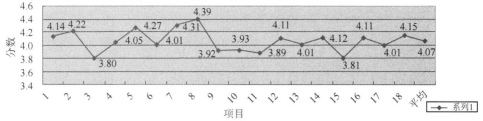

图6-2 学校建筑设计理念重要性程度的分数平均值

改革和发展规划纲要（2010—2020年）》中指出，义务教育改革发展的一项重要任务是要加强优质教育资源的开发与应用，扩大其总量和覆盖面，促进优质资源的普及与共享。而优质学校是优质教育资源产出的前提，学校建筑则是优质学校重要的物质基础。有学者通过长期研究提出义务教育优质学校办学标准的四维度（生成性的教学理念、卓越的课程教学、充满活力的内部管理及高支持性的外部环境）是学校优质化的方向；三层面（人员物质条件、制度规范保障、精神文化引领）是学校优质化的着力点。[1] 而学校建筑的相关方面就被包含于人员物质条件中，它涉及学校的总体规划布局、对个体的关注与人文关怀、基础设施的配置、学校规模、教育教学设备等，这些都是保障优质学校质量的着眼点。因此，在学校建筑规划中，我们应适度体现优质学校建筑的追求，留有发展改进的空间。但是，需要注意的一个问题是，优质的学校建筑并不等于硬件设施的无限好，也就是说，"关注做正确的事情而不只是把事情做正确，关注创造更好的事物而不是使事物更好"。[2] 只要学校建筑教育价值得以充分发挥，就是最为优质的学校建筑。

（五）构建学校建筑使用后评价机制

使用后评价（Post Occupancy Evaluation，POE），是指在建筑物建成若干时间后，以一种规范化、系统化的程式，收集使用者对环境的评价数据信息，经过科学的分析，了解他们对目标环境的评判，全面鉴定设计环境在多大程度上满足了使用群体的需求，并对以后同类建设提供科学的参考，以便最大限度地提高设

---

[1] 张新平. 义务教育优质学校办学标准研究 [M]. 北京：科学出版社，2015：228.
[2] 联合国教科文组织. 为了21世纪的教育：问题与展望 [M]. 王晓辉，赵中建，译. 北京：教育科学出版社，2002：189.

计的综合效益和质量。① 可见，建筑使用后评价的作用是通过检验建筑的整体性能、评判建筑设计的品质、发现潜在的问题和新的使用需要，为之后的建筑设计积累数据信息，提升建筑设计质量，为设计标准规则的修订提供支持性建议。其中，POE 的信息反馈结果对建造重复率较高的通用建筑效果更为明显，如学校、住宅、写字楼等。学校建筑作为学校教育实施的基础和保证，不仅承担着教育教学的任务，还同学生的成长发展有着密切关系，建立学校建筑 POE 机制，有利于最大化地发挥学校建筑的教育价值，有利于为个体呈现更为优质的学校教育环境。尤其是近年来，随着对义务教育均衡发展的推进，标准化学校的建设与评估，使得学校建设也进入了发展的快车道，大量新的校舍拔地而起，据数据显示，2014 年新增初中、小学校舍面积为 24 673 549 m^2、36 248 266 m^2，比 2013 年新增校舍面积分别增加 19.6%、24.6%。因此，面对逐年增加的学校建筑面积，及时反馈使用情况对合理建设、有效发挥教育价值有至关重要的作用，可尝试从确立学校建筑 POE 理念、加强学校建筑 POE 方法的研究、及时反馈并利用 POE 结果几方面进行探讨。

首先，确立学校建筑 POE 理念。目前对学校建筑的评价仅限于竣工后的收验审核或者教育部门对学校建设、办学条件的评估，并没有一个专门用于学校建筑评价的方法与机制，尤其对于使用者的满意度评价没有具体的方法。POE 产生于 20 世纪 60 年代的西方国家，最早应用于功能较为单一的建筑类型，之后随着 POE 方法的使用与不断成熟，POE 的研究对象范围也得以扩展，从宿舍、住宅、医院逐渐发展到公共住宅、政府建筑、各种企业办公室、公共建筑和城市开放空间等。POE 引入我国的时间在 20 世纪 90 年代，用于学校建筑的研究也仅限于个案研究，关于高等院校的校园空间、新校区建设、单体建筑如学生宿舍等应用较多，但关于中小学学校建筑的 POE 就比较少。而在国外，POE 的研究已成为项目生命周期中必不可少的环节，一方面它用来完成硬性的物理环境的测定，用以评估技术、构造、材料方面的绩效；另一方面为柔性的行为心理调查和测定。② 而这也正是我们中小学建筑最为需要的部分，即对使用者行为心理的测定。经过对使用者的参与与满意度的调查可以更明确教师、学生的教育需要，提高设计的质量，为教师、学生提供更为适宜教学、学习、生活、工作的学校建筑环境。因此，教育部门应加强对学校建筑 POE 研究的重视，对其具体的评价指标、技术

---

① 朱小雷，吴硕贤. 使用后评价对建筑设计的影响及其对我国的意义 [J]. 建筑学报，2002（5）：42-45.

② 罗玲玲，陆伟. POE 研究的国际趋势与引入中国的现实思考 [J]. 建筑学报，2004（3）：82-83.

手段、技术文件和操作程序进行研究，尽快构建出学校建筑使用后评价体系，使学校建筑教育价值在更大的范围内得以有效实现。

其次，加强学校建筑 POE 方法的研究。国外 POE 研究经过 50 余年的发展已趋近成熟，拥有较为完整的评价体系与研究框架，其对公共建筑的使用后评价可为我们的学校建筑使用后评价体系带来一定的借鉴意义。国外 POE 实施方法主要有四种，实地观察、选择性访谈、问卷调查、功能研究（一般是在 POE 后期，对原有设计功能与实际使用功能相对比），评价过程一般需要描述性评价、调查性评价和诊断性评价，每个过程都是逐步递进的关系（见图 6-3）。我们在借鉴 POE 体系中，对于其方法、流程、环节都应做细致深入的分析，结合学校建筑的特点、使用群体的特殊性，制定、研究出适合学校建筑使用后评价的指标框架，如除了对教师、学生等使用者的使用感受、对学校建筑的使用功能进行分析，还应着重调查学校建筑在教育教学、学生成长、学习行为、能力素养等方面所起到的教育作用以及对信息化教育、终身教育、全纳平等优质教育等现代教育理念的践行程度。因此，学校建筑 POE 方法应避免线性、简单思维，多从教育实际来进行研究，将学校建筑的内涵、教育性、对人发展的意义等考虑进去，才有可能获得最有价值的评价结果。

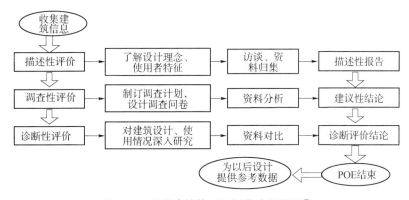

图 6-3　公共建筑使用后评价阶段流程①

最后，及时反馈并利用 POE 结果。学校建筑 POE 机制建立的目的不仅仅是对之前建筑项目的评估，更多是发现问题、积累经验，为之后的建设决策、标准制定提供参考。学校建筑 POE 价值的建立，将改变以往学校建筑建设的规划—设计—施工—使用这样单一线性的程序，而是以评价—规划—设计—施工—使

---

① 陈建华. 城市开放空间及其环境使用后评价 [J]. 建筑科学，2007，23 (9)：102-105.

用—使用后评价的循环模式所替代。通过学校建筑使用后评价，建筑从业人员、教育人员都可以不断地从个体的人-境互动中获得新的信息，影响学校建筑设计的理念与方式，使学校建筑与使用者的关系更加密切，也使学校建筑在不断改进中实现越来越高的教育品质，有利于其进一步发挥学校建筑的教育环境功能与教育价值，也将"以学生为本"理念真正地落在了实处。因此，及时反馈并利用POE结果也是学校建筑教育价值缺位的自查方式与改进、提升、发挥的重要途径。

结　　语

教育之于人有培养的作用、有发展的意义，正如康德所说，只有教育才能让人成为人，人完全是教育的结果。教育学家斯普朗格认为，教育之为教育，在于它是一个人格心灵的唤醒，这是教育的核心所在。[①] 人是一种生命的存在物，其生长发展是一个自觉的过程，教育的出现就是人对自身发展需要所探究出来的能动活动，每一个个体都有受教育的需要，都有自我成长发展的内在使命感。因此，教育应以人类个性的全面发展为目标。联合国教科文组织刚刚发布的《教育2030行动纲领》中明确指出教育2030的总体目标为："确保全纳、公平的优质教育，使人人可以获得终身学习的机会"，在确保优质教育的建议中提出应建立安全、健康、响应性别需要、全纳和资源充分的学习支持环境。[②] 而这种学习支持环境不仅仅是指课程、教学、学习方式、管理、师资等软性的学校资源，还包括学校设施、校园环境、活动空间所提供的硬件资源，只有充分调动影响学校教育实施的各种组成因素，才能创建出真正的优质学校。而学校建筑除了提供静态的物质资源，还包括了教育教学活动空间的意义指向，即个体在不同学校空间下对知识、对学习、对成长的认识和理解，也就是学校建筑不同程度地对个体教育需要的满足。而只有为优质的学校教育提供相应的学习支持环境，才能最大限度地促进个体的全面发展。

学校建筑是学校进行教育教学活动不可缺少的依托与载体，它为学校教育的顺利实施提供了相应的场所、空间、设施设备等物质条件。这是学校建筑与其他建筑最为本质的区别，也就是学校建筑的教育属性。所谓教育性是指一种活动和

[①] 刘庆昌. 教育的意义探寻 [J]. 太原师范学院学报（社会科学版），2003（2）：76-83.
[②] 徐莉，王默，程换弟. 全球教育向终身学习迈进的新里程 [J]. 开放教育研究，2015（6）：16-25.

过程之所以为教育的性质,即干预性、关怀性、策略性、系统性。一种活动、过程、影响必须具有教育性,才具有了成为教育的资格。① 若学校建筑想要对个体产生教育影响,首先就要具备教育性。而当学校建筑体现不出教育的善意干预、人文关怀、合理的方式以及系统的制度时,学校建筑的教育性就是存在一定缺失的。因此,只有充分挖掘了学校建筑的教育属性,才能将学校建筑的效能发挥到最大,才能称之为一所好的学校建筑。对学校建筑教育属性发掘并将其转化为价值属性的过程就是学校建筑教育价值有效发挥的过程。质言之,优质学校建筑的标准就是学校建筑教育价值的极大化发挥。

然而,目前我国学校建筑教育价值的发挥并不尽如人意,学校建筑存在着许多不合教育性不合规律性的问题,阻碍其价值的发挥。如个别地方将学校实体建筑视为地区和部门的形象工程,盲目追求新、奇、高、大、全②,并不考虑其对个体的善的影响作用;又如在认识上,将学校建筑视为仅向学生传递知识的功能性场所,忽视了学生身心健康成长所需的教育环境等。而所谓合规律性是指学校建筑应符合个体的身心发展规律并遵循教育发展的客观规律。但在现实中,很多学校过度迷信信息化的教育教学设备,忽视了技术与教育结合发展的客观性,而且目前大部分学校建筑设计还不能体现出先进的教育理念,仍然存在与个体新的学习方式与教学方式无法匹配的问题。而这些现实存在的问题也恰好说明了我们需要对学校建筑教育价值进行重新的审视与思考。但是,我们的理论研究却还没有跟上实践的脚步,对体现现代教育理念的学校建筑研究还存在一定的忽视。

可见,现有的学校建筑离优质学校建筑的标准还有一定的距离,学校建筑的教育价值也有待进一步的挖掘与实现。学校建筑教育价值呈现的方式有多种,都是学校建筑的不同属性对价值主体教育需要的满足。学校建筑一般由学校实体建筑、学校教育设施、学校教育活动空间三部分构成,学校实体建筑的教育价值体现于它的实用价值、审美价值、人文价值;学校教育设施的教育价值体现于它的教学价值、服务价值、保障价值;学校教育活动空间的教育价值体现于它的精神价值、功能价值、生产价值。而如何在学校建筑设计中较好地融合教育性,并能在教育过程中满足教育主体的需要,就需要我们从学校建筑理论研究与实践探讨两个方面努力。

从理论层面上出发,我们应关注学校建筑的发展趋势与新特点,加强学校建

---

① 刘庆昌. 论教育性——关于"教育是什么"新探索 [J]. 当代教育科学, 2006 (15): 3-6.
② 张天雪, 邓旭. 中小学建筑中的文化传承 [J]. 当代教育论坛, 2007 (2): 31-33.

筑研究的深度与广度，从教育学的视域对学校建筑进行系统化、专门化的研究，侧重学校建筑政策、标准规范的研究以及对学校建筑生成机理与实现策略的研究。从实践层面出发，应提升学校建筑使用者的参与度，促进学校建筑规划、设计科学合理的制定；在学校建筑兴建、重建、改建的过程中，尽可能挖掘学校建筑的教育属性，将教育性设计融入学校建筑中去；注重评建结合，及时对学校建筑教育价值缺位进行自查、改进与提升。

学校建筑作为教育的物资，与社会、经济、文化发展水平密切相关，反映了教育作为特殊社会活动的专门化程度与一定的教育观，有什么样的教育观就会有何种的学校建筑营建活动，它是对学校教育理想的一种实践表达，也是对学校教育是什么，学校教育应该怎么样的一种物质回应。因此，学校建筑教育价值具有很强的时代性与目的性，不同时期的学校建筑教育价值呈现都取决于当时的教育价值取向。我国古代教育的基本价值取向是以政为教、以教育德、以德为政、政教合一的思维模式[①]，学校建筑的教育价值也基本上以政治价值与社会的伦理道德价值为主。近现代教育伴随着工业文明而兴起的改革浪潮，使教育价值取向开始转向为经济发展而服务，学校建筑的教育价值也凸显出了对工具主义价值取向的推崇，使学校建筑违背了以实现人身心和谐发展的教育使命，忽视了学校建筑理想教育价值的实现，个体发展的教育需要也被学校建筑的功利价值、科学主义的价值取向所遮蔽。随着社会的不断进步与发展，以人发展为核心的学校教育价值取向受到重视，真正的教育目标也得以回归到人本身，回归到人的个性化发展、人的终身学习以及平等地享有优质教育等方面中来。有关学校的一切都是为个体更好地准备未来的人生而服务，为更好地实现教育的目的而服务。百年大计，教育先行。学校建筑不仅要与现有的教育目标相适应，并应显现出其更为进步更为理想的状态，更能符合社会变迁所需要的教育场所。随着科学技术的发展与成熟，学校教育观念也随之调整，学校建筑未来的建设中也将进一步隐含推动教育变革的力量，将与个体的学校活动更为紧密地结合。

如上所述，我们完成了一个由"学校建筑是什么"到"什么样的学校建筑是好的学校建筑"，再到"学校建筑如何才能体现它的好"等问题的思考与探寻的过程，它让我们进一步明晰了学校建筑教育价值及其实现研究的重要性。这些问题将促使我们去关注、去发现学校建筑各种教育价值发生的可能，研究教育价值影响的因素与发挥的机制，而且进一步让我们去思考，在未来关于学校建筑的

---

① 王坤庆. 现代教育价值论探寻 [M]. 长沙：湖南教育出版社，1990：40.

研究中，如何加强教育学视域内的学校建筑研究，拓展学校建筑研究的范围，更多地站在促进人发展的立场来挖掘学校建筑的教育意义，最大化地发挥学校建筑对个体的教育作用。学校建筑教育价值的研究将给予学校建筑更多的设计灵感与思路，它将用最新的设计理念让我们去看、去思考世界各地各式各样的学校建筑，某种意义上我们眼中的学校建筑已不再是单纯的建筑物，而是被赋予了不同教育观的物质载体。未来的学校建筑一定是与时代、与教育、与人的发展相匹配的，它所构建的学校教育环境也不再是单一教学功能的场所，而是一个充满自主、自由、自觉的精神空间，一个思考、合作、探究的学习空间，更是一个以爱育爱、服务至上的生活空间。

参 考 文 献

一、中文文献

(一) 著作类

[1] 恩斯特·卡西尔. 人论 [M]. 李化梅, 译. 北京: 西苑出版社, 2009.

[2] O. F. 博尔诺夫. 教育人类学 [M]. 李其龙, 译. 上海: 华东师范大学出版社, 1999.

[3] 勒·柯布西耶. 走向新建筑 [M]. 杨至德, 译. 南京: 江苏凤凰科学技术出版社, 2014.

[4] C. 威廉姆·布鲁贝克. 学校规划设计 [M]. 邢雷莹, 孙玉丹, 张玉玲, 译. 北京: 中国电力出版社, 2006.

[5] 阿尔文·托夫勒. 第三次浪潮 [M]. 黄明坚, 译. 北京: 中信出版社, 2006.

[6] 布拉福德·珀金斯. 中小学建筑 [M]. 舒平, 等译. 北京: 中国建筑工业出版社, 2005.

[7] 丹尼尔·贝尔. 后工业社会的来临——对社会预测的一项探索 [M]. 高锋, 译. 北京: 商务印书馆, 1984.

[8] 克里斯·亚伯. 建筑与个性: 对文化和技术变化的回应 [M]. 张磊, 司玲, 译. 北京: 中国建筑工业大学出版社, 2003.

[9] 肯尼斯·弗兰姆普敦. 现代建筑: 一部批判的历史 [M]. 北京: 生活·读书·新知三联书店, 2012.

[10] 马斯洛, 等. 人的潜能和价值 [M]. 北京: 华夏出版社, 1987.

[11] 约翰·奈斯比特. 大趋势——改变我们生活的十个新走向 [M]. 梅艳, 译. 北京: 中国社会科学出版社, 1984.

［12］约翰·杜威. 民主主义与教育［M］. 王承绪, 译. 北京：人民教育出版社, 2001.

［13］约翰·杜威. 学校与社会·明日之学校［M］. 赵祥麟, 任钟印, 吴志宏, 译. 北京：人民教育出版社, 2005.

［14］约翰·罗贝尔. 静谧与光明：路易·康的建筑精神［M］. 成寒, 译. 北京：清华大学出版社, 2010.

［15］卡雷斯·布洛特. 当代教育设施［M］. 桂林：广西师范大学出版社, 2013.

［16］罗伯特·鲍威尔. 学校建筑：新一代校园［M］. 翁鸿珍, 译. 天津：天津大学出版社, 2002.

［17］布鲁诺·赛维. 建筑空间论［M］. 张似赞, 译. 北京：中国建筑工业出版社, 1985.

［18］托马斯·阿奎那. 亚里士多德十讲［M］. 苏隆, 译. 北京：中国言实出版社, 2003.

［19］Catherine Burke, Lan Grosvenor. 我喜欢的学校——通过孩子们的心声反思当今教育［M］. 祝莉丽, 张娜, 译. 北京：中国轻工业出版社, 2006.

［20］埃莉诺·柯蒂斯. 学校建筑［M］. 卢昀伟, 赵欣, 译. 大连：大连理工大学出版社, 2005.

［21］艾尔弗雷德·诺思·怀特海. 教育的目的［M］. 庄莲平, 王立中, 译. 上海：文汇出版社, 2012.

［22］彼得·霍华德, 海伦娜·韦伯斯特. 百家建筑之旅——牛津［M］. 黄美智, 蔡淑雯, 译. 上海：百家出版社, 2001.

［23］马凌诺斯基. 文化论［M］. 费孝通, 译. 北京：华夏出版社, 2002.

［24］西蒙·昂温. 解析建筑［M］. 吴江, 谢建军, 译. 北京：知识产权出版社, 2002.

［25］休谟. 人性论（上册）［M］. 北京：商务印书馆, 1980.

［26］常怀生. 环境心理学与室内设计［M］. 北京：中国建筑工业出版社, 2000.

［27］陈凯峰. 建筑学［M］. 天津：天津大学出版社, 2010.

［28］陈理宣. 教育价值论［M］. 成都：四川大学出版社, 2003.

［29］程红兵. 学校文化建设的路径［M］. 上海：华东师范大学出版社, 2014.

[30] 戴志中, 舒波, 等. 建筑创作构思解析 [M]. 北京: 中国计划出版社, 2006.

[31] 单中惠. 西方教育思想史 [M]. 太原: 山西人民出版社, 1996.

[32] 董春欣. 校园环境装饰设计 [M]. 上海: 上海书画出版社, 2008.

[33] 冯增俊. 教育人类学 [M]. 南京: 江苏教育出版社, 2001.

[34] 傅统先, 张文郁. 教育哲学 [M]. 济南: 山东教育出版社, 1986.

[35] 龚兆先, 潘安. 教育建筑 [M]. 武汉: 武汉理工大学出版社, 1999.

[36] 郭齐家. 中国古代学校 [M]. 上海: 商务印书馆, 1998.

[37] 韩增禄, 何重义. 建筑·文化·人生 [M]. 北京: 北京大学出版社, 1997.

[38] 汉宝德. 中国建筑文化讲座 [M]. 上海: 生活·读书·新知三联书店, 2008.

[39] 郝文武. 教育哲学 [M]. 北京: 人民教育出版社, 2006.

[40] 胡德海. 教育学原理 [M]. 2版. 兰州: 甘肃教育出版社, 2006.

[41] 胡贤鑫. 人性及其根据 [M]. 武汉: 湖北人民出版社, 2000.

[42] 胡正凡, 林玉莲. 环境心理学 [M]. 3版. 北京: 中国建筑工业出版社, 2012.

[43] 黄济. 雪泥鸿爪: 新中国教育哲学重建的探索 [M]. 北京: 北京师范大学出版社, 2010.

[44] 江德兴. 马克思主义基本原理 [M] 苏州: 苏州大学出版社, 1999.

[45] 江堤. 诗说岳麓书院 [M]. 长沙: 湖南大学出版社, 2002.

[46] 蒋家傅, 冯伯虎. 现代教育技术 [M]. 北京: 科学出版社, 2013.

[47] 金生鈜. 理解与教育——走向哲学解释学的教育哲学导论 [M]. 北京: 教育科学出版社, 1997.

[48] 康德. 道德形上学探本 [M]. 唐钺重, 译. 北京: 商务印书馆, 1957.

[49] 康德. 历史理性批判文集 [M]. 北京: 商务印书馆, 1990.

[50] 康德. 逻辑学讲义 [M]. 许景行, 译. 北京: 商务印书馆, 1991.

[51] 李连科. 哲学价值论 [M]. 北京: 中国人民大学出版社, 1991.

[52] 李少林. 西方建筑史 [M]. 呼和浩特: 内蒙古人民出版社, 2006.

[53] 李文彬, 朱守林. 建筑室内与家具设计人体工程学 [M]. 3版. 北京: 中国林业出版社, 2012.

[54] 李泽厚. 中国古代思想史论 [M]. 北京: 生活·读书·新知三联书

店，2008.

[55] 李志民，王琰. 建筑空间环境与行为 [M]. 武汉：华中科技大学出版社，2009.

[56] 联合国教科文组织. 为了21世纪的教育：问题与展望 [M]. 王晓辉，赵中建，译. 北京：教育科学出版社，2002.

[57] 梁思成. 大拙至美：梁思成最美的文字建筑 [M]. 北京：中国青年出版社，2007.

[58] 梁思成. 中国建筑史 [M]. 上海：生活·读书·新知三联书店，2011.

[59] 刘培琴. 建筑概论 [M]. 北京：机械工业出版社，2003.

[60] 刘铁芳. 生命与教化：现代性道德教化问题审理 [M]. 长沙：湖南大学出版社，2004.

[61] 刘育东. 建筑的涵意 [M]. 北京：百花文艺出版社，2006.

[62] 娄立志. 社会转型与教育代价 [M]. 北京：中国社会科学出版社，2012.

[63] 鲁齐，傅伯杰. 人与环境 [M]. 北京：中国科学技术出版社，1993.

[64] 马克思恩格斯全集（第26卷）[M]. 北京：人民出版社，1974.

[65] 马克思恩格斯全集（第19卷）[M]. 北京：人民出版社，1963.

[66] 马克思恩格斯全集（第2卷）[M]. 北京：人民出版社，1995.

[67] 马克思恩格斯全集（第42卷）[M]. 北京：人民出版社，1979.

[68] 马克思恩格斯全集（第46卷）[M]. 北京：人民出版社，1979.

[69] 马克思恩格斯全集（第47卷）[M]. 北京：人民出版社，1979.

[70] 马克思恩格斯选集（第1卷）[M]. 北京：人民出版社，2012.

[71] 马克思恩格斯选集（第2卷）[M]. 北京：人民出版社，2012.

[72] 马克思恩格斯选集（第3卷）[M]. 北京：人民出版社，2012.

[73] 迈克尔·J. 克罗比. 北美中小学建筑 [M]. 卢昀伟，等译. 大连：大连理工大学出版社，2004.

[74] 迈克尔·富兰. 变革的力量——深度变革 [M]. 北京：教育科学出版社，2004.

[75] 毛白滔. 建筑空间解析 [M]. 北京：高等教育出版社，2008.

[76] 毛晋平. 教学心理学研究的进展 [M]. 长沙：湖南师范大学出版社，2004.

[77] 米歇尔·福柯. 规训与惩罚 [M]. 刘北成，译. 北京：生活·读书·

新知三联书店，1999.

[78] 彭一刚. 建筑空间组合论 [M]. 北京：中国建筑工业出版社，1998.

[79] 齐振海，袁贵仁. 哲学中的主体和客体问题 [M]. 北京：中国人民大学出版社，1992.

[80] 任凯，白燕. 教育生态学 [M]. 沈阳：辽宁教育出版社，1992.

[81] 阮成武. 小学教育政策与法规 [M]. 北京：高等教育出版社，2006.

[82] 桑新民. 呼唤新世纪的教育哲学 [M]. 北京：教育科学出版社，1993.

[83] 邵兴江. 学校建筑教育意蕴与文化价值 [M]. 北京：教育科学出版社，2012.

[84] 沈福煦. 建筑历史 [M]. 上海：同济大学出版社，2005.

[85] 沈克宁. 当代建筑设计理论——有关意义的探索 [M]. 北京：中国水利水电出版社，2009.

[86] 石艳. 我们的"异托邦"：学校空间社会学研究 [M]. 南京：南京师范大学出版社，2009.

[87] 司雁人. 学宫时代 [M]. 北京：中国社会科学出版社，2005.

[88] 宋兵波. 学校改革的逻辑——现代教育改革的社会认识机制问题研究 [M]. 北京：中央编译出版社，2013.

[89] 苏尚锋. 学校空间论 [M]. 北京：教育科学出版社，2012.

[90] 唐亚阳，吴增礼. 中国书院德育研究 [M]. 北京：人民出版社，2014.

[91] 唐英. 学校建筑（修订本）[M]. 上海：商务印书馆，1955.

[92] 王发堂. 不确定性与当代建筑思潮 [M]. 南京：东南大学出版社，2012.

[93] 王坤庆. 现代教育价值论探寻 [M]. 长沙：湖南大学出版社，1990.

[94] 王坤庆. 现代教育哲学 [M]. 武汉：华中师范大学出版社，1996.

[95] 王庆峰. 国外公共部门质量管理机制研究 [M]. 北京：中国经济出版社，2007.

[96] 王苏，汪安圣. 认知心理学 [M]. 北京：北京大学出版社，1992.

[97] 王鑫，杨西文，杨卫波. 人体工程学 [M]. 北京：中国青年出版社，2012.

[98] 王玉樑. 价值和价值观 [M]. 西安：陕西师范大学出版社，1988.

[99] 维特鲁威. 建筑十书 [M]. 高履泰，译. 北京：知识产权出版社，2001.

[100] 温良华. 教育未来学 [M]. 昆明：云南大学出版社，1991.

[101] 吴康宁. 教育社会学 [M]. 北京：人民教育出版社，1997.

[102] 吴林富. 教育生态管理 [M]. 天津：天津教育出版社，2006.

[103] 谢立中. 走向多元话语分析 [M]. 北京：中国人民大学出版社，2009.

[104] 徐千里. 创造与评价的人文尺度：中国当代建筑文化分析与批判 [M]. 北京：中国建筑工业出版社，2000.

[105] 雅斯贝尔斯. 什么是教育 [M]. 上海：生活·读书·新知三联书店，1991.

[106] 杨慎初. 中国书院文化与建筑 [M]. 武汉：湖北教育出版社，2002.

[107] 叶澜. 教育概论 [M]. 北京：人民教育出版社，2006.

[108] 殷倩. 新学校 [M]. 沈阳：辽宁科学技术出版社，2012.

[109] 俞国良，王青兰，杨治良. 环境心理学 [M]. 北京：人民教育出版社，2000.

[110] 袁贵仁. 价值学引论 [M]. 北京：北京师范大学出版社，1991.

[111] 詹和平. 后现代主义设计 [M]. 南京：江苏美术出版社，2001.

[112] 詹世友. 道德教化与经济技术时代 [M]. 南昌：江西人民出版社，2002.

[113] 张新平. 义务教育优质学校办学标准研究 [M]. 北京：科学出版社，2015.

[114] 张巽根. 教育是什么 [M]. 武汉：湖北教育出版社，1998.

[115] 张奕. 教育学视阈下的中国大学建筑 [M]. 青岛：中国海洋大学出版社，2006.

[116] 张玉明. 环境行为与人体工程学 [M]. 北京：中国电力出版社，2011.

[117] 张泽惠，曹丹婷，张荔. 中小学校建筑设计手册 [M]. 北京：中国建筑工业出版社，2008.

[118] 张宗尧，李志民. 中小学建筑设计 [M]. 2版. 北京：中国建筑工业出版社，2009.

[119] 赵中建. 全球教育发展的历史轨迹：国际教育大会60年建议书 [M]. 北京：教育科学出版社，1999.

[120] 周鸿. 人类生态学 [M]. 北京：高等教育出版社，2001.

[121] 周鸿. 生态学的归宿——人类生态学 [M]. 合肥：安徽科学技术出版社，1989.

（二）学位论文类

[1] 邓剑虹. 文化视角下的当代中国大学校园规划研究 [D]. 广州：华南理工大学，2009.

[2] 郭书胜. 当代台湾中小学校园建筑及21世纪转型的新趋势 [D]. 上海：同济大学，2008.

[3] 贾修建. 学校德育空间研究 [D]. 南京：南京师范大学，2014.

[4] 李署婷. 适应素质教育的小学校建筑空间及环境模式研究 [D]. 西安：西安建筑科技大学，2008.

[5] 刘万里. 大学校园空间的文化性研究 [D]. 长沙：中南林业科技大学，2009.

[6] 彭宗朝. 中学建筑的教育功能与建设研究 [D]. 长沙：湖南师范大学，2012.

[7] 邵兴江. 学校建筑研究：教育意蕴和文化价值 [D]. 上海：华东师范大学，2009.

[8] 王琰. 普通高校整体化教学楼群优化设计策略研究 [D]. 上海：同济大学，2012.

（三）学术期刊类

[1] MALOU J，方朔. 丹麦案例：论学校建筑与学习场所 [J]. 建筑技艺，2012（2）：69-71.

[2] 儒尔达，帕尔特内雷. 里昂国际学校城，法国 [J]. 世界建筑，1996（1）：54-55.

[3] 蔡永洁. 习·戏之间——庭院为主题的青岛第二实验中学建筑设计 [J]. 时代建筑，2013（5）：126-129.

[4] 陈建华. 城市开放空间及其环境使用后评价 [J]. 建筑科学，2007（9）：102-105.

[5] 陈杰. 中学校园规划设计理念变迁 [J]. 山西建筑，2012，38（12）：18-20.

[6] 迟延萍. 回归生活世界：教育观的重建 [J]. 西北师范大学学报（社会科学版），2008（6）：77-80.

[7] 邓宏,李木春,熊梅.开放式学校建筑:一种"以生为本"的教育建筑形态[J].中小学管理,2012(1):8-11.

[8] 东北师范大学附属小学开放式学校课题研究组.开放式学校教育的探索[J].中国教育学刊,2006(8):25-28.

[9] 范秋明.以人为本,将学校建筑符号演绎成文化和艺术符号——关于学校建设的思考[J].中外建筑,2009(5):56-63.

[10] 费孝通.文化论中人与自然关系的再认识[J].群言,2002(9):14-17.

[11] 冯建军.论教育转型[J].全球教育展望,2010,39(9):39-45.

[12] 冯秀军.现代学校德育环境的生态建构[J].教育研究,2013,34(5):104-111.

[13] 傅克诚.日本对未来学校建筑设计的展望[J].新建筑,1984(2):77-79.

[14] 高洪源.课程和教学改革与学校建筑风格的发展[J].教育科学研究,2003(5):57-60.

[15] 高鸿源.校长如何进行学校建筑管理?[J].中小学管理,2012(1):4-8.

[16] 郭华."教学认识论"在中国的确立及其贡献[J].山西大学学报(哲学社会科学版),2015,38(4):62-70.

[17] 郭晓君.人的全面发展理论初探[J].中国人民大学学报,1997(2):31-36.

[18] 郝玲,韩怡,蔡媛媛,等.国内外中小学校门和围墙景观设计研究[J].山西建筑,2015,41(13):5-6.

[19] 何克抗.我国教育信息化理论研究新进展[J].中国电化教育,2011(1):1-19.

[20] 何树彬.当代西方国家学校建筑改革新举措[J].外国中小学教育,2014(9):34-39.

[21] 何夏寿.让学校建筑讲述最真的自己[J].中小学德育,2013,(8):9-11.

[22] 黄荣怀,胡永斌,杨俊锋,等.智慧教室的概念及特征[J].开放教育研究,2012,18(2):22-27.

[23] 贾澜.价值层次浅析[J].东岳论丛,1991(5):88-90+81.

[24] 金生鈜. 学校场域与交往惯习（一）——关于教育交往的对话 [J]. 福建论坛（社科教育版），2007，(6)：9-11.

[25] 李德顺. 关于价值分类的再探讨——兼论"真、善、美" [J]. 天津社会科学，1986（3）：12-16+28.

[26] 李克东. 知识经济与现代教育技术的发展 [J]. 电化教育研究，1999（1）：11-16.

[27] 李勉映，赵凤飞，傅禄建，等. 学校建筑 以人为本 [J]. 上海教育科研，2001（1）：2-6+43.

[28] 李旭光. 谈我国学校设施改革的必要性——从日本新型学校设施的特点中探讨 [J]. 现代中小学教育，2002（12）：43-45.

[29] 李志民. 适应素质教育的新型中小学建筑形态探讨（上）——中小学建筑的发展及其动向 [J]. 西安建筑科技大学学报（自然科学版），2000（3）：234-236+241.

[30] 李志民. 适应素质教育的新型中小学建筑形态探讨（下）——新型中小学建筑空间及环境特征 [J]. 西安建筑科技大学学报（自然科学版），2000（3）：237-241.

[31] 刘铁芳，刘莉. 教育改革与"十三五"发展——中国教育三十人论坛首届（2014）年会综述 [J]. 湖南师范大学教育科学学报，2015，14（3）：124-126.

[32] 刘铁芳. 何谓学校：从学园到家园 [J]. 教育研究与实验，2014，(5)：1-9.

[33] 刘玉龙. 创造适合新课程标准需要的安全空间——灾后重建学校建筑设计探讨 [J]. 城市建筑，2009（3）：13-14.

[34] 卢真金. 教育研究的新课题：学校建筑 [J]. 外国中小学教育，1988（4）：24-27.

[35] 马英. 法国学校建筑创作倾向探析 [J]. 城市建筑，2006（9）：44-47.

[36] 聂衍刚. 论教育的创造性与创造性教育 [J]. 教育研究，1999（9）：16-19+52.

[37] 蒲蕊. 师生交往在学校教育中的深层意义 [J]. 教育研究，2002（2）：53-57.

[38] 邵兴江，赵中建. 革新学校建筑设计：建构新的研究视角 [J]. 全球教育展望，2012，41（9）：37-40，36.

[39] 邵兴江, 赵中建. 为未来建设学校: 英国中等学校建筑改革政策分析 [J]. 全球教育展望, 2008, 37 (11): 36-41.

[40] 邵兴江. 当代日本学校建筑设计新理念及其启示 [J]. 外国中小学教育, 2005 (2): 30-33.

[41] 邵兴江. 懂教育的学校建筑文化设计 [J]. 上海教育, 2012 (7): 54-55.

[42] 邵兴江. 教室的进化 [J]. 上海教育, 2013 (28): 76-77.

[43] 宋中英. 绿色建筑: 学校建筑发展的新趋势 [J]. 江西教育科研, 2006 (11): 46-48.

[44] 苏实, 庄惟敏. 试论建筑策划空间预测与评价方法——建筑使用后评价 (POE) 的前馈 [J]. 新建筑, 2011 (3): 107-109.

[45] 孙维群. 教学建筑廊道空间创新设计研究 [J]. 中外建筑, 2013 (4): 102-104.

[46] 谭静. 形塑学校建筑空间: 为了谁? [J]. 中小学管理, 2012 (1): 15-17.

[47] 檀传宝. 教育是人类价值生命的中介——论价值与教育中的价值问题 [J]. 教育研究, 2000 (3): 14-20.

[48] 陶西平. 学校建筑学的新课题 [J]. 北京教育 (普教版), 2006 (5): 21.

[49] 田慧生. 论教学环境对学生学习活动的潜在影响 [J]. 课程·教材·教法, 1993 (10): 29-34.

[50] 脱中菲, 周晶. 开放式学校空间环境设计与利用 [J]. 中国教育学刊, 2011 (8): 21-23+28.

[51] 万千. 中国书院建筑与西方中世纪大学之比较 [J]. 建筑与环境, 2009 (2): 1-3.

[52] 王本陆. 关于我国现代教育发展阶段问题的探讨 [J]. 北京师范大学学报 (社会科学版), 2011 (3): 26-33.

[53] 王全宇. 人的需要即人的本性——从马克思的需要理论说起 [J]. 中国人民大学学报, 2003 (5): 30-35.

[54] 王卫东. 教育价值概念的历史考察与理论分析 [J]. 北京师范大学学报 (社会科学版), 1996 (2): 29-35.

[55] 王蔚. 欧洲中世纪大学及建筑——近现代大学的起源 [J]. 城市环境设计, 2004 (2): 60-61.

[56] 王孝哲. 论人的发展及其动力 [J]. 安徽大学学报（哲学社会科学版），2008（1）：13-18.

[57] 王玉兰. 对教育理念的若干思考 [J]. 现代教育科学，2002（12）：21-22+44.

[58] 王允庆. 学校建筑的设计理念 [J]. 基础教育课程，2010（4）：78.

[59] 王中华. 特色学校的"祛魅"与"复魅"[J]. 课程教学研究，2013（12）：9-12.

[60] 魏则胜. "人的本质"概念：历史使命的终结 [J]. 江汉论坛，2006（12）：33-38.

[61] 邬志辉. 教育的内在失衡与重建——人之和谐发展视角的审视 [J]. 东北师范大学学报，2005（5）：19-23.

[62] 谢丽娟. 试论课堂教学环境的内涵、结构及建设策略 [J]. 当代教育与文化，2009，1（6）：90-93.

[63] 徐美贞. 中小学安全管理现状调查 [J]. 中国德育，2010，5（7）：7-11.

[64] 杨兆山，金金. 建设"标准化学校"搭建义务教育均衡发展的操作平台 [J]. 东北师范大学学报，2005（5）：36-41.

[65] 姚灶华. 校舍建设，使用者要说话 [J]. 浙江教育科学，2013（6）：63.

[66] 叶辉. 对中国学校建筑的反思 [J]. 教育，2006（3）：36-41.

[67] 叶澜. 论影响人发展的诸因素及其与发展主体的动态关系 [J]. 中国社会科学，1986（3）：83-98.

[68] 殷新，王海宁，张琼予. 固体语言的塑造——让学校的建筑会"讲话"——镇江市丹徒区高桥中心小学建筑设计 [J]. 江苏建筑，2011（3）：7-9.

[69] 张岱年. 论价值的层次 [J]. 中国社会科学，1990（3）：3-10.

[70] 张武升. 论学校教育的文化内涵 [J]. 教育研究，2009，30（11）：48-52.

[71] 张鹉. 学校显性文化与学校建筑风格研究 [J]. 福建基础教育研究，2014（5）：15-16.

[72] 张肇丰. 试论研究性学习 [J]. 课程·教材·教法，2006（6）：42-45.

[73] 赵树贤. 美国教育改革中的学校建筑规划运动及启示 [J]. 外国中小学教育，2007，（1）：38-42.

[74] 赵中建，邵兴江. 学校建筑研究的理论问题与实践挑战 [J]. 全球教

育展望, 2008 (3): 60-68.

[75] 周南. 小学校园规划与儿童行为发展之研究 [J]. 建筑学报, 1998 (8): 53-57, 79-80.

[76] 朱小雷, 吴硕贤. 使用后评价对建筑设计的影响及其对我国的意义 [J]. 建筑学报, 2002 (5): 42-44.

二、外文文献

(一) 著作类

[1] HARRISON A, HUTTON L. Design for the Changing Educational Landscape: Space, Place and the Future of Learning [M]. New York: Routledge, 2014.

[2] TANNER C K, LACKNEY J A. Educational Facilities Planning [M]. London: Person Education, 2006.

[3] HARWOOD E. England's Schools: History, Architecture and Adaptation [M]. London: English Heritage, 2010.

[4] ANN H E. Places of Learning: Media, Architecture, Pedagogy [M]. New York: Routledge Falmer, 2005.

[5] LACKNEY J A. Schools for the Future [M]. Siegen: Springer Fachmedien Wiesbaden, 2015.

[6] GELFAND L, FREED E C. Sustainable School Architecture: Design for Primary and Secondary Schools [M]. NewYork: John Wiley & Sons, 2010.

[7] KRAMER S. Schools: Educational Spaces [M]. Salenstein Braun Publishing, 2009.

(二) 学位论文类

[1] GREGORI A D. Learning Environments: Redefining the Discourse on School Architecture [D]. Newark: New Jersey Institute of Technology, 2007.

[2] GREGORI A D. Learning Environments: Redefining the Discourse on School Architecture [D]. Newark: NewJersey Institute of Technology, 2007.

[3] GYURE D A. The Transformation of the Schoolhouse: American Secondary School Architecture and Educational Reform, 1880—1920 [D]. Charlottesville

University of Virginia, 2001.

(三) 学术期刊类

[1] STOLL L, FINK D. School Culture, School Effectiveness and School Improvement: Voices from the Field [J]. School Effectiveness & School Improvement, 1995, 5 (2): 149-177.

[2] BORGESON F C. How Schools Build Character [J]. Journal of Educational Sociology, 1937, 10 (7): 422-429.

[3] MALININ L H, PARNELL R. Reconceptualizing School Design: Learning Environments for Children and Youth [J]. Childen, Youth and Enviroments, 2012, 22 (1): 11-22.

[4] BAKER L. A History of School Design and its Indoor Environmental Standards, 1900 to Today [J]. National Institute of Building Sciences, 2012 (1): 3-29.

[5] ESPEY M. Does Space Matter? Classroom Design and Team-Based Learning [J]. Review of Agricultural Economics, 2008, 30 (4): 764-775.

[6] DUTTON T A, GRANT B C. Campus Design and Critical Pedagogy [J]. Academe, 1991, 77 (4): 37-43.

[7] TURNER J M A. The Common Campus Concept [J]. Education Canada, 1969, 9 (1): 44-47.

(四) 其他类

[1] DUKE D L. Does It Matter Where Our Children Learn? [R]. The National Research Council of the National Academy of Sciences and the National Academy of Engineering for an Invitational Meeting, 1998.

[2] NAIR P. But Are They Learning? School Buildings-The Important Unasked Questions [N]. Education Week, 2002-04-03.

附录一

关于学校建筑教育价值研究的校长访谈提纲

访谈编号：
访谈学校：
访谈时间：
访谈地点：

一、访谈对象基本信息

1. 性别：○男　　○女

2. 职务：_____

3. 担任此职务的时间：_____

4. 邮箱：_____

二、访谈对象所在学校的基本信息

1. 学校所属地区：

A. 市区；B. 市郊

2. 学校所属级别：

A. 小学；B. 初中；C. 高中；D. 完全中学；E. 一贯制学校（含九年和十二年）

3. 学校建造时间_____，最近一次重大整修的时间_____。

4. 学校的总人数_____，班级总数_____，学生总数_____，教师总数_____。

三、访谈内容

1. 您能介绍下我们学校的校园布局和功能分区吗？（提示：不同空间划分）使用效果如何？

2. 我们除了国家所规定的专用教室，还有我们学校自主开发的教室吗？这样设置目的是什么？

3. 您认为目前学校的各项辅助设施如绿化设施、安全消防设施、生活服务设施、教学设备等配备如何？如果需要添加，您认为应主要添加些什么什么？

4. 我们学校的校址为什么会确定在这里？当时是什么样的原因选在这里？这样的环境对于办学是否有利？

5. 您对本校建筑最为满意/最喜欢的地方是哪里？如果让您进行整修，您最想整修哪里？

6. 贵校的办学理念或者学校特色是什么？您认为本校校舍、校园、走廊、庭院等各种空间、场所能体现出我们学校的办学特色吗？在哪些地方体现的？

7. 我们学校是否有标志性建筑？在设计时是否有特别蕴含的意义？在大门、道路、庭院方面设计时是否赋予了一定的教育意义？是如何赋予的？

8. 贵校是否有宣传栏、橱窗或者展廊等，一般在什么位置设置，有哪些内容？作用是什么？

9. 您觉得学校建筑外观颜色对师生的心境、学习兴趣、工作热情会有影响吗？能否举例？

10. 如果有条件，对于学校的空间设计您会打算怎么调整或者添加哪些空间？

11. 您认为学校的建筑与其他建筑有什么区别？它的特殊性在哪里？我们如何才能最大化发挥学校建筑这种特殊的功能或体现这种意义呢？可以以本校为例。

附录二

学校建筑现状调查问卷

亲爱的同学：

您好！非常感谢您能抽出宝贵的学习时间参与学校建筑研究的调查。本问卷旨在了解您对目前所处学校建筑的内心感受，您的回答对我们非常重要，还请您积极支持。本问卷完全采取匿名形式，对涉及您的信息将严格保密，不作研究之外使用，请您放心填写。请您在每一题后适合自己情况的答案选项上打"√"，主观题需要您做书面回答，谢谢您。

学校代码：

一、个人基本信息

Q1. 你的学校

1. 小学；2. 初中

Q2. 你的年级

1. 一年级；2. 二年级；3. 三年级；4. 四年级；5. 五年级；6. 六年级

Q3. 你的性别

1. 男；2. 女

Q4. 你所在班级的人数

1. <25；2. 25~50；3. >50

Q5. 学校所属区域

1. 市区；2. 市郊

二、单项选择题（下列选项只能选择一项，请你在适合自己情况的答案选项上打"√"）

Q6. 学校教学楼外观的颜色，让你觉得是明快轻松还是暗淡低落呢？

1. 特别明快轻松；2. 明快轻松；3. 一般；4. 暗淡低落；5. 特别暗淡低落

Q7. 你的学校有极具吸引力的校园景观吗？

1. 有，是什么_____；2. 没有

Q8. 你认为作为极具吸引力校园景观的首要特点是_____。

1. 造型独特；2. 校园环境优美；3. 艺术气息；4. 文化内涵；5. 适宜教学学习；6. 其他（请填写）_____

Q9. 你学校的以下场所你最喜欢哪一个？

1. 教学楼；2. 办公楼；3. 实验楼；4. 运动场；5. 绿化庭院；6. 礼堂；7. 其他（请填写）_____

Q10. 在Q9的答案中，你喜欢这个场所最主要的原因是_____。

1. 景观好；2. 学习氛围浓厚；3. 可以和同学玩耍；4. 远离老师；5. 空间私密；6. 其他（请填写）_____

Q11. 课余你最喜欢待在学校的什么地方？

1. 教室；2. 体育场馆、运动场；3. 走廊；4. 阅览室；5. 庭院；6. 各类学习角；7. 学校空地；8. 宣传展示廊；9. 林荫路；10. 其他（请填写）_____

Q12. 你喜欢Q11中这个课余活动地方的理由是_____。

1. 空间自由；2. 安静；3. 可以与同学交流；4. 可以学习；5. 有自己的座位；6. 交通方便；7. 欣赏风景；8. 可以与老师讨论；9. 其他（请填写）_____

Q13. 你希望课桌摆放成以下哪种形式_____？

1. 面向黑板田字形；2. 圆形排列；3. U形排列；4. 小组式排列

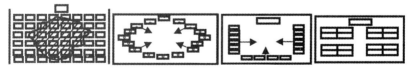

Q14. 以下哪些地方是学校目前最应考虑增加的？

1. 个人学习教室；2. 资源查阅中心；3. 游戏活动室；4. 户外休息纳凉的地方；5. 多功能礼堂（如可表演、播放电影、典礼、表彰等）；6. 网络教室；7. 其他（请填写）_____

三、态度选项题（请在每一行适当的方框内打√）

Q15. 你是否同意以下说法？

项目	完全同意	比较同意	一般	不太同意	完全不同意
1. 学校的校园布局让我感觉很舒适					
2. 我的校园绿化很好					
3. 我对学校各个区域功能分区很满意					
4. 我学校各个楼栋和场地之间的过渡很便捷					
5. 我学校有自己的标志性建筑					
6. 我学校教学楼内的光线较好					
7. 我学校的走廊很温馨					
8. 我很喜欢教室的布置					
9. 我所使用的课桌椅比较舒适					
10. 我学校的建筑物很有特色					
11. 我在学校能感受到历史文化积淀					
12. 学校老建筑总能引发我的一些情感					
13. 在校园环境中我总能感受得到学校的精神和文化					
14. 学校有能触发我灵感的地方					
15. 学校教室外区域有实践学习场所					
16. 在我的学校查找学习资源比较方便					
17. 我喜欢看学校展示墙和宣传栏					
18. 我喜欢在学校的角落、树荫下思考					
19. 在学校我和同学至少有两个经常学习、相互交流的场所					
20. 学校的路牌、指引牌总能吸引到我的目光					

Q16. 根据你的想法，请对以下学校设计理念的重要程度进行打分，1 分→5 分重要性依次递增，1 分非常不重要→5 分非常重要。

项目	1分（非常不重要）	2	3	4	5分（非常重要）
1. 教学楼内光照较好					
2. 增加课余活动的专业教室或空间					
3. 校园有体现学校历史的标志建筑					
4. 校园建筑反映学校特色、学校精神					
5. 学校应增加绿色景观					
6. 学校应增加有趣有意思的建筑物					
7. 学校应引进生态环保装置					
8. 丰富图书资源					
9. 增加无障碍设施					
10. 增加无线网络接入设备					
11. 学校还应增加一些实践学习场所（如印刷厂、苗圃、木工房等）					
12. 增加室外座椅、垃圾桶等服务设施					
13. 学科教室布置应有自身鲜明特色					
14. 教学楼内增加师生储物空间、休息区域					
15. 增加师生交流的场所					
16. 增加同学相互学习、交流的场所					
17. 增加学生展示才艺、成果的地方					
18. 增加个人学习的空间					

四、主观题

Q17. 你认为你们学校的标志性建筑是什么？请说明理由。

Q18. 目前你觉得你们学校建筑最糟糕的地方是哪里？为什么？

Q19. 简要描述一下你心目中理想的校园是什么样子的。